中国比较教育研究50年

总主编　顾明远　执行主编　曲恒昌

理念与制度

现代大学治理

本卷主编　王晓辉　刘 敏

山东教育出版社

图书在版编目(CIP)数据

理念与制度/王晓辉,刘敏主编.—济南:山东教育出版社,2015
(中国比较教育研究50年/顾明远,曲恒昌主编)
ISBN 978-7-5328-9160-3

Ⅰ.①理… Ⅱ.①王… ②刘… Ⅲ.①比较教育学 Ⅳ.①G40-059.3

中国版本图书馆CIP数据核字(2015)第244014号

理念与制度

现代大学治理

本卷主编 王晓辉 刘敏

主 管:山东出版传媒股份有限公司
出版者:山东教育出版社
(济南市纬一路321号 邮编:250001)
电 话:(0531)82092664 传真:(0531)82092625
网 址:www.sjs.com.cn
发行者:山东教育出版社
印 刷:天津兴湘印务有限公司
版 次:2015年11月第1版
印 次:2019年5月第2次印刷
规 格:710mm×1000mm 16开本
印 张:19印张
字 数:283千字
书 号:ISBN 978-7-5328-9160-3
定 价:38.00元

(如印装质量有问题,请与北京发行中心联系调换)
联系电话 :010-86221836

“中国比较教育研究50年”丛书编委会

总序

我国比较教育研究始于20世纪20年代，最早的研究著作是1929年商务印书馆出版的庄泽宣所著《各国教育比较论》。当时，各师范院校开设了比较教育课程，但新中国成立以后就中断了，外国教育研究只以苏联教育为对象，作为我国教育改革的样板。直到1964年，国务院外事办公室批准在高等学校设立外国研究机构，才开始研究其他国家的教育，但仍然没有把比较教育作为一门学科来研究，只是介绍一些外国教育的制度和动向。直到改革开放以后，1980年，教育部邀请美国哥伦比亚大学比较教育学者胡昌度来北京师范大学讲学，比较教育才在我国师范院校开始恢复。

1964年高等学校建立外国研究机构时，北京师范大学外国教育研究室就在原来的基础上扩建，并接受当时中宣部的委托编辑出版《外国教育动态》杂志，供地市级领导干部参阅。该刊经认真筹备于1965年正式出版。可惜好景不长，1966年“文化大革命”开始，杂志被迫停刊，研究人员下放劳动。1972年在周恩来总理对我国外事工作的关怀下，研究室开始恢复工作，《外国教育动态》以内部资料的形式又编辑了22期。改革开放以后，我国在拨乱反正、恢复教育秩序的时候，迫切希望了解世界教育发展的动向和经验，经国务院方毅副总理批准，《外国教育动态》得以复刊并在国内外公开发行，1992年该刊更名为《比较教育研究》。从1965年创刊至今，曲折坎坷地走过了50年。

应该说，《比较教育研究》及其前身《外国教育动态》在我国比较教育学科的建设以及国家教育改革中作出了不可磨灭的贡献。

改革开放30多年来，我国比较教育研究走过了几个阶段：

第一个阶段，1978年至1985年，是描述、介绍外国教育研的阶段。这一时期主要是介绍美、英、法、西德、日、苏6个发达国家的教育制度和教育思想。介绍了在国际教育上有较大影响的四大流派，即：以皮亚杰、布鲁纳为代表的结构主义教育思想、布鲁姆的教育目标分类思想、赞可夫的发展教育思想和苏霍姆林斯基的和谐教育思想。1982年由王承绪、朱勃、顾明远主编的新中国第一本比较教育教材问世。

第二个阶段，1986年至1995年，是国别研究和专题研究阶段。进入20世纪80年代中期以后，比较教育界认识到，要借鉴外国教育的经验，必须对各个国家的教育发展进行深入系统的研究，才能把握各国教育的本质特点和发展脉络，于是开始了国别研究，对6个发达国家的教育作了较为系统的研究。除国别研究外，许多学者开始进行专题研究和专题比较，如各级各类教育比较、课程比较和各种教育思想流派的评介。

第三个阶段，1996年至本世纪初，是深入和扩展研究的时期。从上个世纪90年代中期开始，我国比较教育研究扩展到许多发展中国家，特别是我国周边国家的教育，研究内容也从教育制度发展到课程、教育思想观念、培养模式和方法、国际教育、环境教育、比较教育方法论等诸多方面。同时，比较教育关注到教育与国家发展及国家宏观教育发展战略的比较研究，以及各国民族文化传统关系的研究。如“巴西、俄罗斯、印度、中国四国教育发展与国家竞争力的比较研究”、“民族文化传统与教育现代化研究”等，重视教育与国家发展的研究；随着我国新一轮课程改革，研究介绍了各国课程改革的经验。

第四个阶段从本世纪初至今，进入全球化时代的国际比较教育研究。我国比较教育学者开展了国际问题的研究，关注国际组织有关教育的政策及其对世界教育的影响；开展了各国教育国际化的研究；更加深入地研究各国教育公平的政策和提高教育质量的改革和举措。

我国比较教育发展的这几个阶段的研究成果在《比较教育研究》刊物中均有反映。《比较教育研究》有几个特点：一是最早、最快、最新地反映国际教育改革的动向。例如，较早地介绍美国的《国防教育法》和拉开了世界教育改革序幕的1983年美国高质量教育委员会的《国家在危险中，教育改革势在必行》；最早介绍终身教育思想；最早地把文化研究引进比较教育；较早地研究国际组织的教育政策等。这些研究对我国的教育改革都起到了一定的借鉴作用。为此，借《比较教育研究》创刊50周年之际，我们选择刊物中的有价值有质量的文章编辑成册，它们是：《定位与发展：比较教育的理论、方法与范式》《博学与慎思：当代教育思想与理论》《均衡与优质：教育公平与质量》《问责与改进：高等教育评估与质量保障》《光荣与梦想：世界一流大学建设》《理念与制度：现代大学治理》《创新与创业：21世纪教育的新常态》《流动与融合：教育国际化的世界图景》《转型与提升：教师教育的改革与发展》《质量与权益：教师管理政策与实践》《传承与建构：课程与教学理论探索》《效率与公平：择校的理论、政策与实践》。

这既是一种历史的记忆，又为我国今后的教育改革保存一份有价值的遗产。我想，读者可以从中找到世界教育发展的痕迹，并得到某种启发。

是为序。

顾明远

2015年10月

目 录

大学治理结构

大学学术伦理

导言

现代大学治理是近些年引人关注的话题。本书选编了《比较教育研究》杂志历年来与现代大学治理相关的代表性的文章，这些文章的作者针对不同国家的政治和文化背景，分别介绍与分析了不同国家大学治理的特点。鉴于现代大学治理的内涵极其丰富又不十分确定，因此我们首先对其基本概念作一基本界定，然后再从大学自治与学术自由、大学与政府和社会、大学治理结构、大学学术伦理等构成现代大学制度的几个方面分别介绍相关文章的基本观点。

一、基本概念

在世界历史中，中世纪大学当是人类最宝贵的文化遗产之一。中世纪大学，诞生于行会制度，其主要特征是：自主确定学校章程；自主选聘教师；自主选举校长。尽管大学的演变历尽沧桑，现代大学制度的构成要素似乎都可以从中世纪大学找到源头，尤其是大学自治与学术自由。

大学自治与学术自由是大学存在与发展的基本理念。关于这一基本理念1988 年 9 月 18 日欧洲大学校长于意大利博洛尼亚签署的《大学宪章》是这样表述的：

“大学是一个自治的机构。大学通过研究与教学，以批判的方式，创造和传递文化。为了满足当代世界的需要，大学的研究与教学必须在道义上和智力上独立于整个政治权威、经济权威和思想意识权威。

研究、教学和培训的自由，是大学生活的基本原则，政府和大学必须在各自职责范围内，保证尊重这一基本要求。大学拒绝不宽容并在不断对话中，成为教师和大学生的理想聚会之地。教师须具有知识传授能力并以研究与创新为发展途径，大学生应有丰富自己头脑的权利、意愿和能力。”①

现代大学治理应当是在大学理念导引下的现代大学管理制度。

“治理”一词，由于1989年世界银行在描述非洲面临可持续发展危机时的应用②，便成为之后政治和管理领域使用频率极高的词汇。这一词汇源于希腊语“kubernân”，意为引航或驾车，柏拉图将其引申为对人的统治与管理，并由此诞生了相应的拉丁语“gubernare”和“gubernantia”，及其后来的英语“govern, government, governance”和法语“gouverner, gouvernement, gouvernance”，等语义极近的词汇。③这些词的基本含义是统治与管理，但“governance”尤其指统治与管理的艺术或方式。虽然目前我们还无法确定关于治理的准确和公认的定义，但其基本内涵是共同参与、透明管理。

大学治理，或管理，长期以来基本是依据自治的理念，实施以教授为核心的学院式的管理，亦称同行式、同僚式管理。学院式治理，即是同行的集体决策，同时要求决策的规范性，不是一致同意，便是求得妥协。其基本特征是大学教授，即学术同行们共同掌握学术权力，而不必顾忌外部领导权力。

现代大学治理，则是在原来治理模式的基础上的转变，或提升。由于现代大学承担着不同以往的社会责任，其管理不仅需要校内教授以外的其他人员的参与，还要求校外的相关人士介入。因此，校内外各界人员参与大学管理的机制或制度应运而生。

实际上，现代大学治理具有更深层的意义。传统大学的治理，或更确切地说是管理，主要是处理大学与国家或政府的关系，处理大学整体利益与大学学者之间的关系。但是在当代市场经济和知识经济背景中，大学面临的各种关系更为复杂与多元。大学是知识创新的重要场所，但是知识不同于物质，不具竞

---

① 王晓辉主编，全球教育治理——国际教育改革文献汇编，教育科学出版社，2008年，第17页。

② Anthony Pagden. The genesis of “governance” and Enlightenment conceptions of the cosmopolitan world order[J]. International Social Science Journal, 1998(50): 155, 7.

③ Étymologie du terme “gouvernance”[EB/OL], http://europa.eu.int/comm/governance/index_fr.htm.[2014—12—20]

争性，不具排他性。作为一般物质，或工具，或材料，某个人占有或使用时，他人则无权占有或无法使用。而知识可供任何人使用，用与不用，它就在那里，不增不减，不生不灭。特别是任何新知识都不可能凭空而起，总是要继承先前的知识，因此知识产权的限定往往是一个法律界限，而不可能清晰界定此知识与彼知识的隔断。此外，并非所有知识都具商业价值，人文科学和基础自然科学对于经济和社会发展的促进作用可能是一个漫长的过程，一般无法以商业价值衡量。然而，一些人文思想，如孔孟的儒家学说，亚里士多德学说所代表的古希腊哲学，文艺复兴的思潮，却是人类文明的灯塔。

因此，如何理解知识，可能是大学治理最深层的思考。大学不再是脱离社会的象牙塔，它要实现知识创新、知识传播的使命，同时要完成服务于社会的责任，因此要处理人文科学与自然科学的关系，处理基础科学和应用科学的关系，处理知识创新与知识产权的关系。这样，大学治理就不仅仅是教授自身的行为，不仅涉及不同利益的教授之间需要协调关系，还要协调教授群体与行政人员的关系。大学生和研究生又是未来知识创新与传播的主体，满足学生学习的需要，协调教师和学生的关系，也是大学治理的重要方面。而大学要服务于社会，更需要社会各界人士的参与。当然，政府作为大学的主要支持者，不可能对大学事务不闻不问，但如何尊重大学的自治，可能是大学治理永远的难题。总之，现代大学的复杂与多元，催生了现代大学治理的客观需求，也为现代大学治理开辟了无限广阔的研究空间。

二、大学自治与学术自由

在西方大学史上，有许多关于大学的命题影响了而且仍在影响着大学的发展。刘宝存在《何谓大学——西方大学概念透视》中归纳了西方学者关于大学概念的基本范畴，认为，大学是学者的社团、大学是探索和传播普遍学问的场所、大学是探索和传播高深学问的机构、大学是独立思想和批判的中心、大学是社会服务站、大学是一个多种社群组成的多元化有机体。

大学需要享有自治，但自治的同时又要求自律，否则便会导致种种行为失范。袁祖望在《美国高校自治与自律的统一机制分析》中特别分析了美国高校享有高度自治的同时还伴有自律的根本原因。即要通过他律迫使高校自律，外部他律规范校际竞争，内部他律促进校内竞争，进而实现高校自治与自律的统一。

学术自由是学术批判的前提，是追求真理的先决条件，是繁荣科学的保障。朱景坤在《美国大学教师学术自由的逻辑基础与制度保障》中阐释了美国特色的学术自由思想和以终身教职为核心的较为科学完善的学术自由制度保障体系。李子江在《美国大学学术自由的特色》还谈到美国大学学术自由的“两翼”，教师的教学自由与学生的学习自由是学术自由不可分割的两个方面。

一般认为，大学自治在分权国家中比较容易实现，而在中央集权国家中则相对困难。王晓辉在《双重集权体制下的法国大学自治》中指出，法国大学自12世纪末诞生以来，便在不懈地追求自治，不仅在中世纪与王权与教权周旋，即使在政治中央集权的状态下，也创造出与其并行的学术中央集权。

苏联的高等教育管理体制被认为是高度集权型的典型代表，而苏联解体以后，其继承国俄罗斯在政府和大学的关系上发生了很大的变化。刘淑华在《走向大学自治——俄罗斯扩大高等学校自主权的改革述评》介绍了当今俄罗斯高等教育管理体制改革中扩大大学自主权的实践进程及其改革的积极意义与消极影响。

大学之路并非总是创新，有时保守也是一种品格。正如王英杰在《论大学的保守性——美国耶鲁大学的文化品格》文章中指出的那样，耶鲁大学在保守中创新，在稳定中发展。耶鲁大学在培养目标上，坚持高起点，高定位，培养领袖人才；在教育上，坚持自由教育，坚持教学优先，本科学院第一；在管理上，坚持教授治校，大学内部分权，校友参与；在制度建设上，坚持学术自治与学术自由；在发展战略上，坚持优质第一，规模控制，累进变革。耶鲁大学文化品格的核心是保守。有了大学的保守，才使得大学创新型人才辈出，创新成果不穷。认识大学的保守文化，才会按规律办学，才会对大学的变革抱以合理的期待。

三、大学与政府和社会

大学与政府的关系是高等教育发展中的关键问题。一方面，大学需要政府的支持，又不愿受政府过多干涉。另一方面，政府要对大学实施一定的控制，以满足其需求。保持大学与政府之间关系的平衡，也是大学和政府共同的目标。邢克超在《大学发展的一个新阶段——法国高等教育管理十年改革简析》中追述了法国大学发展的历史及其所形成的传统的基础上的法国大学管理改革，尤其是对大学与国家的合同制进行了介绍和深入分析。合同制是一种措施，更是一种理念，它改变了大学的功能，要求大学制定主观目标与客观实际相匹配的总体计划和为实现这一计划而必需的合理配套政策，大学的地位因而得到加强。它重新设计了教育部的职能，即不再统一具体管理各所大学，而是通过协商认可地方及学校的标准与计划，协调其实施。它在一定程度上削弱了专业这一自大学出现以来的过高地位，使之与国家、地方政府和大学三者之间的关系更为平衡。

朱旭东在《西方民族-国家、大学和社会科学》论述了西方民族-国家与社会科学之间的共生共缘的关系。他认为，民族-国家是大学兴起的动力因素，大学是民族-国家建设的手段，大学又是在现代民族-国家中取得合法化地位。大学自身存在一个民族化过程，大学进行着社会科学的民族化研究。他还认为，大学在社会科学制度化形成中起着重要的作用，大学是对社会科学结构产生影响的因素，各社会科学在大学中得到建立，大学在当代社会科学的重建中发挥了重要作用。

西方大学具有与社会保持一定距离以维护其学术研究和教学自由的历史传统。这一状况使人们称誉大学处于“象牙塔”之内。徐小洲在《博克论大学的社会责任》中分析了美国著名教育家博克对大学社会责任的论述。作者认为，博克在大学与社会关系日益密切的背景下，提倡大学主动承担起社会责任，是适应时代发展需要的卓见。

美国公立研究型大学之所以能够发展壮大，并和私立研究型大学并驾齐驱，在很大程度上得益于其独特的管理体制。谷贤林《在自治与问责之间：美国公立研究型大学与州政府的关系》一文从美国公立研究型大学管理体制的形成、州一级的高等教育管理与协调机构对公立研究型大学的管理、州长对公立研究型大学管理三个层面，对公立研究型大学管理体制的独特性及其影响机制与方式进行了深入而详尽的探讨。

大学与城市、社区间关系的历史就是一部充满冲突又存在整合的历史，如果没有各种文化或利益的冲突，在城市化的过程中，大学是否能够得益续存恐怕都成为一个问题。然而，如果没有整合，大学也就不可能得到发展的机遇，对城市社区而言也同样如此。阎光才《大学与城市、社区间关系的历史与现实》试图通过对大学与城市、社区间关系历史的梳理和现实的分析，揭示这种互动关系的本质，并针对当下中国的现实提出相关的思考。

刘承波和范文曜在《希腊高等教育：政府举办与学校自治》中分析了希腊高等教育政府举办、学校自治的特征。他们指出，希腊宪法规定高等教育是公立的，高校实行完全免费政策。希腊绝大多数高等教育机构在行政体制上由国家教育与宗教事务部管理，少数由其它部委监管，法律赋予高等学校完全的自治权和学术自由，在学校内部运行和管理上有完善的学校制度。

四、大学治理结构

大学治理结构通常是指大学内部的主体在大学内部事务决策中的权力关系。大学治理的核心是平衡决策过程中最大化的参与和各自相应的责任，关键是广泛而持续的沟通，前提是建立一种信任的关系。刘爱生和顾建民在《美国大学共同治理的思想内涵》一文中指出，美国大学共同治理的思想根植于美国的民主传统，共同治理已经成为美国大学传统文化不可或缺的一部分。作为一种传统，它受到大学教师的格外尊重。对共同治理的任何僭越，都可能引发校园的一场灾难。

今天大学的治理制度正面临大学商业化和官僚化的双重夹击。共同治理则是对不断膨胀的行政权力的制约，是解决校园腐败的一剂良方。王英杰《论共同治理——加州大学(伯克利)创建一流大学之路》阐释了加州大学(伯克利)学术评议会制度。王英杰指出，有了这一制度，大学就可以克服冲突，逾越危机，保障学术自由，使大学在正确的轨道上不停顿地发展。

吴慧平在《加州大学的治理变革及启示》一文认为，加州大学努力践行从控制走向协调，以治理代替管理的一个成功典范。这种努力具体表现为一方面通过与政府签订协约、引入市场机制、寻求校外群体的支持等形式来弱化政府的管制色彩，另一方面又充分发挥董事会、学术委员会等治理机构的协调作用，为大学自治提供一系列的缓冲与保护。

大学治理要通过一定的制度实施。美国高校董事会制度便是一种典型的大学治理制度，其运行是一个复杂的交易过程，各方面群体、机构和个人都参与其中，包括州政府、公民、学生、教师、捐赠者、校长、行政管理人员、校友等。在与参与者的交易过程中，董事会有时扮演委托人的角色，有时扮演代理人的角色。王绽蕊和张东海在《美国高校董事会的身份分析——基于委托代理理论》以委托代理理论为基础，分析了美国不同类型高校董事会的代理人和委托人身份。

张斌贤和张弛在《美国大学与学院董事会成员的职业构成——10 所著名大学的“案例”》对哈佛大学等 10 所美国著名大学和学院董事会成员的职业构成进行了分类统计，分析了美国大学和学院董事会构成的基本特点及其形成的主要原因。他们指出，美国的高等教育机构就由从一开始“校外势力”控制：学校由议会颁布特许状设立，学校经费由议会提供，校长和教师由董事会聘任，学校的管理按照议会的特许状实施，由此形成了创办人具有主办权的惯例。在这种情况下，“校内势力”便很难在机构中发挥实质性的作用（在相当长的时间中，哈佛、耶鲁的校长都不是董事会成员）。从而形成美国大学和学院存在所谓“外行领导内行”的局面。

英国高等教育在从精英型转变为大众型的进程中，其大学治理范式发生了深刻的变革。徐春霞《英国高等教育治理范式变革的诠释》一文，以基金委员会治理范式的创立、高等教育政策责任的分裂、市场因素的引入为时代背景，借用胡德的图式理论，剖析了英国高等教育治理范式变革的关键要素，诠释了英国高等教育治理范式变革的政治学意义。

大学治理是一个不断改革的过程。即使是历史悠久的大学，也会面临治理的新课题。牛津大学是有 800 多年历史的世界上最古老的高等学府之一，同样也面临着治理上的危机。吴合文和张强的《牛津大学治理改革构想述评》综述了牛津大学在治理结构改革的进程和内容，并对其中反映出的学术治理和机构治理、学院制和中央集权制两大矛盾进行了评析。

法国大学治理以教授治校为基本特点，大学校长的权力相对有限。这种治理模式有效地保证了教授治校和学术自由，但却可能造成大学决策的缓慢与闭塞，也限制了大学规模的扩大。王晓辉的《法国大学治理模式探析》一文便分析了近些年法国高等教育改革进程中的矛盾，当大学校长权力加强时，可能导致大学权力的集中化和学院权力的弱化，然后又对大学校长权力加以削减，重新回归传统大学治理模式。也许正是在这种不断调整的过程中，才能使大学治理处于相对合理的状态。

刘敏的《解析法国高等教育改革趋向——综合大学迈向"自治"》分析了法国大学自治传统的沿革，特别是2007年颁布"大学自由与责任法"以来，法国在教育全球化背景下重新定位政府与大学的权责，建立新的大学治理模式的博弈过程。

从19世纪初起，荷兰对大学一直实施严格的监管制度。20世纪60年代的大学民主化运动激发了荷兰高等教育的风暴，从而导致荷兰在20世纪70年代初期建立了以代议制民主制度为核心的大学治理结构，高度强调大学治理的民主参与。褚艾晶和周满生在《走向管理主义——荷兰大学内部治理结构变迁研究》揭示了荷兰1997年"大学治理现代化法案"颁布以后，大学治理的民主参与模式让位于更像企业管理的治理结构，荷兰大学治理呈现出新景象。在这一新景象中，集中权力、等级结构、效率和效益成为荷兰大学治理的新关键词。

独立行政法人化，是日本引进市场竞争机制，提高大学治理效率的重要举措。高益民在《日本国立大学"独立行政法人化"决策过程分析》一文介绍了日本独立行政法人化政策提出的直接起因，概括了这一政策制定过程中的争论，归纳了这一政策的主要内容、意义与局限，并对其政策理念进行了剖析。

在日本，大学内部治理是指大学内部的主体在大学内部事务决策中的权力关系，即校长、理事会(日本为评议会)、教授会等内部主体之间的权力制衡关系及其有效的制度安排。金红莲在《日本国立大学内部治理的制度变迁》概述了自明治维新时期建立第一所近代意义的大学以来，日本国立大学内部治理经历的三个制度发展阶段。从每个阶段的特点来看，"二战"前在惯例上确立了学部教授会自治；"二战"后在法律上确立了学部教授会自治；法人化后加强了校长权力。

五、大学学术伦理

随着大学科研不端行为和学术腐败问题不断暴露，学术伦理开始进入大学治理的范畴。学术伦理并不是普遍应用的概念，它应当是科学界或学术界的职业道德规范，它应当是由学者，特别是大学学者通过其自身的协会或联合会等机构建立起的规则。王晓辉在《学术伦理，学者内在的品质》中认为，学术伦理并不总是体现为成文规范或行为准则，它更普遍地存在于学者的自觉行为之中，或者说，学术伦理是学者的内在品质。学术伦理的养成几乎与学者身份的确立同步，学术伦理的重建有赖于学术精神的复兴和学者制度的改造。

从学院时代到后学院时代，知识生产模式、知识功能发生了演变和扩展，科学规范的认识论价值也发生了变化。刘军仪在《科学规范的理论辨析——从学院科学到后学院科学时代》一文中概述了学院时代普遍主义、公有主义、无私利性和有组织的怀疑态度的默顿规范向科学的集体化、科学增长的极限化、科学的效用化、科学的政策化、产业化和官僚化的后学院科学时代的转变。后学院科学与社会、环境的关系日益紧密和复杂，需要以自然主义的角度来审视科学规范的适用性，通过规范体系和监管机制来约束和激励研究者的行为，逐步营造和鼓励公平与公正性竞争的研究环境，确保科研诚信。

王英杰在《改进学术环境，扼制研究不端行为——以美国为例》一文中较详尽地介绍了美国对研究不端行为的研究和处理，提出培植学术诚信环境的建议，以期为我国改进学术诚信环境，扼制研究不端行为逆流提出政策性的选择。王英杰特别指出，借鉴美国的制度，我们实有必要深刻检讨大学行政级别制度，以及在我国特定历史时期产生并起过一定积极作用的干部“双肩挑”制度。这些制度正在深刻地改变着我国大学的形态，使大学愈来愈向政府机关靠拢，大学的运作愈来愈像官僚机构，使大学成为研究不端行为产生的温床。这些制度已经严重阻碍了大学的发展。

蒋惠玲的《美国大学伦理审查委员会的运作及其制度基础》对美国大学伦理审查委员会的运作及其制度基础进行了梳理。美国大学伦理审查委员会是各大学对本校研究人员在从事以有生命的个体为受试者进行生物医学、社会学和行为研究时进行审查、监督的机构。该委员会遵循联邦法规和州的法令，结合本校科研管理的制度，其目的是确保研究人员在探究知识的同时最大程度地保障受试者的权利和福祉。

学术伦理与道德问题古已有之，但从来没有像今天这样引人关注。全球化、市场经济、知识社会和高等教育大众化使大学使命正在发生微妙的变化，也考验着大学学者的职业操守。古希腊医生希波克拉底最早讲出了职业道德的规范，这便是著名的《希波克拉底誓言》。英国学者阿什比(Eric Ashby)早在

1969年便表示出对学术界的担忧，呼吁设立一种“学术职业的希波克拉底誓言”，以维护学术职业的神圣地位。2004年9月2～5日，联合国教科文组织欧洲高等教育中心在罗马尼亚首都布加勒斯特召开了“欧洲高等教育和科学中的伦理和道德问题国际会议”。会议的重大成果是发表了《关于欧洲高等教育伦理价值和原则的布加勒斯特宣言》。《布加勒斯特宣言》犹如当代学者的《希波克拉底誓言》，既是学者共同体的心声，也是全体学者的自我约束。我们期待，在物欲横流的世界中，学术这块较少遭受污染的领域能够成为纯洁的净土。

六、结语：为理念而奋斗

大学对自治的真正追求，应当是得益于倡导自由主义精神的哲学家卢梭和康德，特别是从德国柏林大学的创始人洪堡(Guillaume de Humbiodt)的思想获得教益。洪堡认为，在自由的社会中，大学属于一种追求真善美的另外的世界，教师享有教学的自由(Lehrfreiheit)，学生享有学习的自由(Lernfreiheit)。行使这样自由，需要大学机构的自治，即独立于国家或地方的公共权力，独立于经济、宗教、权力、政党、家长和学生的权力的自治。大学所受的惟一约束就是真理的约束。①

1960年，巴黎大学法学院院长乔治·沃戴尔(Georges Vedel)曾在一篇文章中讲到：一位年轻教师向一位老教师请教，雷诺公司许诺5倍工资请他加盟，令其犹豫不决。老教师并未直接回答其问题，而是反问道，“你对你的自由感到遗憾吗?”在沃戴尔看来，大学的使命是“自由者接受另外的自由者委派的使命”。②

但是在全球化和市场化的大潮中，大学自治的能力显得十分脆弱。德里达(Jacques Derrida)一方面呼吁“无条件的大学”，“现代大学应当是无条件的，这个大学要求而且应当在原则上享有，除了人们所说的学术自由之外，提问题和建议的无条件的自由，甚至与公开言说对于真理的探求、认知和思想所要求的一切权利……大学以真理为业，它宣布并保证毫无保留地为真理而奋斗。”另一

① Charles Fourrier, Les institutions universitaires[M]. Paris: PUF, 1971.

② Georges Vedel, Les libertés universitaires[J]. Revue de l'enseignement supérieur, 1960, n°4, 134—139.

方面也坦言，"无条件的大学"并不存在。①

市场经济的发展使企业越来越多地参与到大学事务中，特别是在继续教育、学生实习、大学投资项目及基金会建设等领域企业都扮演着举足轻重的角色。中央政府、地方政府、教师、行政人员、"消费者"以及经济企业界都在通过自己的方式表达着他们对大学人才培养及研究发展的意见。总之，市场、社会与政府对大学的介入都在考验着大学自治的能力。

国际化和大学排名也使各个大学难以置身其外。本来大学排名的初衷在于为青年学子提供一个选择学业的参照，但今日却成为大学之间相互攀比的国际平台。排在榜首者唯恐后来居上，名次居后者不懈努力直追，名落孙山者试图东山再起。然而，竞争的手段更多集中于筹集更多资金，鼓励学者发表更多著作和论文，获得更多专利和奖项，导致广大教师搁置或放弃长期的研究领域或科研项目，转向可以早出成果的短平快项目，最终会伤及大学和学者自身的使命。

大学治理的一个原则是民主参与，但民主参与的结果可能延缓决策的效率。为了提高决策的效率，大学治理还可能出现集权化倾向，而过度集权化和过度民主化都不是治理的理想状态。

因此，大学治理或善治将是一个长期而艰巨的任务，它考验着大学共同体每个成员的学术伦理，也考验政府的执政能力，甚至还考验整个社会的文明进步水平。

王晓辉

2015 年 10 月

于北京师范大学

① Jacques Derrida, L'Université sans condition[M]. Paris: Galilée, 2001: 11—14.

大学自治与学术自由

一、何谓大学
——西方大学概念透视

何谓大学？这是大学理念研究的逻辑起点，也是我们办好大学首先必须回答的问题。现代大学产生于西方，我国大学的产生是西方大学理念舶入的产物。因此，在回答“何谓大学”这个问题时，我们必须对西方大学概念进行深入的探讨。本文拟对大学产生以来西方有关大学概念的几个基本命题进行分析，以期明确大学的真谛。

(一) 大学是学者的社团

大学在中世纪产生时，就是一个具有行会性质的由学者组成的社团。博伊德·金指出：“按‘大学’一词的原意，只不过是为了互助和保护的目的，仿照手艺人行会(gild)的方式组成的教师或学生的团体(或协会)”。[1]起初，学者的社团在中世纪既指学生组成的社团，也指教师组成的社团，还指教师和学生共同组成的社团。只要是由探讨学术的人组成的组合，就是学者的社团，但大学主要指教师和学生共同组成的旨在探索学问、追求真理的社团(universitas magistroum et scholarium)。通过建立社团，学者们可以设置行业标准，保护自身利益，共同切磋学问。通过社团这种形式，大学从一开始就享有很大的自治权，同时又给栖身其中的学者以学术自由。“学者的社团”使大学与社会的喧闹之间保持一个冷静思考的距离，使大学成为一个独立研究学问的场所。

中世纪以后的教育家大都接受了大学是学者的社团这一命题。19 世纪德国教育家洪堡虽然没有明确提出学者的社团这一概念，但他创建柏林大学，就是想组织一个从全欧洲吸收成员的学者社团，通过对科学的探索而为民族的复兴做出贡献。在洪堡看来，大学不再是一般意义上的学校，那里不应再有教师和学生，而只有“独立的研究者”（教授）和“受到指导的研究者”（学生），他们都是探索高深学问的学者。洪堡指出：“教师的事业有赖于学生的参加，否则就难以有所成就。即使学生没有主动汇集于教师周围，教师也会去寻找学生；教师虽训练有素，但也因此易于失之偏颇和缺少活力，而学生固然不甚成熟，但较少成见，勇于探索，教师要实现其目标，就必须结合这两者。”[2]

在20世纪，德国教育家雅斯贝尔斯认为大学是一个由学者和学生共同组成的追求真理的社团。雅斯贝尔斯指出，社会希望在它的疆界之内的某个地方开展纯粹的、独立的、没有偏见的科研，提供探索真理的服务，那么大学就是社会需要的这种机构，它把以探索、传播科学真理为职业的人联合在一起，共同追求真理。因此，他在《大学的理念》的前言中开宗明义地指出：“大学是一个由学者和学生共同组成的追求真理的社团。”[3]

美国教育家赫钦斯也继承了“大学是学者的社团”这一理念。他在《学习化社会》中指出：“大学是人格完整的象征，保存文明的机构，和探求学术的社会。”[4]（引文中所谈的社会，是香港学者对“社团（community）”一词的译法。）通过大学这种学者的社团，“优游于其中的学者，可做思想与知识上的交流，从讨论中探寻真理，从研究中获得新知，不仅能保留文化精华，而且创造新文明，成为——‘智者之家’（the home of the intellect），孕育成一方才智的领导者，形成新时代的思想新形态，领导社会、国家与人类迈向新境界。”[5]赫钦斯不但把大学视为一个学术社会，而且希望把现代科技进步带来的便利与传统的大学理想结合起来，创建一个世界性的学术社会。他说：“我们设想一个世界性的学术社会，它的教授可以四海为家，可以视其工作上的便利，随意前往任何地点工作，世界是间没有围墙的大学，大学教师可以在任何便利的地方集会，他们关心的是学科，不必是学校。”[6]

然而，在大学的发展过程中，学者的社团这一理念却受到越来越大的冲击。国家对大学的控制、功利主义哲学的兴起、教育的民主化和大众化、大学中教学与科研的割裂等，都使学者社团的理念受到伤害。在学者社团的理念受到冲击的同时，一些教育家仍明确坚持学者社团的理念。如保罗·古德曼（Paul

Goodman)在1962年以《学者的社团》(The Community of Scholars)为名出版了一本专著,为学者社团的理念呐喊,并认为这种社团的理想模式是150个学生与几位教师一起自由地讨论学术问题。[7]

(二) 大学是探索和传播普遍学问的场所

中世纪大学在产生时的正式称呼是studium generale,意指探索普遍学问的机构。起初一所学校要称作大学,必须设立文科以及医科、法科、神科三个高级学科的一种。不久,大学的学科设置就包括了上述四种学科。这四个学科包括了当时可以称得上是高深学问的所有学科,因此大学探索的学问是具有普遍性的,这与探索某一方面学问的"学馆"(studium particulare)形成了对比。中世纪大学的主要职能是教学,因此,大学也就是传授普遍学问的场所。

"大学是探索普遍学问的场所"这一理念也为后世广为接受,studium generale成为许多人的大学理想。19世纪英国教育家纽曼在《大学的理念》一书中指出:"如果要用简短而又通俗的语言来阐明'大学是什么'? 可以用一句古语来表达,就是"大学是探索普遍学问的场所(a studium generale,or school of universal learning)"。[8]他认为,把所有知识荟萃在一个名字之下,才称为大学。大学是所有知识和智力发展的王国,应吸纳人类所有艺术、科学、历史和哲学方面的知识,并使其适得其所。[9]这种学问探索的普遍性是大学的本质特征,也是大学区别于其它学术机构之所在。

在19世纪中叶古典教育与科学教育之争中和纽曼唱对台戏的赫胥黎也持这种观点。他说:"理想的大学应该是个学术思想不受任何束缚的地方,是个能使所有的入学者获得所有的知识和掌握所有的学习工具的地方,而不管这个人的信仰、国籍和贫富如何,…… 大学,指的是一个有关普遍事物知识的团体。"[10]

1865年,美国康乃尔大学成立,该大学的创办者康乃尔的大学理想也是传授普遍知识。他的那句名言——"我将创办一所任何人在任何学科都能获得教学的机构"至今仍是康乃尔大学的办学宗旨,以强调通用性而闻名的康乃尔大学课程计划——"康乃尔计划",便体现了康乃尔的办学思想和精神。

雅斯贝尔斯认为,"人的求知欲的本质特征在于单一性和完整性",而不同学科的整合只有在知识形成一个整体时才达到最高境界，因此，尽管学者们在学科和研究课题上有很大的差异，大学仍需要学者们依靠共同的科学观而聚集在一起，实现人的基本求知欲，探索知识，追求真理。他说："每一个时代的大学都必须满足实用职业的要求，从这一角度看，它和古老的实用学校是一样的，但是大学却带来了一个崭新的观念，那就是把实用知识收纳在整体的知识范围之内"。[11]因此，大学"对知识的探索无所不包，凡是世界上的知识，都应纳入大学的范围，成为学习的目标。"[12]

（三）大学是探索和传播高深学问的机构

普西在《学者的时代》一书中指出："每一个较大规模的现代社会，无论它的政治、经济或宗教制度是什么类型的，都需要建立一个机构来传递深奥的知识，分析、批判现存的知识，并探索新的学问领域。换言之，凡是需要人们进行理智分析、鉴别、阐述或关注的地方，那里就会有大学。"[13]在历史上，大学（studium genarale）由"学馆"（studium particulare）发展而来，大学是探索和传播普遍的高深学问的机构，而学馆则是探索和传播某一方面的高深学问的学校。高深学问（higher learning）是大学产生和发展的历史和逻辑起点，因此，许多教育家也坚持大学就是探索和传播高深学问（或称真理）的机构。

洪堡是较早阐述这种大学理念的教育家，他把要建立的柏林大学称作柏林高等学术机构便体现了这种思想。在《论柏林高等学术机构的内部和外部组织》中，洪堡指出，大学是高等学术机构，是学术机构的顶峰，"它总是把科学当作一个没有完全解决的难题来看待，它因此也总是处于研究探索之中"，[14]一旦人们停止对科学进行真正的探索，或者认为，科学是不需要从精神的深处创造出来，而是可以通过收集把它广泛罗列出来的话，则一切都是无可挽回的，且将永远丧失殆尽。[15]洪堡指出，大学不是高级中学，也不是专科学校，而是带有研究性质的学校，它一方面进行纯科学的研究，从而发展科学、探索真理，一方面将研究过程与教学过程结合，"由科学而达至修养"，培养人才。他呼吁不要降低大学这种高等学术机构的水平，不要把大学当作高级中学和专科学校，要明确、严格地划清它们之间的界限。

在美国，弗莱克斯纳是这一大学理念的继承者。他指出："大学是学问的中心,致力于保存知识,增进系统的知识,并在中学之上培养人才。"[16]因此,真正的大学吸引着最有能力的学者和科学家及最真诚的学生来研究和探讨学问。他反对把大学变成一个公共服务机构,认为如果"大学是一个公共服务机构的话,那么大学就会变成一个不同的东西,这个东西可能会有自己的用处,但肯定不再是大学。"[17]根据弗氏的看法,当时的大学没有一所大学符合他的这种大学理念。因此,他用一个新名词——高深学问学院(school or institute of higher learning)来命名他心目中的大学。他说:"为了表明真正大学的理念,就得用一个新术语——或许是高深学问学院,以便自动地把与这种学术机构无关的低水平的活动排除在外。"[18]

美国当代著名高等教育思想家布鲁贝克的《高等教育哲学》开篇第一章便是"高深学问",而且把高深学问作为贯穿全篇的核心概念。布鲁贝克指出:"高等教育与中等、初等教育的主要差别在于教材的不同:高等教育研究高深的学问。在某种意义上,所谓'高深'只是程度不同。但在另一种意义上,这种程度在教育体系的上层是如此突出,以致使它成为一种不同的性质。教育阶梯的顶层所关注的是深奥的学问。"那么什么是高深学问呢?布鲁贝克进一步指出:"这些学问或者还处于已知与未知之间的交界处,或者虽然已知,但由于它们过于深奥神秘,常人的才智难以把握。"[19]虽然布鲁贝克并没有将高等教育与大学划等号,但他在全篇中谈的主要是大学,而非学院。

"大学是探索和传播高深学问的机构"这一理念,在很多美国教育家的著作中都有体现,如赫钦斯的《美国高深学问》(The Higher Learning in America)、维布伦的《美国高深学问》(The Higher Learning in America)、博克的《高深学问》(Higher Learning)、亚瑟·列文的《美国高深学问 1980～2000》(Higher Learning in America 1980～2000)等。他们在书名中使用了"高深学问"(higher learning)而不使用"高等教育"(higher education),就是因为他们强调大学和高等教育的核心因素或者说逻辑起点是"高深学问",而"高等教育"则是一个内涵和外延都不甚明确的概念。

(四) 大学是社会服务站

这一大学理念有许多种表达方式:大学是一种国家工业或知识工业,大学是一种公共服务机构,大学是社区发展的服务站,大学是社区发展的动力站……尽管不同表述所包含的意思有一定的差别,但其实质是相同的,即大学是一个直接为社会服务的机构。"大学是社会服务站"这一命题首先由谁提出尚无法考证,许多人认为是科尔首先提出来的,但科尔却在《大学的功用》一书的后记中予以否认。

经济合作与发展组织教育研究与革新中心的报告指出:"从历史上看,大学为社区服务的观念源自美国赠地学院创办的时代。"[20]美国著名高等教育家克拉克·科尔也指出:"公共服务概念始于美国的赠地学院运动。"[21]1962年美国颁布《莫雷尔法案》,规定联邦政府向各州提供联邦土地,在每个州至少资助一所从事农业和工艺教育的学院。"这些学院要在不排斥科学、经典学科和军事战术课程的前提下,教授与农业和工艺有关的学科。"[22]虽然《莫雷尔法案》没有要求赠地学院直接为社会服务,但直接为社会服务却成为一些赠地学院的目标。在康乃尔大学获得特许状的庆典上,康乃尔大学的创建者伊兹拉·康乃尔指出:"这所学院将使科学直接服务于农业和其它生产行业。"[23]赠地学院不但培养工农业生产需要的专门人才,而且研究工农业生产的新技术、新方法、新问题,推广科学知识和技术。

如果说赠地学院运动使大学为社会服务生根发芽的话,范·海斯(Charles R. Van Hise)则使这一理念广为传播。在1904年出任威斯康星大学校长的就职典礼上,范·海斯指出,威斯康星大学应该为实现威斯康星州的改革目标服务,成为全州所有人的大学。他说:"教学、科研和服务都是大学的主要职能。更为重要的是,作为一所州立大学,它必须考虑每一项社会职能的实际价值。换句话说,它的教学、科研、服务都应当考虑到州的实际需要。大学为社会,州立大学要为州的经济发展服务。"[24]范·海斯通过向社会推广技术和知识、为政府部门提供专家咨询服务两方面的活动推进威斯康星大学的社会服务,使大学与政府部门、社会间建立了双向的合作、服务关系,使威斯康星大学与州融为一体,整个州都成了大学的校园。[25]该大学通过推广技术和知识、专家服务,推动了威斯康星州的发展,同时也促进大学自身的发展,迅速从一所普通的州立大学成长为美国最有影响的大学之一。

威斯康星大学的办学理念以威斯康星理念的名字迅速在美国传播开来,并对其它州立大学甚至私立大学产生了重要影响。正如美国高等教育学家布鲁贝克和鲁迪所说:“范·海斯在任威斯康星大学校长期间所取得的巨大成功,激励其它州立大学也采用类似的政策,服务的理念成为越来越多的大学的办学原则之一。”[26]从此,社会服务逐渐成为美国大学的一个重要职能,社会服务的大学理念也跨过大洋传播到欧洲、亚洲和世界其它地方,成为一种具有世界影响的大学理念。

科尔虽然否认自己率先提出“服务站”理念,但却是这种理念的支持者。他认为,在以知识为核心的社会中,大学作为知识的生产者、批发商和零售商,不可避免地要为社会提供服务,而且,在日益壮大的知识产业中,大学成了知识产业的中心。

存在主义教育家沃尔夫认为,当代大学存在四种模式,其中一种就是作为社会服务站的大学。这种大学类似于科尔所提出来的“多元化巨型大学”,是一个由教育、研究、咨询和其它社会服务机构构成的集合体,它面向社会,为社会提供教育、研究、咨询和其它服务。

(五)大学是独立思想和批判的中心

大学从中世纪开始就是享有一定的自治权和学术自由的机构,这使大学对高深学问的探索可以超越社会、政府、政党和其它外界力量的压力,而仅仅服从于真理的标准。批判社会是大学的传统,是大学理念所固有的东西。

洪堡认为大学是受国家保护但又享有完全自主地位的学术机构。他以其文化国家观为基础,认为大学作为科学、学术机构,本身就是国家事业的一部分,以发展理性为目的。而且,大学的目标和利益也就是国家的目标和利益,大学只需要按照科学活动本身的需要,根据为科学而科学的原则进行其活动,而无须依据对社会的某项具体功能来证明它存在的意义。国家的行为也应该服从于理性原则,承认科学活动的自主性,为科学活动提供保护和支持,使理性按其自身的原则得以发展。[27]因此,他指出:“就总体而言,国家决不能要求大学直接地和完全地为国家服务;而应当坚信,只要大学达到了自己的最终目标,它也就实现了,而且是在更高的层次上实现了国家的目标。”[28]他的文化国家观及以此为基础的大学性质观,为其大学自治和学术自由的大学理念奠定了基础。他不但要求给教师教的自由、研究自由，而且要求给学生以学习自由、研究自由，发展学生的独立思考能力和独创精神。

在弗莱克斯纳看来，大学像教会、政府、慈善组织等人类所有其它机构一样，都是特定时代社会大网络之内的东西，应该根据社会发展的需要而进行调整，但这种调整应该以一定的理性分析和价值观念为基础，而不是仅仅依赖于习惯去随波逐流，迎合时尚，因为"大学不是风标，不能什么流行就迎合什么。大学必须时常给社会一些它所需要的东西(what the society needs)，而不是社会所想要的东西(what the society wants)"，否则，大学就会犯荒唐的甚至是灾难性的错误。[29]

雅斯贝尔斯把大学视为一个相对独立于社会的"国中之国"，以便保证大学独立地探索高深学问。雅斯贝尔斯指出，大学作为追求真理的机构，只忠诚于真理，而不论其所产生的智力或社会的后果如何；只服从真理的标准，而拒绝服从任何权威。他说："大学是一个时代的智力良心(intellectual conscience)，大学人不必为现实的政治负责，主要因为它对发展真理负有无限的责任。"[30]这意味着大学要求绝对的教学自由，国家应保证大学不受任何党派政治的控制，或不受政治哲学或宗教神学的强迫，而独立开展科研和教学的权利。[31]在他看来，教师应有绝对的教学自由，从科研课题的选择到课程内容的确定，都是教师个人的事情，他也同时为他的行为负责；原则上，学生也有学习的自由。这种学术自由、教学自由、学习自由是探索真理的重要保障。

赫钦斯更明确地倡导这一理念。他认为，"大学存在的假设基础是：在一个国家中应该有一种组织，其目的在于对各种最重要的智性问题进行最深入的思考。它的目的是引导整个教育体系，探讨理论和实践工作者所面临的理论和实践问题。它是一个思考的社团。"[32]在赫钦斯看来，自古以来产生的各种组织机构中，似乎惟有大学是一个独立思想的中心，是一个批判中心。大学"具有一种强烈而严肃的使命，这就是思考。大学是独立思想的中心，既然它是一个思想中心，一个独立思想的中心，那么它也是一个批判的中心。[33]

(六)大学是一个统一的有机体或多元化巨型大学

大学是一个有机体还是由多种社群组成的多元化巨型大学，代表两种不同但又相互联系的大学理念，因此，我们在此把它们放在一起来审视。

弗莱克斯纳认为，大学是一个有机体。弗莱克斯纳心中理想的大学不但是一个学问的中心，而且是一个有机体。他说："真正的大学是一个有机体，目标崇高而明确，精神与目的统一"。[34]他认为，把大学各个部门统一在一起，靠的是大学理念或理想。他说："大学是由相同的理念或理想，而非由于行政力量，所形成的富有生命力的有机体。[35]正如科尔所言，传统的大学都是一个有机体，在有机体中，部分和整体是紧密地连在一起的"，[36]增加或取消某一部分，就会影响大学的职能。

科尔则提出了"多元化巨型大学"的概念。何为多元化巨型大学？科尔指出："多元化巨型大学是一个不固定的、统一的机构。"[37]科尔在1972年对多元化巨型大学这一概念做了进一步的解释："关于多元化巨型大学这一术语，我指的是，现代大学是一种'多元的'机构——在若干种意义上的多元：它有若干个目标，不是一个；它有若干个权力中心，不是一个；它为若干种顾客服务，不是一种。它不崇拜一个上帝；它不是单一的、统一的社群，它没有明显固定的顾客。"[38]在科尔看来，传统的大学是"一个有机体，在有机体中，部分和整体是紧密地连在一起的；而多元化巨型大学则不然，很多部分可以增加也可以取消，但对整体无多大影响，甚至不为人所注意，或者不会遭受任何损失。"[39]多元化巨型大学的本质特征在于它的多元性，它有多个目标、多个权力中心、多个灵魂，它不再是一个有机体，而是一座城市或一个城邦——多元化巨型大学的城邦，很多部分可以增加也可以取消，并不会为人注意，甚至不会对整体造成影响。

沃尔夫所谓的作为社会服务站的大学和科尔的多元化巨型大学非常相似，是由各种教育、研究、咨询和其它服务机构组成的集合体。当代美国著名教育家、哈佛大学前校长德里克·博克也持类似的观点。他指出："现代大学已经不再是传统的修道原始的封闭结构，而是变成沟通生活各界、身兼多种功能的超级复合社会组织。"[40]

（七）结语

以上有关"何谓大学"的命题有些是相互联系的，有些则是相互对立的，它们反映了不同高等教育哲学或教育价值观的影响，也反映了不同时期，不同社会政治、经济、文化和科学技术发展不同的需要。虽然有些命题是在大学产生之初就出现的,但是所有这些命题都对今日大学理念的发展有着不同程度的影响。这些命题有些反映了大学的实质,如大学是学者的社团、大学是传授普遍知识的场所、大学是探索和传播高深学问的机构、大学是独立思想和批判的中心。有些则不尽然,如大学是社会服务站的命题,虽然反映了大学应该为社会服务的特性,但服务站的概念模糊,容易引起误解;科尔的多元化巨型大学一方面反映了美国社会的多元化需求,另一方面也反映了大学理念的混乱。

当人类迈进新世纪的门槛时,知识经济已初露端倪,展现在人们面前的是一个新的时代。在知识经济时代,知识已成为社会经济发展中的关键因素。作为知识的创造者、传播者和应用者,大学将从社会经济舞台的边缘走向舞台的中心,在社会经济发展中发挥愈来愈重要的作用。新世纪的大学要继承正确的大学理念,摈弃过时的大学理念,厘清模糊的大学理念,成为学者的社团,成为探索和传播高深学问的场所,成为探索和传播普遍学问的场所,成为独立思想和批判的中心。新世纪的大学既要坚守大学的象牙塔精神,以探求真理为宗旨;又要关注社会现实,为社会发展服务。新世纪的大学,应是一个具有共同的理念和目标的统一的有机体,而不应是具有若干个灵魂、若干个目标、若干个权力中心、若干种顾客、若干种职能的集合体和大杂烩。

参考文献:

[1] 博伊德·金.西方教育[M].北京:人民教育出版社,1989:137.

[2][14][28] 威廉-冯·洪堡.论柏林高等学术机构的内部和外部组织[J].高等教育论坛,1987:(1).

[3][12][30][31] Karl Jaspers. The Idea of the University[M]. London Peter Owen Ltd. ,1965:19,56,132,141.

[4][6] 赫钦斯.教育现势与前瞻[M].香港:今日世界出版社,1976:110,109.

[5] 台湾师范大学教育研究所.西洋教育思想(下)[M].台北:伟文图书出版社有限公司,1979:916.

[7] Clark Kerr. The Great Transformation in Higher Education[M]. State University of New York Press,1991:52.

[8][9] John Henry Cardinal Newman. The Idea of a University: Defined and Illustrated[M]. Loyola University Press, 1987: 464, 437.

[10] 托马斯·享利,赫胥黎. 科学与教育[M]. 北京:人民教育出版社, 1990:129.

[11] 雅斯尔贝斯. 什么是教育[M]. 北京:生活 读书 新知三联书店,1991:176.

[13] [19]约翰·布鲁贝克. 高等教育哲学[M]. 杭州:浙江教育出版社, 1998:8,2.

[15] 彼得·贝格拉·威廉-冯. 洪堡传[M]. 北京:商务印书馆,1994:79.

[16] [17][18][29][34][35]Abraham Flexner. Universities: American, English, German [M]. Oxford University Press, 1930: 230, 214, 214, 5—6, 178—179, 231.

[20] [21]朱国仁. 高等学校职能论[M]. 哈尔滨:黑龙江教育出版社, 1999:121,121.

[22] [23]王英杰. 美国高等教育的发展与改革[M]. 北京:人民教育出版社,1993:9,10.

[24] 大光. 范·海斯的高教思想[J]. 高教文摘,1990:(6).

[25] [26] John S. Brubacher&Willis Rudy: Higher Education in Transition: a History of American Colleges and Universities[M]. 4th edition, Transaction Publishers, 1997: 166, 168.

[27] 陈学飞. 美国、德国、法国、日本当代高等教育思想研究[M]. 上海:上海教育出版社,1998:146.

[32][33] R. M. Hutchins. The University of Utopia[M]. The University of Chicago Press, 1936: 41, 84.

[36][37][38][39] 克拉克 科尔. 大学的功用[M]. 南昌:江西教育出版社, 1993:13,12,96,13.

[40] 赵一凡. 美国文化批评集[M]. 北京:生活 读书 新知三联书店,1994:34.

(本文发表于《比较教育研究》2003 年第 4 期。作者刘宝存,时属单位为北京师范大学国际与比较教育研究院)

二、美国高校自治与自律的统一机制分析

办好大学需要享有自治，但自治的同时又要求自律，否则便会导致种种行为失范。当前，中国高校的办学自主权虽然非常有限，但失范现象却屡见不鲜。那么，美国高校为什么能够基本做到自治与自律的统一呢？本文试图予以探讨。

（一）自治与自律的统一源于市场竞争

美国联邦政府无管理教育的法定权力，其中当然包括大学。依"保留条款"的间接推导，教育主权在州，但州并不干涉大学内部事务，因而自治是美国高校最突出的特点之一。自治程度高往往意味着外部约束小，管理较松懈，进而是行为失范和质量危机，但事实并非如此。美国高校不但运行有序，而且也最具有世界竞争力。这可从以下两方面得到印证：

从美国在全球一流大学中所占比例看。统计表明，不论按什么比例或前多少名排队，美国的一流大学都占绝对数量。2004 年 11 月，英国《泰晤士报》高等教育副刊推出全球大学排行榜，美国大学在不同选取范围中的名次：前 10 名中占 7 所，前 20 名中占 11 所，前 50 名中占 20 所，前 100 名中占 35 所，前 200 名中占 62 所[1]。美国大学所占比例随着选取范围的扩大而逐渐降低，分别占 70%、55%、40%、35%、31%。对此的可能解释是：随着入选范围的扩大、门槛的降低，其他国家的大学也有机会。这一规律性现象表明，美国高质量的顶尖大学多，尽管最差的大学也在美国。

从美国高校获取诺贝尔科学奖情况看。研究表明，科学技术进步与高等教育发展之间存在某种相关性，其空间有序性表现为科学中心从意大利至美国的逐次转移，时间有序性表现为一定的发展同步性，即世界科学中心的转移与高等教育中心的转移在时间段上基本吻合。1921～1930 年间，欧洲人获得 23 个诺贝尔奖，美国人只获得 4 个；但在 1989～1998 年间，欧洲人获得 13 个诺贝尔奖，美国人却获得 26 个，局面完全颠倒过来[2]。而统计表明，诺贝尔奖获得者主要来自大学特别是研究型大学。1990～2001 年间，获得诺贝尔科学奖和经济学奖者共 102 人，其中在美国受过高等教育者有 70 人，有过在美国大学工作经历者 70 人[3]。

美国高校享有高度自治，但运行不乱套，质量有保证，根本原因是市场竞争机制已经形成。美国公立大学之间、私立大学之间、公立大学与私立大学之间的竞争程度非常高，竞争压力非常大，“同类的学校为教师、经费、学生、公众的重视以及其他许多东西进行激烈的竞争”[4]。市场这只“看不见的手”无时无刻不在调控大学，迫使高校自我约束，自我发展，自我提高。市场竞争要求高校自治，以提供竞争前提；市场竞争也要求高校自律，以规范竞争环境。在市场竞争背景下，高校也不得不自律。自律一旦形成，反过来又维护了自治，使市场竞争机制得以继续运行。由此可以认为，美国高校的自治与自律根源于市场竞争，统一于市场竞争。虽然市场竞争具有一定负面影响和消极作用，但这较之无竞争的低效率所带来的损失要小得多。

（二）市场竞争机制的形成基础

1. 美国的政治分权制、经济市场制决定了高等教育的相对独立性和市场竞争性。美国政体的总体特征是分权，没有一个绝对权力中心。从横向看，实行“三权分立”，立法、行政、司法相互制衡；从纵向看，实行联邦制，层层分权。由于政治体制分权，各州大学之间的充分竞争成为可能。每个地区都希望拥有自己最优秀的大学，都想在顶峰上占有一席之地，这种雄心壮志有时确实能够如愿以偿[5]；由于政治体制决定教育体制，美国高校因而具有相当程度的独立性，这种“有组织的无政府状态”能最大可能摆脱政府的束缚和管制，为自我发展腾出广阔的空间；虽然分权制条件下有可能出现联邦不管州府管的情况，但由于分权思想深入人心，这种分权也会表现在横向结构，即教育行政与普通行政的分权，进而是大学与州教育行政的分权，从而也为大学相对独立提供了条件。从经济制度看，美国是一个自由竞争的社会，完善的市场经济制度，占统治地位的商品经济观念，形成了市场主导而非政府主导的经济特征。市场经济备受推崇，“市场智慧——能够以人类思维不能理解的方式，在没有强制、指导和官僚干预的情况下，协调和满足无数个体的不同需要。”[6]市场作为一种外部力量影响政府，势必使政府行为带有明显的市场化特征，而且市场经济发育越成熟，政府运用市场手段调控高等教育的特征也就愈加突出[7]。在经济市场制条件下，高等教育必然也是一个竞争市场，生死存亡系于自身，政府不会搞人为保护。美国高校大约4 000余所，每年都在生生灭灭，很难确切统计具体所数，其理源出于此。

2. 美国社会的多元化决定了高等教育的多样性，进而带动和促进竞争。美国移民来自不同国度，怀有不同宗教信仰和教派精神，携带多元文化基因，适应美国社会的多样需要，创造出社会的多样性。美国虽素有熔炉之称，但并未改变多元文化的现实。社会的多元化决定了高等教育的多样性，这种多样表现为院校类型、办学主体、办学形式、学生来源、管理形式的多样性等方面。美国大学协会认为，多样性除了促进教育机会均等，促进美国社会流动，有利于维护学术自由外，最重要的作用就是促进了地方教育分权体制下的高等院校之间的健康竞争[8]。为什么呢？因为有了多样性，就有了灵活性、适应性。有了灵活性、适应性，既便于开展竞争，又能在适应过程中不断提升和壮大竞争实力；有了多样性，就难以形成垄断，就会产生危机感，从而进一步推动竞争和强化竞争态势。因为“任何组织一旦具有垄断性，就会缺乏强烈刺激去提供它的服务对象所期待的服务”[9]。

仅从大学性质或办学主体多样化的角度看，美国发达的私立大学体系对于促进高等教育竞争起到了重大作用。达特茅斯学院判决案导致了公私立高等学校的分野，也引发了公私立高等学校之间的竞争，联邦政府平等对待公私立高校的无歧视政策也有利于私立大学参与竞争。美国大学质量高，基础教育却质量平平，造成这种差别的原因是什么呢？H.汉斯曼教授认为，这是因为美国中小学基本上都是公立，其竞争程度低于高等教育阶段所致[2]。美国在校生数量公立大学占绝对优势，约为75%，但私立高校的所数却多于公立。私立大学与公立大学的区别主要在于经费来源的不同，虽然美国私立大学也接受来自政府的资助，但仅占30%左右，主要靠学费、捐赠，生存危机迫使私立大学具有更强的市场竞争意识。为吸引中上阶层子女，赢得财团信赖，必须提高办学水平，提供高质量服务，因而质量是私立大学的生命线。美国的一流大学为什么多是私立大学可由此得到解释。在全社会已形成市场竞争的条件下，竞争就不会仅仅限于私立大学之间、私立大学与公立大学之间，同样会表现在公立大学之间，因为竞争不会受所有制的影响。“真正问题并不在于公私之辨，而是垄断还是竞争之争”。H. 汉斯曼教授认为，依靠公立大学也能够建立具有高效率的高等教育体系，只要这些大学之间互相展开竞争[2]。私立大学的高质量必然给公立大学造成压力，构成威胁，私立大学的示范效应必然带动和促进高等教育机构之间的全面竞争。

3. 美国高等教育的大众化与普及化造就了买方市场，进而加剧竞争。一般认为，上世纪60～70年代是西方国家高等教育的大众化时期，70年代中期之后，某些发达国家的高等教育开始逐步向普及化阶段过渡。如美国20～24岁年龄组的入学率，1980年为23.45%，1990年为28.27%，1992年为31.25%[10]。据另一统计数据，从1965年到1975年、1985年、1995年，美国25岁以上人口高等教育完成率依次从18%增长到25%、34%、49%[8]。两组统计数据从不同角度表明，美国的高等教育从大众化逐渐走向普及化，到90年代末，已完全进入普及化阶段。

在精英教育阶段，能上大学者少，高校不论质量优劣均不愁顾客。在大众化甚至普及化阶段，在买方市场已经形成的条件下，大学就不可能再象从前那样待价而沽，而不得不被迫接受学生的选择，这是竞争机制形成的重要基础。大学为吸引生源，必须加强管理、塑造形象、获得声誉，必然要约束自己，必然要设法提高质量。这种约束不仅仅表现在学生入学之前，而是贯穿于整个教育阶段甚至与学校共始终。美国高校学生流动性大，如果对学校不满意，可中途转校甚至跑掉，这种“用脚投票”方式必然给学校造成巨大压力。因为美国大学排行指标体系中恰恰有一项“学生保持率”(包括新生保持率、毕业率，权重占总分的1/4)，用以间接评估高校的声誉和质量。1996年又增加了预期毕业率、实际毕业率与预期毕业率间的差值的指标要求，将进校新生质量与毕业生质量联系起来[11]。

（三）通过他律进而形成自律

在政府只是掌舵而不划桨的情况下，如果没有约束机制，竞争必然导致失范，因而自治还要求自律。但自律不会自发产生，而是需要他律，需要通过某种制度催生。人都有趋利动机，由人构成的组织或机构自然也是这样。美国大学基本能够做到自治与自律的统一，不是美国人或美国大学的境界高，而是有某种机制在起作用。这种机制就是通过他律迫使高校自律，或者换句话说，政府通过制订游戏规则对市场力量加以规范和引导。他律可分为外部他律和内部他律。美国高校的外部他律措施有四，前两种为官方约束，后两种属民间行为。

立法约束。美国联邦、州政府对高等教育的影响或服务更多的是通过宪法及相关法律或与学校签订的合同等来发挥作用，而不直接管理高校内部事务。联邦宪法中没有关于教育的条款，但联邦政府又频频立法，其立法依据是宪法第一条和第八条的第一款，即合众国政府为了“增进全民之福利”，国会有权“制定所有必要和适宜于行使上述各种权力的法律……”[12]教育能够提高人的工作能力，进而导致生活质量的改善，自然可纳入福利措施的范畴。依此间接推导，联邦教育立法并未违宪，高校须得遵守。虽然私立高校的自治权较大，能在更广泛的程度上免受政府控制，但仍然须在大的法律框架范围内活动。战后，联邦政府加快了介入高等教育的步伐，频频立法。1958年颁布《国防教育法》，1963年颁布《高等教育设施法》，1964年颁布《教育机会法》，1965年颁布《高等教育法》，此后于1968年、1972年、1992年、1998年又多次通过《高等教育法修正案》。

拨款调控。美国教育主权在州，高教经费的80%以上由州府承担，但联邦政府可以通过项目资助、科研合同或提供各种形式的贴息或低息贷款、发放助学金等方式调控高校。项目经费资助一般与立法相伴而行，高校只有接受法律规定的条件，才能获得经费，否则将取消其受补资格。1972年，国会借修订《高等教育法》之机改变资助方式，由向院校提供资助转为对学生直接资助，这类似于基础教育阶段实施的学位券制度，即联邦政府将各类经费以资助的形式直接支付给学生，学校再从来校注册的学生那里获得经费。于是，高校只能通过竞争吸引学生进而获得经费，而竞争必然要求提高质量。虽然州政府对大学实行固定拨款和资助，但近年来亦试图引入竞争机制，通过改变拨款方式予以调控。在这种形势下，如果学校声誉不佳，学生不愿报考，经费来源将成问题。

鉴定认可。虽属民间行为，但多少带有一点官方色彩，受到政府的倡导和控制。美国1992年将鉴定制度写进《高等教育法》修正案中，肯定其法律地位。通过认证制度，高等教育机构自我约束，维持基本质量标准，反映外部环境对高等教育的质量要求。在激烈的市场竞争条件下，高校要获得社会的承认，在高等教育界拥有一席之地，就必须参加认证。如果高校未获认可，各种困难便会接踵而至，这反过来又强化了鉴定认可组织的权威性，进而迫使高校加强经营，提高质量。

大学排行。1987年以来，《美国新闻与世界报道》周刊每年对全美重要的大学、学院进行排行。排行的实质仍然是对高校进行"鉴定"，只是鉴定标准不同，鉴定形式不同，产生的约束力不同。某种意义上，排行是一种"再分层"，是一种更高层次、更高标准的"再鉴定"。大学排行的约束作用通过调整指标设计、通过舆论导向体现出来。高校要提高名次、获得声誉，就必须围绕排行指标努力，自觉调整和约束自己，不断提高质量。

他律不能仅仅来自外部、针对学校，还应该来自学校内部、针对管理层。因为只有通过内部他律才能将外部他律落到实处，将校际竞争的巨大压力转化为学校改善经营管理的内在动力。否则，即使学校危机重重、濒临破产，校领导层可能照样无动于衷，从而"错失新的机遇、随波逐流、等待步他人之后尘，造成组织的沉睡状态"[13]。美国大学针对管理层的他律措施通过人事制度设计体现出来，具有自己的特点。

1. 自上而下的逐级任命制

在美国，民主选举是很时髦的事，但高校选拔管理人员恰恰相反，不搞所谓的选举制，而是逐级任命制。即由董事会—校长—副校长(院长)—中层管理者，层层选聘。董事会选聘和任命校长，校长根据遴选委员会的意见提名副校长，副校长任命自己分管的各处室领导等，以此类推。曾任哈佛大学文理学院院长的H.罗索夫斯基认为，任命制至关重要，因为"在教授队伍中实行选举往

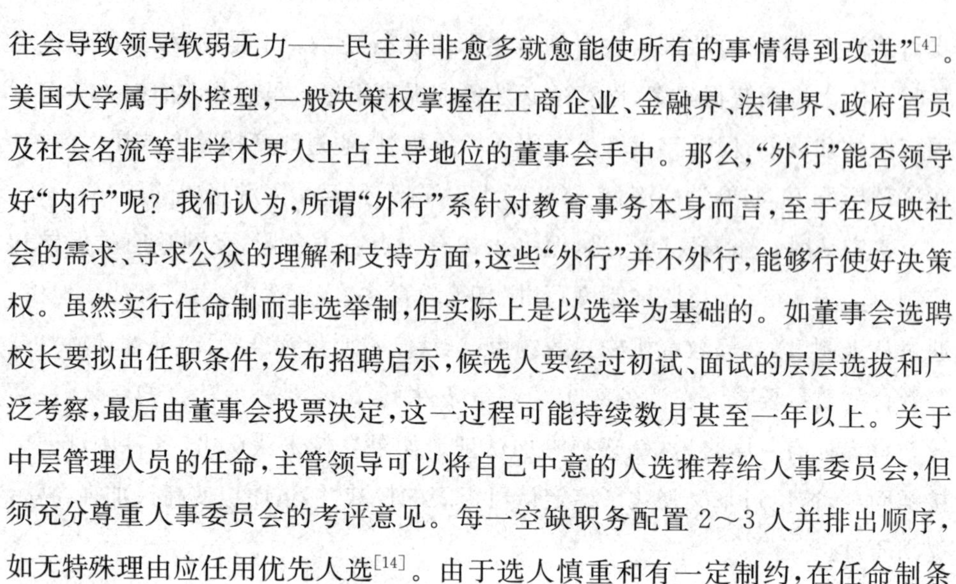
往会导致领导软弱无力——民主并非愈多就愈能使所有的事情得到改进"[4]。美国大学属于外控型，一般决策权掌握在工商企业、金融界、法律界、政府官员及社会名流等非学术界人士占主导地位的董事会手中。那么，"外行"能否领导好"内行"呢？我们认为，所谓"外行"系针对教育事务本身而言，至于在反映社会的需求、寻求公众的理解和支持方面，这些"外行"并不外行，能够行使好决策权。虽然实行任命制而非选举制，但实际上是以选举为基础的。如董事会选聘校长要拟出任职条件，发布招聘启示，候选人要经过初试、面试的层层选拔和广泛考察，最后由董事会投票决定，这一过程可能持续数月甚至一年以上。关于中层管理人员的任命，主管领导可以将自己中意的人选推荐给人事委员会，但须充分尊重人事委员会的考评意见。每一空缺职务配置2～3人并排出顺序，如无特殊理由应任用优先人选[14]。由于选人慎重和有一定制约，在任命制条件下管理人员的素质能够得到保证。

2. 自下而上的逐级负责制

由中层管理者—副校长(院长)—校长—董事会逐级负责，主管行政与财务的副校长或教务长对校长负责，校长向校董会负责。一般说来，课程设置、教师选择、招生办法等由教学部门提出或授权教学部门负责，但发展规划、教育政策、财政预算、基金管理之类事宜的决定权则掌握在以校长为首的管理机构手中。自上而下的逐级任命制与自下而上的逐级负责制虽是两个相反的过程，但却是不可分离的过程，实际上是一种责任制链索。有了逐级任命，才有可能做到逐级负责；只有主官提名，才能物色到配合工作的伙伴。从制度上讲，美国校长为雇员，董事会如不满意可以解聘。校长实际管理，要向董事会负责，对下属管理人员亦有去留之权。由此可见，逐级负责制带来的是责权明确、管理协调和办事高效，进而为增强学校的适应能力、竞争能力提供强大的发展动力。

概而言之，校际竞争必然要求和引发校内竞争，这种竞争信号逐级传导、扩散，体现在各个方面、不同层次，即由校际竞争"校内竞争，由管理层竞争"其他各层次(教师、学生之间等)的竞争。在竞争背景和制度规范下，高校的自治与自律便能统一起来。

参考文献：

[1] 张晓鹏.泰晤士报全球大学排行榜[J].上海教育，2005，(01A)：34.

[2] H.汉斯曼.高等教育中国家与市场的关系[J].北京大学教育评论，2005，(3)：30—32.

[3] 熊耕.美国高等教育认证制度的特点分析[J].比较教育研究，2002，(9)：12.

[4] H.罗索夫斯基.美国的大学何以出类拔萃[J].高教探索，1994，(3)：66.

[5] H.罗索夫斯基.美国校园文化[J].济南：山东人民出版社，1996：25.

[6] 朱科蓉.英美教育市场化改革述评[J].清华大学教育研究，2003，(1)：57.

[7] 阎光才.从市场角度分析发达国家高校与政府间的关系[J].机械工业高教研究，1998，(4)：36.

[8] 蒋凯.美国高等教育多样性探析[J].比较教育研究，2002，(专刊)：121.

[9] J. Q. 威尔逊.美国官僚政治[M].北京：中国社会科学出版社，1995：430.

[10] 黄福涛.20世纪西方高等教育发展的特征与趋势[J].厦门大学学报，1999，(2)：103.

[11] 沈红.美国大学评估与研究型大学面临的挑战[J].辽宁高等教育研究，1998，(01)：109.

[12] L. D. 范斯科德.美国教育基础[M].北京：教育科学出版社，1984：274.

[13] B.克拉克.自主创新型大学：共治、自治和成功的新基础[J].清华大学教育研究，2000，(4)：7.

[14] 教育部国际合作交流司.国外高等教育调研报告[M].北京：首都师范大学出版社，2001：120.

（本文发表于《外国教育研究》2006年第6期。作者袁祖望，时属单位为暨南大学管理学院教育经济与管理研究所）

三、双重集权体制下的法国大学自治

大学自诞生之日起,便在不懈地追求自治。但迄今为止,没有哪所大学实现完全的自治。在现代社会,大学已经成为国家繁荣与发展不可或缺的支柱。国家和市场都要借助于大学而发展,都要对大学施加影响甚至加以控制。但是,自治确实是大学的共同价值之一,大学没有适当的自治就无法完成自身的使命。大学既要获得国家与市场的支持,并为之提供相应的服务,又必须保持起码的自治,以实现知识的创新与传播。于是,大学在国家与市场之间必然形成永久的博弈。

法国大学具有悠久的自治传统,但又长期受制于中央集权的国家。法国中央集权制的教育管理体制在我国学界已成共识,但另一种行会中央集权体制却鲜为人知。法国大学如何在双重集权制中保持自治,2007 年 8 月 10 日颁布的《大学自由与责任法》能否为法国大学自治带来新的机遇,将是本文重点关注的问题。

(一) 中世纪的大学自治:在王权与教权之前周旋

大约在 12 世纪后半叶,巴黎聚集了一批学者和学生,起初不过是单纯的集合,并无正式的组织机构,后来发展成一个团体——“巴黎教师学生团体”(universitas magistrum et scholarium parisiensum)。“universitas”为拉丁文,含有“协会”“团体”“联合会”等义,亦为英文“大学”一词的起源。

面临教会和城市市民的双重抵制,巴黎教师和学生结成强大的同盟,不失时机地运用着罢课和离散之类有效武器。因为巴黎的学校已经成为城市重要的消费群体,并具有知识发源地之美誉,无论对于巴黎市民,还是对于巴黎教会,甚至对于国王和教皇,大学离散都是难以承受的。教皇更是看重大学在神学研究的地位,企图把它作为宗教信仰的卫道士、神职人员的培训机构和造就教会所需管理精英的地方。从 1174 年教皇塞勒斯坦三世便开始发布谕旨,赋予大学以司法特权。特别是 1231 年 4 月 13 日,教皇格里格瓦九世"知识之父"谕旨(Parent Scientiarium)最终确立了巴黎大学的法律地位。法国国王也要利用巴黎大学为自己的政治统治服务。1200 年,由于一个作侍者的学生被酒店老板殴打,引起暴力冲突,造成 5 个学生死亡。但国王菲利浦·奥古斯特支持了学生,并赋予大学师生司法豁免特权。

借鉴中世纪的行会组织,巴黎大学的教师经过艰苦斗争几乎逐渐获得了当时行会所能拥有的全部特许权,也审时度势地创造了他们所需要的"自治"机构。但这一自治的获得并非一蹴而就。教皇为了控制正呈燎原之势的"异端邪说",振兴日渐衰竭的 11 世纪改革,希望通过大学增强教会的中央集权,并以此建立将整个基督界与教皇直接联系的大型宗教研究中心。虽然教皇的多数决定符合大学学者的愿望,但一旦大学学者的行为触犯教皇的某根敏感神经,教皇也会向大学学者叫停,迫使他们屈服。1225 年,教皇特使、圣昂日的枢机主教便砸碎了巴黎大学的大印章,直至 1246 年才得以重新授予。

巴黎大学的办学模式不仅影响了中世纪法国的其他大学,更是欧洲乃至世界大学树立了典范,与 19 世纪初德国洪堡创建教学与科研并重的柏林大学模式和 20 世纪初美国以威斯康星大学为代表的兼顾教学、科研与社会服务的大学模式,共同构成世界高等教育发展的三大里程碑。

随着法国王权的强大,宗教势力对大学的影响逐渐减弱,国家对大学的控制不断加大。查理七世、路易十一、路易十四等法国君主对大学的改革都强化了大学的统一性,集中体现在大学学者的职能与录用、教学与考试的内容等方面,而对大学的行会系统并未触及。

正是国家对大学的控制和大学行会两股力量并行发展,奠定了后来法国高等教育的中央集权双重体制。

（二）集权体制下的大学自治：大学行会的集权化

在韦伯构想的官僚制度中，国家不仅从社会中获得行使垄断力量的方法，同时也获得使人服从其力量的合法途径。[1]一般来说，集权制国家对教育的管理应当具有垄断性。作为常理，法国的中央集权制也是一种教育行政集权制，国家应对教育系统实施垄断性管理。事实上，法国在19世纪初所建立的教育集权体制，不仅包括由中央到地方的行政与督导系统，而且其统揽学区教育大权的教育总长只对中央负责，不受地方行政长官的约束，从而形成一种独立于其他行政的管理系统。

但韦伯的官僚制度理论，似乎忽略了另一种中央集权的可能性，这就是法国大学学术行会制度的中央集权。拿破仑建立的中央集权制的影响之大，常使人们以为惟此为大，而几乎完全不知存在至今的大学全国委员会（Conseil national des universités）也是一种中央集权体制。

早在法国大革命期间，资产阶级的国民公会便于1793年9月15日颁布了一项法令，宣布取消大学，其理由是大学被贵族习气所玷污。1808年，拿破仑创建帝国大学，将包括高等教育的整个教育系统囊括其中，由"大总管"（Grand Maître）全权负责。原来大学的五大学院（神学院、医学院、法学院、理学院、文学院）单独设置。法学院和医学院的基本职能是培养法官和医生，而理学院和文学院的职能就是颁发文凭。理学院和文学院保留必要数量的教授，就是为了组建会考文凭的评审委员会。[2]

实际上，帝国大学创立之初，便建立了与"大总管"并列的"公共教育委员会"①（Conseil de l'instruction publique）。这一委员会的成员虽由权力部门任命，但均是大学学者，并代表各自的学科。委员会的职能主要是管理教师的任职资格、录用与工资待遇、教授职位的设置等。公共教育委员会的管理具有鲜明的学科特点，每个学科可以确定自己的管理模式，制定自己独特的规则。这些管理模式与规则可以凌驾于大学与学院之上，不同学科所接受的是来自于委

---

① 此机构名称多有变化，为叙述方便，恕不一一列举。详见 http://www.inrp.fr/edition-electronique/lodel/dictionnaire-ferdinand-busson/document.php? id=2447. 2009—02—11.

员会的学科委员的垂直领导。这样,法国高等教育自拿破仑集权体制以来,实际存在两个并存的管理体制或者说“两个中央”:一个是行政体制,负责经费的拨付和学校规范;一个是行会体制,决定着教师的职业和教学。1850 年的《法鲁法》曾允许“非大学学者”进入公共教育委员会,但 1880 年 1 月 2 日的法律重新规定公共教育委员会只能由大学成员构成。[3]

1870 年普法战争后,法国大学曾经掀起一次改革浪潮,就是借鉴普鲁士由洪堡创立的柏林大学模式,将以颁发文凭为目标的法国高等教育转变成为知识生产与传播的研究机构。改革者的愿望是“独立的大学学者和科学家,既不依赖于国家也不依赖于社会,只服从于国际科学界的同行”。[4]

当然,这一改革未能成功,国家依然管理着大学。但是改革亦未失败,行会体制也在并行不悖,每一类学院都在中央层次有其分委会,每一类学院都有其独立的管理模式。教授的准入程序在法学院、医学院、理学院或文学院均有所不同,这与当时德国的大学管理模式迥异。在德国,大学教授的录用条件在同一所大学内部是安全一致的。[5]

对于大学的某些管理权限,国家和行会实际上共同分享。直至 1945 年,国家与行会共同管理着大学教授讲席(chaire)的创建、首席教授的任命和补缺。具体讲,教育部掌管着教授讲席的创建和首席教授的任命权,而行会中央机构和学院委员会决定首席教授的补缺人选。需要指出的是,教育部在创建首席和任命首席教授时,总要征求行会中央机构的意见。而行会中央机构的成员经常是巴黎的大学学者,他们不仅是各类学院规则的制定者,同时也深谙各学科的教学现状与需求。从 1945 年开始,大学讲席的首席教授决定权进一步由教育部转移到学院委员会。[6]

值得注意的是,直至 1968 年法国高等教育法颁布之前,学院院长(doyen)在法国大学中具有举足轻重的作用。法国著名历史学家普罗斯特(Prost)指出,“在过去的组织机构中,大学不过是学院的组合,真正的权力属于学院院长。在院长之下,各学科、系、所或其他组织形式毫无真正的权力,没有任何预算可供管理。院长之上,作为国家官员的学区总长(recteur)主持大学委员会,只是发挥着大学代表的标志性作用”。[7]

学院院长在教授同行中选举产生,不仅具有重要的法律地位,而且还拥有重大的实际权力：主持制定预算、实施预算的内部分配、组织教学、决定人员录用等。然而，学院院长的权力又不是独断专行的，学院的决策过程完全是学院式的(collégial)。所谓学院式的决策，即是同级同行应对等级态势的集体决策，同时要求决策的规范性，不是一致同意，便是求得妥协。[8]其基本特征是大学教授，即学术同行们共同掌握学术权力。

简而言之，19世纪至20世纪60年代末，法国大学的自治以学院为核心，以同行决策为基础，以学科为纵轴，形成了与国家教育行政并列的学术行会管理系统。这一学术行会系统成为中央行政系统对大学控制的一种屏蔽，从而保证了法国大学最大程度的自治。

（三）两个高教法赋予的自治：不完全的自治

20世纪60年代，法国大学在规模扩大的同时并未相应地改革大学的管理，使法国高等教育的危机日益加剧。特别是在国际文化变革的大背景下，酿成了称之为“社会大地震”的持续几个月的、震惊世界的1968年大学潮。这次学潮促使法国政府开始对高等教育大刀阔斧地改革。当时的教育部长埃德加·富尔(Edgar Faure)主持的高等教育改革方案破天荒地以无人反对的投票结果在议会中获得通过，产生了《高等教育指导法》，并确立了自治、参与和多学科的高等教育三项原则。所谓“自治”，就是允许大学决定自己的行为，决定各学科教学活动及教学方法，决定科研项目，决定行政与财务管理。

1984年1月26日新的高教法——《萨瓦里法》，对大学决策的三个委员会的功能及其组成重新进行了规定。新的高教法赋予了大学在财务方面更大的自主权。大学可以根据注册大学生人数、建筑面积和学科的师生比例等标准安排国家拨给的经费的设备。大学还可以接受地方政府的拨款以及与企业、地方和国家签订合同。

对大学的核心领导者——校长的任职规定，1968年的《高等教育指导法》和1984年的《高等教育法》所体现的教授治校的精神是基本一致的。

作为传统，法国大学校长任职的基本条件是具备教授职称和作为大学委员会的成员，并且应当是“同行中的佼佼者”(primus inter pares)。1968年，在议会针对《高等教育指导法》的辩论中，当时教育部长富尔宣称，“优秀的工程师或研究员虽然不是学院的教授，或者从来不是，或者现在不再是，有朝一日可以致力于领导大学或使大学现代化”。尽管议会接受了这一例外的大学校长任职条件，但同时也作了严格的限定。实际上，即使在制度上有所松动，非教授人选担任大学校长的可能性也仍是很小的。这说明法国大学界的传统心态即使在非常时期也不允许采取其他国家可以实行的校长任职制度。

对于大学教师的录用标准，法律也作出详细规定。只有具备博士文凭和研究指导资格（I'habilitation *à* diriger des recherches）才可能成为大学教授。但要真正成为大学教授，须履行严格的审查程序。

首先，须经大学全国委员会审查大学教授或研究员的申请资格。该委员会根据学科划分设 56 个分部，分别负责不同学科申请者的资格审查。所有申请教授或讲师资格的人员，须准备 3 份申请资料。第一份资料为行政资料，报学区总长，以确定其申报资格。另外两份为学术资料，分别报送大学全国委员会相关分部的两名专家（报告人）。大学全国委员会根据申请人的学术水平、研究成果及出版物确定是否列入全国资格名单（Liste de qualification nationale）。之后，只有被列入全国资格名单的申请人，才可以向全国公布的有空缺教授职位的各大学递交申请资料。大学组成专家委员会对申请者进行预选，听取部分申请人的陈述，然后提交学校行政委员会，并由行政委员会公布结果。最终，大学教授由共和国总统令任命，以凸显大学的独立性，不受制于中央行政部门。如果被列入全国资格名单的申请人，在 4 年内未被任何大学聘用，其资格自动失效。

关于教学与科研的自主权，主要涉及教师与学生的选用与录取，大学活动的组织和教学方法的应用等 3 个方面：第一，法国大学教师是国家公务员，录用时要符合国家相关条例，大学无权随意解聘。大学的教学人事自主权主要在于国家无权向大学强行委派教师；第二，除非涉及的国家文凭的颁授，要符合国家相关要求，大学的教学活动是自由的；第三，大学教师完全有自由选择自己认为合适的教学方法，任何人不得干涉。

关于教师与研究人员的学术自由，1984 年《高等教育法》的第 57 条还特别规定：“教师—研究人员、教师、研究人员，在履行其教学任务和科研职责的过程中，享有完全的自主权和言论自由。但根据大学的传统和本法的规定，上述人员应遵循宽容和客观的原则。”在高等教育的课堂上，大学教师从来不被督察或控制。虽然法国大学也采取了一些大学生评估教学的措施，但是也仅限于对教学的评估，而不是评价教师本人。

法律一方面保证了大学教师与研究人员充分的学术自由，另一方面还在一定意义上使课堂成为与外界隔绝的个人领地。特别是在高等教育大众化的情况下，评估高等教育质量成为高等教育发展的重要手段。一些教师以学术自由为理由拒绝任何外部评估的介入，从而阻碍了大学教学评估的客观实施。甚至一些教师对教学中出现的问题不以为然，认为不是教师要适应学生需求，而只能是学生适应教师的授课。[9]

但是，从大学管理层面上讲，虽然两个高等教育法赋予大学新的自治权，但实际的自主权仍很有限。在财政方面，法国大学在法律上获得了自主权，但由于经费基本来源于国家，并且其大部分为教师等人员工资，大学无权自行调整。可调整的大学财政仅限于自筹部分，这部分占大学经费来源的比例极小。在教学方面，法律允许大学教学自主并可以设立大学自己的文凭。但是法国国家文凭由于其强势地位，总是大学生追逐的目标，学生对大学文凭不屑一顾。大学要颁发国家文凭，必然要遵循国家相关教学要求，因此教学自主也不得不打折扣。在人事方面，大学教师都是国家公职人员，任何大学都不可能裁减或撤职。而由于大学经费所限，大学也不可能自行大量聘任其他教学人员。总之，法国大学直至2007年的《大学自由与责任法》颁布之前，并未实现以学校为单位的自治。

（四）《大学自由与责任法》：大学自治的新机遇

2007年8月10日，法国国民议会和参议会通过并由共和国总统颁布了《大学自由与责任法》。该法首先致力于提高大学治理的效率，赋予校务委员会更大的权力，并将其的成员数量缩减为20～30人（1984年的高教法规定为30～60人），其中教师及研究人员8～14人，校外人士7～8人，学生代表占2～3人，行政与服务人员占3～5人。委员会中，教师与研究人员仍保持了较大比例，但增加了校外人士的比例，缩小了学生的比例。对于校外人士，该法特别注明至少有一位企业经理和一位地方政府负责人，目的是保证大学与社会的强有力的联系。

大学校长的选举程序也有所变化，校长不再是由校务委员会、学术委员会和教学与大学生活委员会全体成员组成的大会选举产生，而只是由校务委员会成员的选举产生。任期由5年变为4年，但可连任。校长资格不必一定具有法国国籍，也不限于本校人员，但必须是教授、研究员或讲师或身份相当的人员。校长的权力也有所加强，除个别竞聘录用的人员，他可以否定任何其认为不当的职位。

新法允许由教师与研究员组成的、缩小的校务委员会组建选聘委员会，保证有效、迅速、透明地选聘特别需要的人才。新法首次允许校长实施奖励政策，可以根据教师的业绩予以奖励。该法把就业指导作为大学使命之一，要求大学关注大学生的就业问题，最大限度地减少学业失败和失业问题。而大学生普遍担心的注册费仍由高等教育部统一决定，大学文凭也保留国家特征。该法规定了改革的日程表，要求所有85所大学在未来5年内完成新的自治。伴随这一改革，法国政府特别追加了50亿欧元，未来5年每年平均10亿欧元的经费。如果此次改革顺利，法国大学将在人事管理、房产、财政等方面获得更大的自主权，大学校长也可能成为真正的管理者，并将引入大学之间的竞争，打破法国大学在全国范围的静态平衡。

自2009年1月1日起，法国20所大学开始实施在《大学自由与责任法》新的法律框架下的自治。大学校长在人事管理方面可以决定教师及研究员的任职、调动、安置、委派、晋级，可以调整每个人的教学、科研和行政的最低工作量，可以对工作优异者颁发奖金增加其收入。大学的全部预算由学校各组成部门协商制定，可以完全掌握包含所有教职工工资的全部预算。而其他大学的预算只有25%是可调控的。预计在新的改革下，大学预算总量将增加1.5～2倍。

大学自治的同时，国家调控模式也在转变。国家的拨款更依赖于学校业绩评估。根据教学与研究的成果拨付的款项由当前3%的比例提升为20%，其余80%的款项根据大学的工作拨付。其中，教学工作的参考系数是大学生参加考试的数量，而不是以往的人学注册数量，科研工作依据的是教师及研究员发表成果的数量。

这次法国大学改革的目的是激发大学教师与研究人员改善教学和进行科

研活动的积极性，从而提高法国大学的国际竞争力，但具体效果如何，有待于未来的实践验证。

法国大学自 12 世纪末诞生以来，便在不懈地追求自治，不仅在中世纪与王权与教权周旋，即使在政治中央集权的状态下，也创造出与其并行的学术中央集权。20 世纪 60 年代开始的改革，使法国大学由传统模式向现代模式转变，学科界限有所突破，但自治领域仍极为有限，特别是未能实现大学作为一个整体的自治。直至今天，也不过四分之一的大学在尝试新的自治。在追求自治的路上，“法国大学的长征”①尚未结束。在全球化和国际竞争的压力下。法国大学自治将面临更多的考验和挑战。

参考文献：

[1] Philippe Braud. Sociologie Politique[M]. Paris：LGDJ，2002：64.

[2] Antoine Prost，Histoire de L'enseignement En France，1800—1967[M]. Paris：PUF，2002：45—50.

[3][5][6][8] Christine Musselin，La longue Marche des Universités Françaises[M]. Paris：PUF，2001：37—48.

[4] G. Weisz. Le corps Professoral de L'enseignement Supérieur et l'idéologie de la Réforme Universitaire en France，1860—1885 [J]. Revue Françaises de Sociologie，1977，(2)：55.

[7] Antoine Prost. Education，Société et Politiques，Une Histoire de L'enseignement en France，de 1945 *à* nos jours[M]. Paris：Seuil，1992：136—137.

[9] Haut Conseil de l'Evaluation de l'Ecole，Evaluation de L'enseignement dans les Universités Françaises[R]. 2002：54.

（本文发表于《比较教育研究》2009 年第 9 期。作者王晓辉，时属单位为北京师范大学国际与比较教育研究院）

---

① 法国学者以此为书名(Christine Musselin，La longue marche des universités françaises)

四、美国大学教师学术自由的逻辑基础与制度保障

在充分借鉴的基础上,美国广泛吸取社会生活和制度中的许多共同主张,形成了具有美国特色的学术自由思想和较为科学完善的学术自由制度保障体系。

(一) 学术自由的逻辑基础

"逻辑"一词,最早导源于希腊文"logos",意指思想、理性、规律性等。"逻辑"出现在中文,则由英文"logic"而来。在现代汉语中,"逻辑"一词的涵义有:(1) 思维规律;(2) 某种观点、理论与见解;(3) 客观规律。[1]本文取第三种涵义,所谓学术自由的逻辑指学术自由作为一种大学理念和制度,其存在的合法性与发展的规律性。尽管在不同的发展阶段和不同的国家文化语境、法律制度环境下,对学术自由的理解会有所不同,但有共同之处,即有其存在和发展的逻辑。

大学的自身逻辑根植于高深学问的持续活动中,学术性是其本质属性,发现和传播真理、发展和繁荣学术是其核心使命。学术自由是从事高深学问的学术性智力活动的保障,是永远不能放弃的"要塞"。学术发展何以需要学术自由?对此有许多论述,布鲁贝克(J. S. Brubacher)做了较为精辟的概括:"学术自由的合理性至少基于三个支点:认识的、政治的、道德的。[2]认识论认为,只有通过自由探索和不懈追求才能不断逼近真理。由于新真理常常会颠覆旧的信

仰,损害既得利益,因而必然会受到各种因素的影响和干扰。为了保证知识的准确和正确,学者的活动必须只服从真理的标准,而不受任何外界压力,如教会、国家或经济利益的影响。其实,学术自由不仅仅基于真理的概念,还是追求真理的条件。大学教师之所以享有学术自由乃基于一种信念,即这种自由是学者从事传授与探索他所见到的真理的工作所必需的,也因为学术自由的氛围是学术研究最有效的环境。”[3]政治论认为,人们探讨深奥的知识不仅出于好奇,而且还因为它对国家有着深远影响。这是因为,过去根据经验就可以解决的政府、企业、农业、劳动、国际关系、教育、卫生等问题,现在则需要极深奥的知识才能解决。在学术自由问题上,美国首席法官沃伦(Earl Warren)曾指出:“对我们的学院和大学的理智领袖横加任何束缚都会葬送我们国家的未来。任何教育领域都没有被人们认识得如此深刻,以至于不再能取得新的发现。在社会科学方面更是如此,在这方面没有任何原理被认为是绝对的,即使有也极少。”[4]在道德方面,学术自由的基本理由完全是为了公众利益。社会依靠高等学府作为获取新知的主要机构,并作为了解世界和利用它的资源改进人类生活条件的手段,这种公益的实现取决于能否自由地探索和表述真理。作为个人来说,我们追求真理不仅因为它在认识和政治方面有价值,而且也出于个人的道德责任感。在道德上产生困惑的主要根源之一就是对于道德难题有关的事实缺乏认识。如果给把研究这些事实作为天职的学者以自由和安全保障,那么我们就会更深刻地认识到该做哪些事情。[5]总之,学术自由是大学本质和使命的必然要求,大学是探究高深学问,集知识生产、人才培养和社会服务于一体的学术机构,只有大学及其学者享有学术自由,大学才能更好地履行其职责和使命。离开了学术自由,不仅会导致大学精神的丧失,而且最终会危及社会的长远利益。

(二)学术自由的保障机制

1. 国家层面的法律卫护

从根本上讲,美国高等教育是一个市场化、法治化的体系,高校在学校的管理、使命和发展方面享有法律赋予的自治权。大学分为私立和州立两大类:私立大学是“私法人”(private corporations),完全独立于政府,享有充分的自治权;州立大学大都是"公法人"(public corporations),具有较大的独立性,拥有诉讼权、财产管理权、支配权、资金借贷权、人事雇佣权、制定学校内部规则权、征收有关费用权等诸多权力。在州立大学中,还有一些拥有"宪法规定上的独立法人"(constitutionally independent corporations)法律地位的大学。这类大学享有更高程度的自治,拥有不受州政府、议会、法院干涉的特权,所谓与立法、司法、行政三权并列的"第四权力"。[6]尽管州、私立大学的自治程度存在一定的差异,但大学自治的宗旨都在于确保学术自由,使大学免受政府、教会或其他任何法人机构的干预或侵犯,专注于自身的学术目标。美国宪法第一修正案有关言论自由的保护,对大学教师的学术自由起到了有益的公民权益卫护之效。尽管该法并不适用于私立院校的教师,但"今天,绝大多数主要的私立大学在法律上虽然不受第一修正案的约束,但它们都自愿地依附这项标准,至少达到与其他公立大学一样的严格水准,并引以为傲"。[7]20 世纪 50 年代后期,联邦法院开始介入学术自由事件,起初主要以 AAUP 制定的政策声明作为法律依据,处理有关大学教师的言论自由问题,特别是涉及大学教师聘用合同和终身聘任制的问题,进而逐步把学术自由纳入法律保护的范围之内。1957 年"斯威齐诉新罕布什州政府"案,1967 年"凯伊西安等诉纽约州立大学董事会"案经常被人们用做学术自由乃至终身教职制度的司法依据。[8]这两个案例判决的共同特点是把学术自由解释为宪法第一修正案所保护的一种具体权利,否定政府部门对大学教学和研究活动的干预,保护教师的学术自由权利。1967 年法官小威廉. J. 布瑞南(William J. Brennan)对于纽约州忠诚宣誓的驳斥有力地捍卫了大学教学的自由。他指出,"学术自由……具有无与伦比的价值,不仅对于切身相关的教师如此,对我们所有的人来说也是如此。此项自由是宪法第一修正案的一种特别关注,它不允许法律将教条的帷幕笼罩在课堂之上……课堂是一个独特的思想的市场,而国家的未来不是依赖于权威性的选择,而是依赖于通过敞开广阔的胸怀,进行真诚的思想交流以及从不同的声音中发现真理的方式所培训出来的领导者"。[9]正是在一系列学术自由事件的判例中逐步确立了学术自由受法律保护的地位,才使学术自由概念本身成为融合了宪法原则和学术观念的司法概念。

2. 社会层面的中介监督

美国大学教授协会、全美教育协会(NEA,美国最大的教师工会,同时也是美国最大的职业工会)等社会中介组织和机构,在保护学术自由及推行终身聘任制原则方面发挥了十分重要的作用。首先,是学术自由与终身聘任指导原则的制定者。AAUP相继通过1915年、1940年、1958年等一系列保护学术自由与终身聘任制原则的声明,建立了学术职业的标准和规范,并逐步成为美国学院和大学处理学术自由事件的准则。美国法院甚至引用声明的原则解释大学教师聘用中有关学术自由和终身聘任制等概念,并将其视为学术职业的习惯和惯例加以运用,从而成为法院处理大学教师聘用所发生的诉讼案件的原则和依据。事实上,正是AAUP有关学术自由和终身教职的原则构成了美国大学终身教职制度的"国家标准"。其次,是学术自由与终身聘任制事件的合法调查者。每当社会发生重大事件与转型,每当大学管理当局(行政系统或董事会)出现严重有违学术自由与终身教职的行为时,AAUP都及时站出来,以教师"娘家人"的身份与民间力量的形式积极交涉。为保证学术自由与终身聘任制原则的推行,AAUP实行"不推荐院校"(non-recommended institutions)名单(俗称"黑名单")制度,对违反学术自由与终身聘任制原则的院校进行公开曝光予以谴责。据统计,在1930年~2002年间的70多年中,AAUP一共谴责了183所大学和学院,其中有些大学和学院还曾被多次谴责,[10]那些被谴责的院校凡不愿接受AAUP原则与标准者将一直"榜上有名"。

20世纪70年代以来,大学教师工会组织迅速发展。依据《国家劳工关系法》(The National Labor Relations Act)的有关规定,私立大学教师可以选举工会代表与校方进行协商谈判,就双方各自的权利、责任和义务关系,包括教师的工资待遇、工作时间和工作职责的要求,以及学校聘用、晋升、解聘教师的正当程序,教师终身聘任制的授予等方面的事项,达成一致意见。若学校拒不履行相应的法律义务,教师工会可以组织教师罢工,或以校方"不公平劳动行为"(unfair labor practice)向法院提起诉讼,以捍卫自己的权益。公立大学教师组织工会的权利虽不受《国家劳工关系法》制约,但受宪法以及各州法律的保护。不过,由于集体谈判制度并未被各州所普遍承认,因此集体谈判制度对公立大学的影响远不及私立大学。[11] 1972 年，AAUP 发布了关于集体谈判(Faculty Collective Bargaining)的声明，在一定程度上承认了大学教师集体谈判和罢课的合法性。教师集体谈判和罢课开始成为大学教师维护自身合法权益的重要手段，成为 AAUP 推行其政策的重要措施和有效途径。

3. 学校层面的制度保障

教授治校给予美国大学教师民主参与学校管理的权力是保护大学教师学术自由的重要方面。殖民地学院时期，校外人士组成的董事会掌握了学校的决策权，教师在当时甚至还不是一种稳定的职业，而只是有知识的青年人谋求教会职务的“跳板”。到了 19 世纪初期，教师职业的专门化在美国开始出现，随着教师在学校中的重要性与日俱增，教师谋求对学校学术事务的发言权的斗争时有发生，迫使董事会将学院的招生、学生的教育与训练等所谓“内部事务”的管理权授予教师，董事会保留了制定学院方针、政策和财政资源分配等所谓“外部事务”管理的权力。19 世纪后期，美国研究型大学的出现和学术职业的形成提高了大学教师的社会地位，教师在大学办学过程中的作用显著增强。大学系科的分化使学术和行政管理工作变得越来越复杂化，大学董事会适应要求将部分重要的大学学术管理权力赋予教师群体。教师获得了对大学主要学术事务的管理权限，包括决定专业和课程设置、教师的聘任晋升和解聘、制定招生和毕业标准、控制教学内容及时间、遴选学校主要学术行政领导、制定大学学术发展目标以及影响大学组织结构等多方面的权力，逐步建立起比较完备的教授治校体制。

终身聘任制是美国高等教育人事体制的根本组成部分，在促进大学履行教师聘任的正当程序、保障学术自由和教师质量等方面发挥了积极的作用。首先，终身教职通过提供职业安全和经济保障达到保护学术自由的目的，抑制非学术因素对大学学术事务的干扰。学者不必担心自己的看法与社会的主流观点相抵触，或冒犯社会统治集团的利益而遭到解聘，可以心无旁骛地对人们广泛接受和认同的理论或观点进行质疑；对当前社会、政治、经济制度的弊端以及他们所任职机构的管理者及其实行的政策作出诚实的判断，提出独立的批评或改革的建议；对学术自由权利受到侵害的同事进行声援。正如新英格兰大学罗伯特・哈斯克尔(Robert E. Haskell)教授所说：“学术自由与终身教职是一个硬币的两面。"[12]哈佛大学的琼斯(Howard Mumford Jones)教授也有同感:"在通过试用期后,直至退休一直持续享有专业职位的终身教职是学术自由的堡垒。"[13]其次,得益于不断完善的终身教职制度本身。AAUP通过一系列保护学术自由与终身聘任制原则的声明,并最终建立了以终身聘任为核心的教师聘任制度,包括与之相关的试用期制度、同行评议制度、解聘程式化和解聘之前的司法听证制度等。特别是通过制定关于终身教职的政策中规定解聘教师的"适当事由"(Proper Reason)以及通过解聘教师的正当程序保障,使学术自由的理念在制度设计中得到旗帜鲜明的表达。再次,业已形成的社会心理机制。终身聘任制强调的学术自由不仅指获得终身教职的大学教授,在研究、发表和教学等诸多学术环节上不受学校行政管理等方面的限制,而且更重要的是它强调学术活动有自身的逻辑,学术逻辑不应该屈从于政治、经济等外在的逻辑。正如哈佛大学前校长博克(Derek Bok)指出的:"坚持学术的价值,拒绝让大学听命于经济逻辑,就是坚持学术自由。"[14]这种学术逻辑"使教师相信他的研究成果或专业言论不会受到外界压力的限制或主导,否则,他可能会牺牲自己的立场;它使支持和依赖教师的专业诚实的学生和公众相信教师的言论仅仅受到他的专业判断的影响,而没有受到其他外在因素的影响。"[15]

(三)对我国大学学术自由保障的启示

1. 清晰厘定学校与政府的关系

一直以来,大学在我国都是作为政府下属部门的事业单位而存在的,计划体制的长期束缚使大学缺乏应有的自治权。尽管《高等教育法》中关于高校自主权的规定使得我国大学与政府的关系染上了法律的色彩,但从现实分析来看,大学与政府的关系中,"行政关系"仍然是主要成分,"政府与高等学校的关系仍具有计划经济体制的色彩,高等学校相对于政府的依附性仍然是这对关系的主要特征,高等学校的实际地位还没有得到实质性的改变"。[16]因此,淡化大学与政府间的行政隶属关系,实现大学与政府关系的法律化,明确学校的法人地位和自主办学权,限制政府出于良好的动机不由自主地干预大学的冲动,是我国保障大学学术自由制度化必须解决的首要前提。

2. 积极发挥中介组织的作用

改革开放以前，在传统的“国家—社会”二分模式下，“国家对单位的渗透和控制，单位对国家的依赖和责任，使国家之外没有市场，单位之外没有社会”。[17]在这种强政府弱社会，政府行政权力的超强控制下，几乎没有社会中介组织存在和发展的空间，教师的学术自由与职位保障问题在社会援助体系上存在潜在的制度性缺失。正如顾建民指出的，“迄今为止，我国大学人事制度改革最缺失的恐怕便是教师群体的自觉行动，教师往往作为改革的对象被动适应由行政管理人员主导的一系列改革”。[18]随着政治经济体制改革的推进，政府对社会治理模式的变革和高校法人地位的确立，需要成立类似美国 AAUP 的中介组织，作为政府与学校之间的“缓冲器”和“安全阀”，发挥其维护学术自由的独特功能。

3. 切实保障教师的职业安全

由于大学本身缺乏公开透明程序正当的入职、试用和“非升即走”(up or out)优胜劣汰的退出机制，普遍面临“易进难出”的人才逆淘汰现象。而随着严格的岗位设置和教师聘任制的推行，教师甚至优秀教师的职业安全将失去应有的保障，学术自由受到潜在的威胁，这似乎又“矫枉过正”地走向了另一极。尽管“美国式的终身制或终身制作用的‘黄金标准’并不是任何国家都适用的”，[19]但终身教职通过确保教师的职业安全提供学术自由的理念，制度本身所蕴含的严格规范的教师遴选机制、非升即走的晋升机制、持续激励的聘后评审机制等制度设计值得我们学习和借鉴。总之，高校人事政策无论如何调整，保障教师学术自由的目标指向是应该保证的。

总之，学术自由是大学教师进行学术批判的前提，是追求真理的先决条件，是繁荣学术、发展科学的保障。只有合理的学术制度安排，孕育宽松的学术环境，自由地思考，自由地探索，既不盲从，也不屈从，学术才会兴旺；大学也才能真正成为探求高深学问的学术世界，追求文明进步的精神殿堂，充满灵性氛围的智慧摇篮。批判地借鉴美国大学自由制度形成和发展的历史经验，对于我们建立现代大学制度、推动高等教育健康发展的意义是不言自明的。

参考文献：

[1] 胡建华等.高等教育学新论[M].南京：江苏教育出版社，2006：81.

[2][4][5] [美]约翰·S·布鲁贝克.高等教育哲学[M].王承绪等译.杭州：浙江教育出版社，2001：46，48，48.

[3] Eric Ashby. University：British，Indian，African，A Study in the Ecology of Higher Education[M]. Harvard University Press，1966：290.

[6] 胡建华.大学制度改革的法治化问题探讨[J].高等教育研究，2005，(2)：30.

[7] Robert M. O'neil.学术自由：过去、现在与9.11之后[A]. Philip G. Altbach，Robert O. Berdahl，Patricia J. Gumport. 21世纪美国高等教育：社会、政治、经济的挑战[C].陈舜芬等译.台北：高等教育文化事业有限公司，2003：110.

[8] 刘北成.以职业安全保障学术自由—美国终身教职的由来及争论[J].美国研究，2003，(4)：106.

[9] [美]罗伯特·M·奥尼尔.学术自由：过去、现在与9.11之后[A].菲利普·G·阿特巴赫等.21世纪美国高等教育：社会、政治、经济的挑战[C].施晓光等译.青岛：中国海洋大学出版社，2007：75.

[10] Johnthan Knight. The AAUP'S Cencure List. Academe，2003：89，44.

[11] 周志宏.学术自由与大学法[M].台北：蔚理法律出版社，1989：159—162.

[12] Robert E. Haskell. Academic Freedom，Promotion Reappointment，Tenure and the Administrative Use of Student Evaluation of Faculty[EB/OL]. "http://epaa. asu. edu/epaa/v5me. html. [2011—01—01].

[13] Louis Joughin. Academic Freedom and Tenure[M]. Madison，Milwaukee，and London：The University of Wisconsin Press，1967：231.

[14] 李猛.如何改革大学—对北京大学人事改革方案逻辑的几点研究[J].学术界，2003，(5)：63.

[15] William R. Keast, John W. Macy, Jr. Faculty Tenure: A Report and Recommendations by the Commission on Academic Tenure in Higher Education[M]. San Francisco:Jossey-Bass Publisher,1973. 13.

[16] 马陆亭. 现代大学制度建设与创新人才培养[J]. 中国高等教育,2010,(5):22—24.

[17] 胡建华. 大学的法律地位分析——研究大学与政府关系一种视角[J]. 南京师大学报(社会科学版),2002,(5):61—67.

[18] 顾建民. 自由与责任:西方大学终身教职制度研究[M]. 杭州:浙江教育出版社,2007:286.

[19] [美]菲利普·G·阿特巴赫. 学术遗产的衰落:世界范围的学术职业模式[A]. 菲利普·G·阿特巴赫. 变革中的学术职业:比较的视角[C]. 别敦荣等译. 青岛:中国海洋大学出版社,2006:11.

(本文发表于《比较教育研究》2012 年第 2 期。作者朱景坤,时属单位为徐州师范大学教育科学学院)

五、美国大学学术自由的特色

学术自由的必要条件就是经济、职业安全的保障。美国大学学术自由的主要内容和任务就是建立以教授终身聘任制为核心的教师聘任制度，保障大学教师的经济、职业安全。美国学院和大学经历了从学术自由思想的孕育、学术自由原则的确立、到学术自由制度的形成和发展几个阶段。美国大学教授协会(AAUP)等学术组织和机构，在保护学术自由以及推行终身聘任制等方面发挥了十分重要的作用。

(一) 美国大学学术自由的发展历程

美国早期的学院多为教会所办，教会对学院教师的宗教信仰进行严格的控制。学院教师在反对教派主义的斗争中萌发了信仰自由、教学自由的思想，成为美国大学学术自由思想的社会基础。美国内战后，以托马斯·杰斐逊为代表的开明思想家在大学中倡导思想自由，保护教学自由，萌发了学术自由的思想。德国大学的学术自由理念在美国现代学术自由观念的形成过程中起到了十分重要的作用。19世纪后期，由于受德国大学模式的影响，美国以霍普金斯大学为代表的现代大学倡导科学研究和学术自由的风气，科学研究逐步成为美国大学的重要职能，大学科学研究职能的确立，为学术自由的产生提供了现实需要。美国大批留德归国学者把德国大学的学术自由理念移植到了美国，成为美国学术自由观念的主要来源。然而学术自由在美国社会却遭遇到了重重阻力，侵犯学术自由的事件频频发生。

为了维护学术自由，美国大学教授协会于1915年成立，并发布了1915年关于学术自由和终身聘任制的原则声明,明确提出保护学术自由的原则。此后,美国大学教授协会相继通过 1940 年、1958 年等一系列保护学术自由与终身聘任制原则的声明。经过美国大学教授协会的大力提倡和推广,美国最终建立了以教授终身聘任制为核心的教师聘任制度,促使大学履行教师聘任、解聘、晋升的正当程序,保障教师的经济、职业安全,维护大学教师的学术自由权利。20 世纪 70 年代以来,美国大学通过建立教师工会,开展教师集体谈判的方式,保障大学教师的学术自由。20 世纪 80 年代以来,为了防止教授终身聘任制可能导致教师工作积极性下降等问题,美国大学又建立了终身聘任后评审制度,弥补教授终身聘任制存在的弊端,从而形成了一套比较完善的保障大学教师学术自由权利的制度。

(二) 美国大学学术自由内涵的变迁

学术自由含义的核心包括两个方面的内容:一是学术自由的主体,二是学术自由的内容。学术自由的主体究竟是机构的自由还是个体的自由抑或二者的自由?是教师自由,抑或学生的自由?在不同的国家,不同的时期,可能有所侧重。

从西方学术自由发展的历史来看,学术自由主体包括机构自由和个体自由两方面。虽然学术机构的自由(自治)是学术自由的组织保证,但是个体的自由和机构的自由经常是矛盾和冲突的。为了保护机构的自由,有时不得不牺牲个体的自由,而个体的自由有时又会限制机构的自由,这就是西方大学的管理者和教师互相指责的原因。作为大学管理者的董事会和校长经常抱怨教师为了个人的自由,不顾学校的利益。教师则指责董事会或校长干涉了他们的学术自由权利,甚至认为董事会和校长是学术自由的“天敌”而加以排斥。美国大学教授协会成立初期,拒绝学院和大学的校长、系主任成为其会员就是这种思想观念的反映。

关于学术自由的影响因素,伯顿·克拉克主编的《高等教育百科全书》认为,“学术自由作为言论自由,当宗教或政治活动宣扬所谓的终极真理以及压制异端时,学术自由容易受到威胁;作为政治自由,当学生和教授因批评高等教育制度而引发对政治体制的批评而受到压制时,从而威胁到学术自由;作为宗教自由，当国家不能容忍宗教活动，特别是教会创办的高等教育机构时，学术自由受到了威胁；作为教学自由，当学院和大学教师根据教学计划和考试标准进行教学受到阻挠，或受到学生提出的学习自由要求的限制，学术自由面临威胁；作为研究自由，当研究对象的确定受到资金或计划的影响时，学术自由受到了侵害。"[1]

如果从美国学术自由发展历史来看，政府、教会、校友、捐赠人等外在因素，以及学院和大学内部管理者的董事会和校长都曾经成为威胁学术自由的因素。但是，这些因素并非始终是威胁学术自由的主要来源，它们有时也保护过学术自由。学院和大学的董事会、校长既充当过侵犯学术自由的角色，也充当过保护学术自由的角色。董事会有时也能够认识到自己的职责并履行自己的职责，抵制来自校外政治的、宗教的、市民组织以及私人利益集团的压力，保护教师免受外界的干扰。此外，在美国历史上教师和学生本身也充当过威胁学术自由的角色。因此，把学术自由所受到的威胁主要归结为外部的政府、教会以及内部的董事会和校长是不全面和不准确的，他们既可以成为威胁学术自由的力量，也可以成为保护学术自由的因素。此外，学者内心的自由也很重要。因此，影响学术自由的因素是多方面的，学术自由必须排除来自任何方面、任何形式的不合理干扰和压力。

从学术自由的内容来看，美国学术自由的主要矛盾相继经历了科学与神学、科学与财富、科学与政治的对立，学术自由斗争的主要任务分别解决理性与信仰、大学与政府、学术与政治的冲突。通过摆脱宗教势力对思想自由的压制，确立了信仰自由的思想；通过防止垄断资本家对大学的粗暴干预，以及政治势力、党派政治对学术自由的干扰，确立了教学自由、研究自由的地位；20世纪60年代以来，随着学生运动以及人权运动的广泛开展，逐步确立了学生的学习自由的权利，教师和学生的公民自由权利也进一步得到尊重。

可见，在不同历史时期，学术自由的矛盾不同，决定了学术自由斗争的任务也有很大差异，学术自由的主体、内涵也在不断发生变化。美国学术自由时而体现为大学机构争取自由的斗争，时而表现为大学教师和学生争取教学、研究自由、学习自由权利的斗争，时而又体现为教师、学生维护公民自由权利的斗争。

（三）美国大学学术自由的“两翼”

美国大学学术自由重视教师的学术自由，相对忽视学生的学习自由。美国在 20 世纪 60 年代以前，学术自由更多强调教师、学者的信仰自由、教学自由、研究自由，而学生的学习自由是被忽略的。直到 20 世纪 60 年代以后，学生的学习自由才开始引起人们的重视。

19 世纪 90 年代以前，美国的学术自由很少，涉及到学生的学术自由，即使提到学生的学术自由，也主要指学生的学习自由，尤其是学生的选课自由。1885 年，普林斯顿大学的系主任韦斯特（Andrew F. West）在其所写的《什么是学术自由》论文中提出：“学术自由就是选修制和科学课程以及非强制性的礼拜活动。”[2] 美国最早尝试选修制改革是在托马斯·杰斐逊创办的弗吉尼亚大学。1869 年，艾略特校长在哈佛大学推行了选修制课程改革，美国其他大学相继仿效，从而在一定程度上保护了学生的学习自由的权利。

19 世纪 90 年代以后，美国学术自由的重点转向教师的教学、研究自由。这期间，因为社会意识形态的冲突导致大学解聘教授的事件成为关注的焦点。由于美国大学的教授受到外行董事会的统治，大学教授作为大学的雇员，董事会可以随意解聘大学教授。大学教授要通过与董事会的斗争保护自己的合法权利，作为科学研究者，还要承担繁重的教学、科研任务。因此，他们无暇顾及学生的学习自由。这也是美国学术自由强调大学教师的教学、研究自由，忽视学生的学习自由的原因之一。

其次，美国早期学院的办学水平比较低，有人认为仅仅相当于德国高级中学的水平。学院招收的学生无论在年龄上，还是知识水平方面，都无法同德国大学的学生相比。学生的自主学习意识和能力相对较差，家长和教师都认为应该对学生严加管理。学校往往对学生实行严格的“家长式”的管理。在这种情况下，学生不可能享有学习自由。另外，有观点提出，在追求知识上，大学教授具有特殊的地位，大学不是一个民主场所，而是一个由训练有素的知识分子所统治的贵族政治（aristocracy），因此不是所有成员都具有平等的权利。教授之所以具有特殊身份，正是因为他们在某些学术领域受过学科研究训练，具有独特的研究能力，对他们所研究的课题比学生拥有更多的知识。学术自由的内涵中赋予教授较多的自由权利，完全是因为这样更能有效实现大学的目的。因此，在实现大学目的的前提下，教授应该比学生拥有更多的权利。[3]由于学生在学习期间应该被视为学徒或者是学术界的低级成员，正处于发展自己独立思考的方法和习惯的时期，学生的学习自由充分体现在教师的教学自由中，因此否认学生应该享有学习自由的权利。[4]胡克也认为没有教师的教学自由就没有学生的学习自由。原因很简单，如果教师没有学术自由，学生就不可能享受到学术自由。[5]哥伦比亚大学校长巴特勒曾经直言不讳地宣称，教师所享有的思想自由即独立思考、质疑一切既定方式，而不因此受到任何惩罚的自由权利，这些权利并不属于学生。[6]

美国大学教授协会在大力推广和提倡学术自由观念时，也更多强调教学自由，甚至将学术自由等同于教学自由，忽视了学习自由也是学术自由思想的重要组成部分。不论在美国联邦宪法或州的法律或大学的法规中，很少发现有关学生学术自由的规定，而且在美国大部分的教育传统中也没有赋予学生这样的权利。直到20世纪60年代，美国学生运动才重新唤起人们对学习自由的重视，才有人考虑将学术自由的权利延伸到学生，学生的学习自由开始成为人们热烈讨论的话题，学习自由成为美国学术自由发展的新领域。[7]美国大学教授协会于1964年发布了关于学生的学术自由的声明，明确提出保障学生的学习自由权利，得到美国其他教育团体或机构的响应。声明在前言中表示："学术机构的重要特征就是自由探究和自由表达，教学自由与学习自由是学术自由不可分割的两个方面。学生作为学术机构的成员，他们的批判能力和独立追求真理的精神应该受到鼓励。学习自由离不开在课堂中、校园内以及在整个社会中所提供的相应机会和条件。因此，学术机构中的每一个成员都有责任保护和尊重有助于学习自由的条件。"正是在这种思想指导下，声明列举了学生学术自由的主要内容：① 学生享有接受高等教育的自由。学校不得因为非学术因素的影响，剥夺学生受教育的机会；② 学生在课堂中享有言论表达的自由和免于不当学术评价的保障，学生还享有思想、信仰、政治、结社自由的权利，教师不能利用工作便利随意侵犯；③ 学生的教育记录免于不法公开的保障，学校和教师不得随意泄漏；④ 学生在学校中享有研究、表达的自由、参与学校管理的自由、出版学生报刊的自由以及结社自由；⑤ 学生在校外享有与其他公民同等的公民自由权利,学校不得加以禁止或制裁;⑥ 学校处罚学生必须遵循相应的程序,履行提前告知、事后调查、公开举行听证会的义务。[8]可见,声明规定的学生的学术自由的范围,几乎涉及学生在校内外的所有活动和权利,学生的学术自由几乎成为学生权利的总称,这远远超出了传统意义上学习自由概念的范围。不过,学生的学术自由并不是指由学生控制教学内容、教学标准、教师的选择以及学校的发展方向,而是指在这些方面应该征求学生的建议和要求。

(四)美国大学学术自由的重要特征

美国大学不断产生学术自由问题的主要原因是外行董事会管理大学的学术管理体制。学术自由与教授终身聘任制紧密结合是美国大学学术自由的突出特征。德国、英国等国的欧洲大学并不存在严重的学术自由问题。美国大学深受德国、英国大学传统的影响,学术自由也是移植德国大学的学术自由理念的结果,为什么学术自由在美国却成为一个严重的问题?

美国研究学术自由的著名学者麦基弗认为,美国作为一个珍视自由和民主的国家,之所以还会不断发生学术自由的事件,主要原因是"美国独特的学术管理方式"。[9]英国、德国等国的欧洲大学继承了中世纪大学行会自治的传统,大学享有更高程度的自治权,一般实行"以教授组织为中心"的大学自治模式,即"教授治校"的学术管理模式,大学自治、"教授治校"成为学术自由制度上和组织上的保障。美国大学实行外行董事会管理体制,"外行支配"(layman control)是大学董事会组成的一条基本原理,因此大学董事会成员一般由校外人士组成,大学教师因其所处的不同立场一般不能成为董事会的成员。[10]董事会作为学校的最高权力机构,掌握了学院几乎所有的权力,而教师和学者不论是个人还是集体都没有能够成为学术管理的重要力量,导致董事会与教师之间形成了一种雇佣与被雇佣的关系,大学的教授因此成为大学的雇员。美国大学教授既不像德国大学的教授那样是国家的公务员,也不像英国大学的教授那样是"自治行会"的主人。美国大学的教授受到外行董事会的统治,董事会可以随意解聘大学教授,大学教授作为大学的雇员,要通过与董事会的斗争保护自己的合法权利。因此,"美国产生学术自由问题关键是制度方面的原因,而主要不是教育方面的原因。"[11]

19 世纪末 20 世纪初，美国大学经常发生教师被解雇的事件，其中以 1900 年斯坦福大学的罗斯事件最为典型。为了保障大学教师的研究自由与教学自由，1915 年美国大学教授协会成立，大力提倡和推广保护学术自由的有关原则，促使大学建立相应的管理机制，明确董事会和大学教师各自的管理权限。同时，美国大学教授协会还把建立教授终身聘任制度作为必要的补充，防止董事会随意解聘教师，导致发生侵害学术自由的情况。

(五) 学术自由与公民自由

美国大学争取学术自由的权利与保障大学教师作为公民的自由权利密不可分。美国著名哲学家斯坦利·霍尔曾经写到："德国大学是当今世界上最自由的大学"，[12]这句话用来描述当时德国大学教师所享有的校内自由状况，一点也不夸张。德国大学教师在校内享有完全的教学、研究自由权利，学生也享有完全的自由接受或拒绝教师的教学内容。德国大学教师在课堂上享有完全的教学自由权利，"教师教学的真理性只接受理智和事实的检验，除此以外不受任何限制"。[13]德国大学的教师还享有研究的自由，"教师在多数研究领域享有绝对的研究自由，在自然科学、医学、数学以及哲学领域，任何人也不要妄想强加积极的或消极的指令。只有当科学研究涉及宗教、政治以及社会事务时，教学自由才偶尔受到一点限制。"[14]虽然德国大学教师在校内享有充分的教学自由，但是在校外却没有多少自由可言。德国学术自由严格区分校内与校外的自由，在校内不允许限定大学教师的教学内容，大学教师不受任何权威的限制，只对自己的教学负责，而不对任何其他的人负责。与之相对的是学生享有完全的自由接受或拒绝教师的教学内容，教师和学生只服从真理的标准，而不是任何外在的权威。但是教师在校外就没有同等程度的自由，德国大学教授不是普通的公民，而是国家机构的公务员，必须坚持特定的社会规范，他们在校外的政治活动以及思想、言论自由要受到一定的限制，不允许参与政治活动。[15]

美国大学教师在课堂中不能把自己的观点强加给学生，对有争议的问题必须保持中立，更不能对专业领域以外的问题随意发表言论。艾略特校长在就职演说中宣布：大学必须是自由的，保持中立是大学获得自由的重要因素。教师的责任不是为学生解决哲学或政治学中的争端，也不是向学生推荐、灌输任何观点，而是尽量客观地阐释各种观点，让学生了解人们对问题的各种看法。[16]哈珀(Harper)校长认为：如果教授把还没有经过专业同行进行科学验证的结论当作真理加以公布，如果教授利用教学宣传某些政党的政治纲领，如果教授以专家的身份对与其专业无关问题或自己毫不了解的问题发表看法，那么教授滥用了特权。[17]不仅美国大学董事会以此作为阻止大学教授抨击社会秩序的依据，大学校长也以此为理由惩罚那些持不同观点的大学教授。大学教授对有争议的问题必须保持中立，只能对自己专业领域内的问题发表看法，成为美国大学教师的职业道德准则。这不仅反映了美国学术自由所受到的限制，而且体现了美国学术思想的特点。美国在内战前主要继承了英国的经验主义哲学的传统，内战后受达尔文进化论思想的影响，科学取向的哲学成为主流的哲学，更加强化了美国的经验主义哲学，坚持事实是检验真理的标准，强调科学研究的客观中立以及专业资质，只有具备专业资格的人才有权对科学问题进行判断。

虽然美国大学教师在校内没有德国大学教师所享有的相应程度的学术自由，但是在校外，美国大学教师却享有更高程度的学术自由。美国学术自由不仅保护大学教师在校内的教学、研究自由。而且保护大学教师作为公民的言论自由权利。不过，这是美国大学教师长期斗争的结果。公民的思想、言论自由权利不仅受到美国法律的保护，而且也受到美国社会的尊重。在美国，起初学术自由不是宪法和其他的国家法律所赋予教师和学生的权利，而一般的思想、言论自由则是一种受到宪法保护的公民自由权利，侵犯公民思想、言论自由的行为可以受到法律的制裁，而对待违反了学术自由的行为，则只能够企求于社会团体或个人的良知加以保护。除非存在合同关系，一般不通过法律的手段来解决。因此，不同于宪法所规定的保护思想、言论自由的机制，学术自由要求更为特别的保护。[18]虽然从思想发展史看，思想、言论自由不同于学术自由。思想、言论自由的发展并不必然带来学术自由的发展，反之亦然。然而在某些有利条件下，思想、言论自由和学术自由又是相互联系、相互促进的。内战后美国大学发生了很多变化，大学与社会的联系不断增多。大学开始聘用校外著名的学者担任大学教授，大学的校长也大多由社会知名人士担任。大学教师也逐步从过去封闭的象牙塔中走了出来，广泛参与各种社会活动，更加关注各种社会问题的研究。美国大量的学术自由的冲突也正是在这些领域产生，主要涉及大学教师在校外的思想、言论自由权利问题。此外,大学教师在公共场所的职业道德问题也容易引起学术自由的冲突。大学教师的思想、言论自由和职业道德之间的矛盾成为美国学术自由争论的焦点。

大学管理当局和董事会往往以教师的职业道德为由限制大学教师作为公民的言论自由权利。许多教师因为在校外发表了对有关社会问题的不同看法,引起大学当局和社会公众的不满,因而遭到解聘。为了保护大学教师的学术自由权利,美国大学教授协会相继颁布了一系列原则声明,最终确立了以教授终身聘任制为核心的教师聘任制度,不仅确保大学教师在校内的学术自由权利,而且保护大学教师作为公民的言论自由权利,防止大学教师因为以公民的身份发表了对有争议问题的看法,而受到经济上的制裁或面临失业的威胁或遭受其他的损失。大学教师逐步取得了其他公民所具有的思想、言论自由和其他人身自由权利,以及对有争议的社会问题与专业领域之外的问题自由发表看法的权利。

为了维护社会的整体利益,对于法律、新闻、教师、科学研究等职业,必须授予特别的豁免权(正如法律授予立法者和法官的豁免权)。因为这些职业很容易因为受到外在干预的压力而失去正义感和公正性,最终损害社会的共同利益。如果大学教师不能自由地开展科学研究和发表科研结果,自由表达自己的思想观点,质疑、挑战已被接受的思想,或保护受到挑战的思想,那么将阻碍知识的发展,影响社会的进步。大学教师不仅需要免受政府的干预以保护自己享受公民的思想、言论自由权利和其他人身自由权利,而且还必须能够抵制来自同事的批评、嘲笑、报复,遵循任何大胆的对知识好奇心的引导,而不必考虑后果。因此,对于思想言论就是其工作的全部内容的教师职业来说,思想、言论自由具有特别重要的作用。[19]只有受到思想、言论自由和学术自由的多重保护,大学教师才能扮演好教师、学者、公民的多重身份,更好地履行作为公民身份和学者身份的双重职责。因此,学术自由已经成为美国大学教师争取公民自由权利的一个重要组成部分,思想、言论自由和学术自由一起构成保护大学教师权利的重要屏障。

此外,美国大学强调学术自由与学术责任的统一,享有学术自由必须履行相应的学术责任。这既保持学术研究的独立性,也不固守传统的象牙塔。大学不仅始终没有放弃自己所承担的学术责任，而且积极履行对国家、对社会的责任，积极参与社会服务，时刻关注社会现实问题，以学术的发展促进国家与社会的繁荣。

参考文献：

［1］ Burton R. Clark and Guy Neave. The Encyclopedia of Higher Education[M](vol. 3). Pergamon Press，1992：1835.

［2］ Andrew F. West. What is Academic Freedom? North American Review，CXL(1885)：432—444.

［3］林火旺. 校园伦理与学生自治[R]. 高等教育面面观研讨会（台湾），2000—10—21.

［4］布鲁贝克. 高等教育哲学[M]. 王承绪等译. 杭州：浙江教育出版社，2001：58.

［5］ Sidney Hook. Academic Freedom and American Anarchy[M]. New York：Cowles，1970：76.

［6］ Robert M. Maciver. Academic Freedom in Our Time［M］. New York：Columbia University Press，1955：22.

［7］周志宏. 学术自由与大学法[M]. 台北：蔚理法律出版社，1989：164—165.

［8］Louis Joughin. Academic Freedom and Tenure[M]. The University of Wisconsin Press，1967：66—72.

［9］ Robert M. Maciver. Academic Freedom in Our Time［M］. New York：Columbia University Press，1955：22.

［10］胡建华. 两种大学自治模式的若干比较[J]. 全球教育展望，2002，(12)：22.

［11］Walter P. Metzger. Academic Freedom in the Age of the University [M]. Columbia University Press，1955：124.

［12］［13］［14］［15］ Friedrich Paulsen. The German University and

University Study[M]. New York and Bombay: Germans, Green, and Co., 1906:227,229,230—231,255.

[16][17] Richard and Hofstadter & Wilson Smith Ed. American Higher Education: A Documentary History(vol. 2.)[M], Chicago and London: The University of Chicago Press,1961:606,782.

[18][19] Fritz Machlup. On Some Misconceptions Concerning Academic Freedom[M]. In Louis Joughin. Academic Freedom and Tenure. The University of Wisconsin Press,1967:179—180,179—180.

(本文发表于《比较教育研究》2005 年第 6 期。作者李子江,时属单位为北京师范大学教育学院高教所)

六、论大学的保守性
——美国耶鲁大学的文化品格

美国耶鲁大学成立于1701年,是美国最早成立的3所大学之一。耶鲁大学在2001年庆祝300周年华诞的时候,回顾往昔的成就,可以骄傲地宣称,它为美国社会的发展,人类社会的进步,作出了卓越的贡献。耶鲁大学有4位校友在美国《独立宣言》上签名。耶鲁大学培养了5位美国总统,其中最近3位(布什父子和克林顿)均毕业自耶鲁。耶鲁大学不仅是美国政界精英的摇篮,不仅培养了站在政治舞台上的指挥人物,更重要的是,还培养了这个金融帝国的统治基础,它所培养的美国大公司的领袖人物比其它任何大学都多。耶鲁大学是造就学术领袖的地方,美国许多著名大学和学院,诸如普林斯顿大学、哥伦比亚大学、约翰·霍普金斯大学、加州大学、威斯康星大学、芝加哥大学、达特姆斯学院和威廉姆斯学院等的第一任校长都是耶鲁的校友。耶鲁大学是美国文化和艺术教育的中心,培养出了许多大师级的人物,如第一部美国英语词典的编撰者韦伯斯特,创立了在美国,甚至在世界都具有广泛影响的刊物《时代》、《幸福》和《生活》的亨利·卢斯,以执导《推销员之死》和《欲望号街车》等话剧闻名于世的伊利亚·卡赞,以及美式足球之父瓦尔特·坎普。耶鲁大学在科学研究和学术上也是硕果累累,共有20名校友和教师获得了诺贝尔奖。耶鲁大学拥有在美国科学发展史中有重大影响的科学家本杰明·西利曼和乔西亚·吉伯司,以及发明了电报的赛谬尔·莫尔斯和发明了无线电的李·福来斯特。

耶鲁大学的成绩举世公认,早已被广泛承认为世界一流大学。但是,其成为一流大学的道路却有独特之处。在耶鲁大学创建250周年的时候，美国《时代》周刊曾撰文指出，"耶鲁在传统上有意识或无意识地等待其他人去探路，观察他们的进程，然后选择一条中间道路。如果说它的进步不快，其进步却是有选择的和基本上正确的。如果它开拓了新疆界，它就迅速去坚持传统的、实实在在的原则。在最好的和最真正的意义上，耶鲁大学一直胜利坚持从创建就有的保守主义。"[1] 在这里，《时代》周刊为我们勾勒了一条"不可思议"的耶鲁大学建设世界一流大学的道路，即在保守中创新，在稳定中发展。保守和稳定是其灵魂，创新与发展是必然结果。

(一) 耶鲁大学的建立及其保守文化品格的形成

17世纪的新英格兰主要由自英格兰移民来的清教徒组成，他们的行为方式、文化生活和生活哲学都受卡尔文教义的巨大影响。在清教徒眼中，人皆是罪人，世界则是充满了罪恶和诱惑的地方，因此人活在世上就是要拯救自己的灵魂，同时他们还认为人是理性的动物，人能够认识自己的行为，对自己的行为负责。因此，他们坚持信仰与理性的和谐与统一，乐于接受科学知识，把科学知识作为信仰的补充与支撑。清教徒们强调勤俭持家、艰苦奋斗和工作不息的重要性，认为只有这样才能赎罪和拯救自己的灵魂。这样，清教徒们就把劳作和教育放在了至关重要的地位，认为通过教育和艰苦奋斗才能超越物质世界，使灵魂获得拯救。这种对知识的追求和对工作的重视正好适应了新英格兰地区经济生活的需要，在新英格兰的城镇中迅速形成了以商人和船主为主体的贵族阶层，他们与清教徒牧师结合起来，不断强化清教徒的价值观念，清教徒价值观念的广泛传播又反过来促进了经济的发展。这样，知识、信仰、财产和殖民政府在新英格兰有机地结合起来，为教育的发展提供了物质保障、制度保障和广泛的群众基础。

1701年一些清教徒牧师发起在新英格兰康涅狄格殖民地的蛮荒之中建立一所学院。他们希望通过自己培养牧师来教化新移民，发展其教派，光大其教义。其实同属一个教派、设在马萨诸塞殖民地的哈佛学院就近在咫尺，早在1636年就成立，完全有能力培养足够的牧师。但是，康涅狄格的清教徒们感到哈佛正在偏离真正的、纯粹的卡尔文主义教义，因此，向康涅狄格议会提出建立一所真正属于自己教派的学院。1701 年 10 月 9 日，议会通过“自由建立一所学院法”。该法规定，在学院中，“可以教授年轻人文理科目，从而使他们在万能上帝的庇佑下可以从事教会和政府工作。”[2] 1701 年 11 月 11 日，学院依法建立。学院建立初期，议会每年补助相当于 120 英镑的拨款。1718 年 8 月，学院从在东印度公司工作过的英格兰巨商艾里胡·耶鲁那里获得一大箱书、一幅乔治一世画像和东印度公司盘存的价值 200 英镑的货物，于是在 1720 年 4 月 20 日正式被称为“耶鲁学院”。这是一所在教会、政府和商界共同支持下建立的带有强烈宗教色彩并负载沉重宗教使命的大学。正如罗兰·白顿在《耶鲁与牧师》一书中所指出的，“耶鲁在未建立以前就具有了保守的品格。”[3]

耶鲁成立之后的近 200 年间基本上保持着教派学校的特点，学院的培养目标主要是“训练一代又一代的有知识的正统牧师”。[4] 董事会、校长和教师都由牧师来充任；课程以古典文理科目为中心；教学完全依靠背诵；对学生的教育主要通过实施纪律制裁养成品格，学生的校园生活充斥着早晚祷告等宗教活动。随着社会的发展，宗教逐渐淡出校园，耶鲁也逐渐地改变其教派学校的特征，但是与其它美国非教派的一流大学相比，耶鲁始终更多地受宗教的影响：哈佛早在 1708 年就已经有了第一位世俗校长，而直至 1899 年 5 月耶鲁董事会才打破了近 200 年选举牧师任校长的传统，选举了第一位世俗者出任校长，而且这位世俗校长在上任前还要特别向董事会声名，“我是耶鲁学院基督教会的成员，我相信保持耶鲁基督教特性的基本重要性……我对经典著作学习持保守态度，我坚信在这一问题和其它问题上我们必须通过渐进而非革命取得进步。”[5] 进入 20 世纪以后耶鲁虽然已不再是一所教派大学了，但是耶鲁大学仍然笃信大学负载道德使命，培养价值观念。1937 年，新上任的塞默尔校长还公开表示对停止强制祷告感到遗憾，他认为，由于这一改革措施，耶鲁所应珍视的社会价值受到前所未有的伤害。

每当耶鲁出现改革激流时，都会出现保守的呼声。塞默尔校长上任伊始就呼吁耶鲁停下来，消化和思考已有的变化。他认为，一些学科“可能只有很少的学生学习，可能对普通公众几乎没有价值”，但是大学要保留它们，“这代表大学的职责，大学的这些活动的本身就是目的。”[6]当有人向他提出改革建议时，他总是任命一个委员会去研究这些建议，制定计划，但很少去执行这些计划，这种所谓的“受控进步”的对待改革的态度在耶鲁有一定的代表意义。

第二次世界大战以后，美国社会迅速发展变化，大学与社会之间联系日益密切，社会的价值观念（特别是市场价值）不断侵入大学校园，大学再也不能孤守一隅，象牙塔开始坍塌。而这时耶鲁大学并不随波逐流，它坚守自己的道德哲学。吉亚麦蒂校长不断呼吁耶鲁大学要坚决履行自己在1701年就与美国签定的“契约”，“要努力发展学术，提供服务和精神启蒙”。[7]他指出，大学与企业是完全不同的，大学的工作是一个负载价值的终生过程；“大学的目标不是扩张或者占有市场份额，而是学术的优异；不是利润或者所有权，而是免费的知识产品；不是运转的效率而是平等的对待；不是不断增长的经济效益而是不断思考我们是谁，我们如何生活以及我们周围的世界。”[8]他尖锐地批评学院的规章化，“规章取代了那些传统的学院价值，学院文化是一套共有的价值观，关于自由获取信息的价值，关于公开交流思想的价值，关于学术自由的价值，关于公开沟通和关爱的价值……学院文化应是所有院校共有的最可宝贵的价值。”[9]他还深刻地指出了对美国大学极为有害的另一个发展趋势，即大学的公司化。他认为“美国文化中的冲突之一是在私人的营利公司与传统的大学之间，前者的规范是竞争、效率和利润最大化，其目标是短期的；后者是非营利的，其目标是学术的、公民的和长远的。”[10]他进一步指出，“规章化和公司化对于学院文化都是破坏性的……造成教师与行政的分离。……教师越来越把自己看作价值的载体，而大学行政人员则把他们自己看作法律的载体。”[11]他力促耶鲁大学在变化纷繁的社会中继续捍卫大学共同的价值，发扬学院文化，坚持耶鲁大学的文化品格，使耶鲁大学成为社会精神启蒙的灯塔。

（二）耶鲁大学保守的管理

耶鲁大学保守的管理架构、管理思想和管理风格保证了其文化品格的形成、发展和传承。

耶鲁大学的法律上的所有者、决策者是董事会。董事会自建立之日起就打上了深深的保守的烙印，其全部成员均为康涅狄格殖民地公理会牧师，直到1902年才选举了一位康涅狄格州以外的牧师加入董事会，直到1905年才有一位世俗者被选入董事会。1917年非牧师的董事会成员达到一半，但是尽管如此，此后多年董事会仍是由牧师控制。

保守的董事会为了推行其保守的治校方针，在校长的选任上也显得格外保守与慎重。在耶鲁建校以来的22位校长中前12位都是牧师，直至1899年才有了第一位世俗者出任校长。前六位校长均毕业于哈佛，自1766年起，所有校长除一位外均毕业于耶鲁，其中仅有个别校长本科阶段没有在耶鲁就读而仅拥有耶鲁研究生学位。1918年在耶鲁获得文学士后来成为耶鲁董事会成员的维尔玛斯·刘易斯曾戏谑地总结了耶鲁大学选聘校长的标准："耶鲁校长必须是耶鲁人（即本科毕业自耶鲁的人，仅有耶鲁研究生学位的人很难被看作是耶鲁人而融入耶鲁文化），必须有个性，有宗教信仰，必须是国际知名学者，如果他是人文学者，要深深地尊重科学，如果是科学家则要热爱艺术。他必须是现代人，但要了解过去并有远见。他绝对不能过右或过左，但也不能走中间道路……"[12]杰莱米·戴校长的离职和新校长的选聘可以充分说明耶鲁董事会在校长选聘问题上的保守。戴从1817年起至1846年止任校长29年，是耶鲁任职最长的一位校长。在任职的最后几年曾几次提出辞呈，但都没有被董事会所接受。1843年，他诚恳地致函董事会，"你们最好现在就让我辞职，我现在尚明智，还能这样做，以后我可能没有这样的智慧去做，我会认为我比你们都聪明，比自己以往更聪明"；这位被教授们视做集保守主义之大成者进一步指出，"变换校长的一个原因是，一个老人总是对事务保持原状感到满意。"[13]董事会终于接受了他的辞呈，但又将其选为董事会成员，他在那里又任职21年，直至1867年95岁去世时为止。他在董事会中以保守著称，影响了其继任者的决策与行动的自由：董事会所选择的新校长齐奥多·沃斯里1820年毕业于耶鲁学院，是虔诚的公理会牧师，长期在耶鲁教授希腊语和文学，是耶鲁第八任校长的外甥，总之，是一位完全的、保守的耶鲁人。

在耶鲁发展历史上的几个重大关头，决定耶鲁发展方向的几次重大辩论中，董事会都明确坚定地站在保守者一方。例如，在1865年至1900年有两项伟大的改革运动——选修制的推广和大学的兴起——深刻地影响了美国高等教育的发展方向和校园文化。选修制在哈佛校长艾略特的大力推广和倡导下对美国学院的古典教育产生了巨大的冲击,不仅使课程发生了深刻的变化,还使校园生活根本改观。大学的兴起是美国学习德国的结果,约翰·霍普金斯大学首开风气之先,促进了研究型大学的初创。两个运动在耶鲁也掀起了轩然大波,引发了激烈的辩论。耶鲁的青年校友们首先对学院的管理提出了挑战,他们认为学院的管理过于保守和狭隘,董事会应该补充活跃的校友,从而在学院与真实世界之间建立联系。在教授中亦有人提出耶鲁的管理层在关注耶鲁学院的同时还必须支持学院中其它专业学院的发展,推动研究生系的建立和发展,也就是加入当时美国将学院发展成大学的洪流。在此关键时刻,董事会于1871年选择了诺亚·波特任新校长。波特时年60岁,1831年毕业自耶鲁学院,曾任牧师10年,1846年起任耶鲁道德哲学和形而上学教授,其父曾任耶鲁校董近40年,其妻是耶鲁名教授之女,可以说是一名血液中都流淌着耶鲁保守文化的彻头彻尾的耶鲁人。波特捍卫古典课程,尖锐地批判选修制,他认为要对学生进行严格的心志训练,严肃的甚至强迫性的学习是打开智力之门和获取知识的惟一道路。选修制带有严重的邪恶,会使邪恶进入班级学习和学院的日常生活。他和校董们珍爱耶鲁学院的传统理念,认为把耶鲁按照德国的模式改造成大学会伤及学院的精髓,因此学院虽然已经具备了当时大学的基本形式,但迟至1887年波特卸任以后耶鲁学院才正式改称大学。我们不难看出董事会选择波特出任校长"就是要保证学院在所有热点教育问题上都继续持保守的态度;就是保证学院继续保持其作为基督教和所有正统学问的堡垒的个性(文化)特征。"[14]

耶鲁保守的管理层在大学的发展战略上坚持质量优先和规模控制的原则。在建设大学的过程中,耶鲁始终如一地反对盲目的综合化,坚持把耶鲁所要设置的一切学科都办成美国乃至世界一流的,达不到这一目标的就要坚决关掉。早在1891年耶鲁就开设了第一门教育学科课程,1920年就建立了教育系,但是该系由于在耶鲁没有得到必要的支持(几任校长都认为教学是一门不可能被科学传授的艺术)而达不到一流的标准,终于在1956年被关闭了。耶鲁大学于

1923年在美国最早建立了护理学院，培养专业护士。为了尽快提高该院的学术水平，耶鲁于1934年开始将学士学位作为入学要求。到1958年，格里斯沃尔德校长明确提出大学的存在是为了探索而非应用，因此关闭了护理学院的护士培养计划，将护理学院提升为护理研究院，培养护理科学的研究人员，开展护理科学研究，从而使护理学院稳定地居于美国一流，为美国护理科学的发展作出了重大贡献。耶鲁的工学院最初建于1852年，但是由于耶鲁长期存在的反应用技术的文化环境，它始终时而合并于某所学院或某个系中，时而单独设立，不能取得独立的地位。时至今日，耶鲁仍没有工学院。现任校长刘文明确地制定了工程学的发展战略，"我们不打算在这些领域发展成麻省理工学院或斯坦福大学那样的规模，但是我们相信我们能在化学、电子和机械工程中的少数几个领域得到国际承认。"[15] 他明确提出，耶鲁的专业计划的形成要更多地由争取优异而非强求综合性的理念来指导。他认为，"人类知识的范围是如此的广泛，变化是如此之丰富，即使一所伟大的大学也不能期望覆盖值得学习的每一个学科……与其广泛覆盖所有学科，可能更明智的是建立少数几个出众的教师组，使他们能够在专门领域为争取科研经费和研究生与世界一流大学相竞争。"[15]

20世纪20年代，耶鲁处于极好的发展势头，学生趋之若骛。1921年到1931年，学生人数从3 820人上升到5 914人。耶鲁可以选择大规模扩招的政策，但是却决定放慢扩大规模的速度，坚持质量优先的原则，在一流大学中第一个选择了限制招生数量保证质量的发展战略。格里斯沃尔德校长在1955年年度校长报告中再次强调了这一发展战略。他提出，要尽可能提高教师和学生之比，而绝不要降低质量去规模生产。较低的学生与教师比和学生与教师积极的双向交流始终是耶鲁突出的特征。今天耶鲁共有学生11 039名，而各类教师达2 845人，生师比不足4比1，这在美国一流大学中是非常低的。

耶鲁保守的管理层在大学的变革中坚持渐进的和累积的方式，竭力避免否定过去的颠覆性的变化，亦无仓促的变革行动。耶鲁的课程改革最能反映其对待变革的保守态度。耶鲁自19世纪40年代开始改革课程，如果将1844/45学年和1870/71学年的课程相比较的话，就会发现，1870/71学年的耶鲁学生仍然必须学拉定语，但可少学三分之一；在三年级可少学一学期的希腊语或拉定语，而增加两学期的微积分；在修辞、逻辑和精神与道德哲学课程的要求方面基本没有变化。其改革是稳步的。而与此同时，哈佛却发生了巨大的变化。1869年艾略特出任校长，适应国家工业化和现代化的需求，推动选修制，在1872年就取消了四年级的全部必修课，到1879年三年级的必修课也被全部取消。可以说哈佛对待变化的态度是与时俱进，而耶鲁则对自己的保守沾沾自喜。耶鲁的著名教授金斯利曾骄傲地说，"让坎布里奇的人们(哈佛人)去试验吧，我们将努力从他们的试验中获益，他们在试验方面比我们强。"[16]许多耶鲁人虽然没有这么公开说出来，但是对待变化的保守态度却是相同的。

耶鲁在管理中注重教授治校。美国当代最著名的高等教育学家克拉克·克尔曾指出，"在美国最早把大权交给教授的主要大学是耶鲁"。[17]耶鲁对美国高等教育最大的贡献之一是教授治校。耶鲁第八任校长德怀特首开了重大事件与教授协商的风气之先。他知人善任，聘任了三位后来成为著名科学家的优秀教授：西利曼、在德怀特之后出任校长的戴和语言教授金斯利，让他们负责各自学科的发展和建设。他们与德怀特一道开拓了耶鲁走上一流大学的道路，为耶鲁乃至美国的大学教授治校传统奠定了基础。戴在继任校长之后，待教授如平等的伙伴而非下属，他天性保守，在行动前与同事充分协商，教授们在管理学院方面被赋予了相当大的影响力。戴校长的继任者沃斯里把教授治校通过制度固定下来，教授成为大学的核心，大学的精髓，大学的"终身工作人员"(Permanent Officer)，而校长和管理人员则不是。耶鲁由于教授治校而使其保守文化至臻至善。耶鲁的教授们对外部世界时常持自由的甚至激进的主张，但作为整体对教育和大学内部问题却相当保守，以保守为自豪，不喜欢变化。在重大决策时，耶鲁最惯常的做法是组成相关的教授委员会，进行充分彻底的讨论，而在得出结论需要行动时，却可能踌躇不前。这样，耶鲁虽然有时对外界变化反映迟缓，但是其决策却往往是深思熟虑的，其行动是审慎的。

耶鲁在赋予教授权力的同时，坚定地捍卫教授的权利，捍卫学术自由。"耶鲁是一个开放的社区，它对新思想、不同意见、辩论、批评、不同观点和意见的相互碰撞、协作研究和原创性都持开放的态度，但是它现在和将来都不会宽容对于他人的尊严与自由的否定。”[18]1879/80 学年耶鲁的威廉姆·G·萨姆纳教授使用了斯宾塞的《社会学研究》作本科生教材，在校园引起轩然大波，时任校长的波特认为这本书攻击了每一种有神论哲学，与当时耶鲁的正统宗教思想完全背道而驰，下令禁止使用。于是萨姆纳致信董事会和学院所有终身聘用教授，声称，“我不承认校长对教科书的使用有最终决定权”，这一问题“涉及任何正直教师都不应退让的权利和利益。”[19]当时虽然宗教在耶鲁仍有举足轻重的影响，但是校方仍不能不从学术自由大计出发放弃对教科书的审定，并且自那以后耶鲁再也没有出现过审定教科书的事件。后来的学者把萨姆纳的信作为美国有关学术自由的重要文件。耶鲁不畏权势捍卫学术自由，在美国大学中树立起一面旗帜。1951 年 6 月 11 日在耶鲁 250 周年纪念大会上，格里斯沃尔德校长亲自授予艾德华·托尔曼教授荣誉博士学位，而托尔曼教授刚刚由于拒绝在忠诚宣言上签字被加州大学解聘。耶鲁尊敬他，不仅由于他在心理学上的贡献，更出于他是一位“思想自由的勇敢捍卫者”。1958 年耶鲁退出联邦学生贷金计划，因为这一计划不仅包括忠诚誓言，而且还有一份否定性誓言，也就是说，学生在宣誓效忠之后，还要再声明，他不相信也不成为任何企图推翻美国政府的组织的成员。在格里斯沃尔德校长过世以后，纽约时报称，他的去世对国家的损失大于对耶鲁的损失，因为他不断引领美国大学反对自由的压制者。

（三）耶鲁大学保守的教育理念

耶鲁大学的现任校长刘文认为，耶鲁有两个有别于其它伟大研究型大学并为耶鲁教授所共同认可的特点，一为致力于本科教育，二为注重培养领袖。

美国历史悠久的大学都是从本科学院发展而来的，但是耶鲁的独特之处在于，它虽然在美国第一个颁发了哲学博士学位，比哈佛还早 25 年建立了研究生院，今天耶鲁已有 10 个专业学院和一个文理研究生院，研究生人数已超过本科生人数，但所有这些成绩的取得都是在保持本科生教育质量稳定地居于美国最前列的情况下取得的。1847 年，耶鲁设立研究生部的初衷是改进本科生教育，让研究生为本科生树立榜样，让新的课程或学科先进入研究生教学计划，进行实验，成熟后再纳入本科生教学。任何访问过耶鲁或读过有关耶鲁文献的人都会不约而同得出同样的结论:耶鲁学院(耶鲁大学的本科生院)是耶鲁大学的核心,本科生教学是耶鲁大学的中心工作。在耶鲁,教授们把教学作为大学的第一个感召,都认真投入到本科生教学工作中去,由研究生教的本科生课时数占本科生课时总数的比例在全美研究型大学中属最低之列,远远低于哈佛和斯坦福等校。从一定意义上可以说,耶鲁发展的历史就是耶鲁竭力保持耶鲁学院核心地位的历史,耶鲁建立后的200年中,几乎全部资源都用于耶鲁学院,而让其它专业学院或专业课程自谋出路,甚至自生自灭。时至今日,耶鲁大学各院仍有很强的自治性,而耶鲁学院仍占用大学最多的资源。我们可以毫不夸张地说,"耶鲁学院是耶鲁大学存在的理由。"[20]耶鲁大学可以没有任何一所专业学院,但不能没有耶鲁学院,否则就不能称其为耶鲁大学了。

耶鲁对于本科教育的重视和对培养领袖的注重集中体现在它三百年如一日毫不动摇地坚持自由教育的理念上。耶鲁自成立以来就以自由教育为理念,以培养领袖为宗旨,到19世纪20年代学生所学的全部课程均为必修课,所设课程以古典课程为核心。但是,19世纪上半叶是美国产业革命的时代,工业迅速发展,社会剧烈动荡,深深地震撼了校园。1824年弗吉尼亚大学一建立就推行选修制,哈佛也在孕育改革,连最保守的耶鲁校园也开始不平静起来。1827年耶鲁校董,州参议元诺伊斯·达灵建议取消课程中的已死亡的语言,代之以其它课程。董事会迅速行动起来,组成专门委员会研讨这一问题,委员会于1828年发表报告,这就是对美国高等教育产生了长远影响的"耶鲁1828年报告"。报告对于批评作了针锋相对的回答,重申了耶鲁的自由教育理念。报告分为两篇,一篇由董事会撰写,一篇由教授撰写。后者又分为两部分,一部分是由戴校长写的关于学院的教育计划,另一部分是由金斯利教授写的关于坚持学习古典语言的策略。其中最重要的、最有持久影响的、被最为广泛引用的是戴校长所撰写的部分。戴校长认为,学院教育所要做的是"训练和武装(学生的)头脑,扩大头脑的能力和给头脑储存知识。或许前者更重要。因此学院课程的主要目标应该是每日积极地操练学生的能力。"[21]戴校长反对缩短课程,反对使课程更实用,反对取消已死亡的语言课程,反对以德国大学模式改造耶鲁。他要求,在学院教学过程中,要在文学和科学的各分支中保持平衡,从而培养具有平衡性格的未来领袖。他提出,学生“要从纯数学中学习论证推理的艺术;从物质科学中了解事实、归纳过程和可能证据的多重性;要在古典文学中发现一些最有品位的完美的典范;通过英语阅读学会运用自己语言讲与写的能力;通过逻辑和思想哲学学习思维的艺术;通过修辞和辩论术,学习讲话的艺术;通过不断地练习写作掌握准确表达的能力;通过即席的讨论,成为果断的、语言流畅的和朝气勃勃的人。”[22]戴校长在1828年报告中最为雄辩地论述了自由教育理念,为建设和发展具有美国特色的本科教育作出了无与伦比的贡献。美国著名高等教育史学家佛雷德利克·卢道尔夫高度评价耶鲁1828年报告,他指出,“耶鲁报告是一份辉煌的文件,它肯定了人文传统……然而同时也给了那些希望学院保持不变的人令人信服的理论武器。”[23]

自1828年以后,耶鲁每一位新校长上任都会重申自由教育的理念,在耶鲁历史上每一个重大变化的关头,都会挺身而出,坚定地捍卫自由教育。19世纪70年代,在哈佛大力推进选修课进而威胁到自由教育时,波特校长著文指出,学院的职责是培养最高的智力和成就,在学院中“两个原则不容质疑:高等教育的目标应该是智力培养而非知识获取,应该尊重长远的而非眼前的结果。”[24] 1941年,就在美国即将卷入第二次世界大战之时,西摩尔校长作年度报告时还不忘强调自由教育的重要性,他指出,必须保护自由科目,“否则的话将不会有助于我们打赢这场战争,因为我们会失去对于国家灵魂不可或缺的价值。”[25]战后格里斯沃尔德校长于1955年重申耶鲁加强和支持自由教育的决心,他把自由教育视作“高等教育之源”。在当代美国社会极度商业化,商业价值弥漫到校园,自由教育受到威胁之时,吉亚麦蒂校长适应时代的要求,重新界定自由教育,在1984年对毕业生讲话时指出,“自由教育不是一种不现实的教育,它是一种自我塑造的紧张的实际行动,这种自我塑造在你跨越若干探索领域、方法和价值,发展自己的潜力和体力时就发生了。自我塑造的目的不是找到一份工作,而是发展自己,以便在日后不管你做什么,都不从狭隘的或地方的角度出发。这种自我塑造的更大的目标是学会如何从自我走出来,实现自我,超越自我,走向他人,从而塑造一个国家,使自己的国人生活得更美好。”[26]现任校长刘文在展望耶鲁新的百年之时也极力推崇自由教育。他认为,“自由教育陶冶智力，扩大推理与同情和理解的能力。其目标不是传递任何特定的内容，而是发展某种头脑的品质：筛选和提取有用的信息；超越偏见与迷信；批判和独立的思考。就像最大的社会利益来自广泛好奇心驱动的科研而非有着特定商业目标的科研那样，我认为，最大的社会利益来自扩大学生推理和创造性思考能力的教学而非对特定知识的掌握。”[27]

耶鲁笃信教育重于教学，因为教育重在思想的形成和品格的养成，教育不仅发生在课堂，大学的文化熏陶对于培养领袖具有不可替代的作用。耶鲁作为一流的研究型、综合性的大学具有美国数一数二的图书馆，图书馆设计极具艺术价值，晨曦照耀着大理石的墙壁，给人类千百年文明的积淀洒满阳光。学校美术馆和博物馆收藏之丰无与伦比、美伦美焕。耶鲁的美术学院、戏剧学院、音乐学院和建筑学院在全美均属顶尖之列。这一切为学生提供了小学院所无法比拟的文化环境。但是在大学中学生往往缺乏归属感，学生之间以及学生和教授之间往往趋于疏离，学生疲于在教室之间奔波，而无法使优美的文化环境转化为不可替代的教育资源。耶鲁在上世纪30年代规模较快扩张时意识到这一问题，仿效英国牛津大学建立了住宿学院，将本科生住宿学院建在大学老校园的中心区，将历史最悠久、设计最精美的建筑用于住宿学院。每所学院环绕一块绿草茵茵的庭院而建，占据一个街区。现在已有12所住宿学院，每所学院由来自不同院系和不同专业的400至450名学生组成。每所学院有一位院长和舍监和若干位住院教授，负责指导学生的生活和学术活动。住宿学院为学生提供一个同伴社区，学生在其中居住、进餐、社交以及从事多种多样的学术和课外活动。学院有自己的饭厅、图书馆、讨论课教室和娱乐室。卧室在美国大学学生宿舍中可能属最华美之列，有三人间和单人间，每间都有壁炉和护墙板。有的校友认为他们在耶鲁期间围炉夜话和在餐厅的橡木餐桌边轻声漫语是他们在一生中所获得的最好教育。每所学院有自己的报纸、运动队、兴趣俱乐部、戏剧组、歌咏队和特殊班。住宿学院之间的体育竞赛是大学的大事，在竞赛中培养美国人引以为豪的竞争精神和团队精神。大学不设置体育必修课，但是80％以上的学生都参加各种体育运动和比赛。耶鲁是常春藤校盟著校中校队最多的学校。住宿学院1968年开始开设讨论课，其目的在于开发创新型课程。

在每所住宿学院由学生和教师组成委员会，负责评审由学生、教师、校外个人、系和专业计划提出的开课建议，每年开出大约36门，其中许多是跨学科的，艺术方面的课程占很大的比例。住宿学院讨论课不仅吸引了耶鲁学院的教师，而且还吸引了各专业学院的教师以及大学以外的学者、作家、艺术家、政府官员和传媒方面的专家。这些讨论课促进了教师和学生之间的对话，培养了学生的兴趣，陶冶了学生的情操。耶鲁要求大学一和二年级生必须在住宿学院生活和学习，在三、四年级可由学生选择。但实际上，80％以上的学生仍然选择留在他们的住宿学院中。耶鲁的住宿学院成为自由教育的重要场所，耶鲁学生的精神家园，美国未来领袖的诞生地。

从以上所述我们不难看出，耶鲁大学在培养目标上，坚持高起点，高定位，培养领袖人才；在教育上，坚持自由教育，坚持教学优先，本科学院第一；在管理上，坚持教授治校，大学内部分权，校友参与；在制度建设上，坚持学术自治与学术自由；在发展战略上，坚持优质第一，规模控制，累进变革。总之，耶鲁大学文化品格的核心是保守。

（四）大学保守文化品格的合理性

耶鲁大学坚持其保守的文化传统，稳步发展成为世界一流大学。那么，其经验是否具有普遍意义，大学的保守是否具有合理性？这是我们今天建设世界一流大学所必须回答的问题。我想，答案应该是肯定的。

首先，大学与生俱来地具有保守性，也可以说保守性是大学的遗传特征。英国著名高等教育学家阿什比曾经深刻地说过，任何大学都是遗传和环境的产物。大学的重要使命就是储存、传递和创造人类文明。所谓储存和传递人类文明就是保守人类文明。大学的这一使命赋予了大学保守的文化品格。大学要创造新的人类文明就要为了真理而追求真理，追求真理本身就是目的，因此它天然地反对功利，与社会即时的、功利的需要保持一定的距离。大学还要负载价值，守望社会精神文明，给人类以终极关怀。在社会商业价值甚嚣尘上之时，大学万万不可忘记自己的历史使命。

其次，大学的力量在于稳定。在各种社会机构中，大学最稳定，它的力量源于自信，永远的镇定自若，自尊，自贵。大学象湍流中的流速仪一样任凭水流变化，我自巍然不动，静静地行使自己的职能，测度着人世沧桑的剧烈动荡与悄然变化。如若它随波逐流，就会倾覆于激流之中，因此它必须坚持理念，保持自己的文化品格。大学引领科学技术的发展，不断创新，但是任何新的发现只有在经过大浪淘砂后的沉淀，才能镶嵌到大学学科和专业的桂冠上。大学需要稳定的制度环境，只有在这样的环境之中，教师才能集中精力与时间，以平静的心态面对纷繁躁动的社会，潜心钻研学问。学生们才能在这样的制度环境所营造的学术圣殿中一心向学。

再次，大学是社会中最为民主的机构。大学的组织框架和决策程序都保证了教授治校和分权管理。教授从不把自己看作大学的雇员，教授是大学永久的工作人员，而校长则不是。教授岗位代表思想的成熟。大学的重大决策必须得到教授的一致支持，这就决定了大学的行动必然是深思熟虑之后的行动。大学的触觉是敏锐的，分析是深刻的，但行动往往是迟缓的。因此，其变革方式是渐进的和累积的。

从某种意义上说，有了大学的保守，才会使得大学创新型人才辈出，创新成果不穷。认识大学的保守文化，小心呵护它，才会按规律办学，才会对大学的变革抱以合理的期待。

（五）结语

当我们沉下白日躁动之心，秉烛夜读耶鲁大学的发展史时，我们就会被耶鲁清新的文化品位，深厚的文化积淀所打动：它几百年来不为躁动的社会变迁所动，始终如一地坚持自己的社会职责，如同人类社会漫漫路上的一盏明灯，星光闪烁，为世人所瞩目。它在静谧中发展，在稳定中前进，以其保守的文化品格营造出一所循序渐进的世界一流大学，创新型人才和重大科研新发现如清泉从中汩汩流出，永不干涸，永不浑浊。在今天躁动的社会之风中，在高等教育激烈变革的环境中，耶鲁大学成功的经验，难道不令我们的大学深思吗？

参考文献：

[1] Brooks Mather Kelly. Yale：A History[M]. Yale University Press，1974:431.

[2] The Yale Corporation. Charter and Legislation[M]. published by the University，1976:7.

[3][4][5][6] Brooks Mather Kelly. Yale：A History[M]. Yale University Press，1974:4,55,316,395.

[7][8][9][10][11]12]13][16][18][19][21] A. Bartlett Giamatti. A Free and Ordered Space：the Real World of the University[M]. W. W. Norton & Company，1988:126,36,39,41,42,425,169,431,125,271,162.

[14][15][27] Richard C. Levin. The University as an Engine of Economic Growth[M]. Tsinghua University，May,2001.

[17] Clark Kerr. The Uses of the University[M]. Harvard University Press，1964:22 .

[20][22][23][24][25][26] The Yale Daily News. The Insider's Guide to the Colleges[N]. 1981—82：489,162—163,164,240,399,299.

（本文发表于《比较教育研究》2003 年第 3 期。作者王英杰，时属单位为北京师范大学国际与比较教育研究院）

大学与政府和社会

一、大学发展的一个新阶段
——法国高等教育管理十年改革简析

在回顾法国高等教育改革的专著和文章中,笔者曾多次提到近些年来在西方教育研究工作者中比较流行的一种说法,即过去多为“没有革新的改革”而近来则是“没有改革的革新”。此种说法虽有些极端,但不无道理。它的主要意思是,过去大多是结构和体制方面的变化,涉及宏观层面上的东西比较多,看似轰轰烈烈,但仔细分析一下,就会发现实质性变化不是很多;而近二十年来,更多的则是在已经调整了的结构基础上进行的深入革新,表面上动作不是很大,但是却发生了并还在发生着更深层次上的变化,其中有些还是相当明显和重要的。从这一点上讲,笔者同意这种说法,而它在近半个世纪法国大学管理改革的进程中更是再次得到印证。

(一) 深远的传统:从学院到学院联邦

为了明了最近改革的意义和重要性,有必要追述一下法国大学发展的历史及其形成的传统。

1. 帝国大学与1896年的法令

众所周知,法国的巴黎大学、蒙彼里埃大学等高等教育机构,不仅属于西欧最早的一批中世纪大学,而且是其中的佼佼者。在很长时间里,它们的影响颇大,远远超出了法国国界,成为整个西方效法的样板之一。

人们也知道中世纪大学的一个突出特点就是以人的集合为单位。而在师生同乡和专业三种组织中尤以专业的影响最大，时间最长。即使是后来大学有了固定校舍，也还是学院各自为政。

法国大革命在教育方面做出的最重要决策之一，就是关闭当时已经具有相当规模和重大影响的全国所有大学及其附属机构。拿破仑执政后，于1806年颁布"帝国大学"法，建立了中央集权的教育管理体制。由于当时的"帝国大学"实际上是法国第一个教育部的代名词，只负责行政管理，因此，具体的教学科研工作仍然由各学区的文、理、法、医、神五个学院分别组织实施，行业，或者说专业的地位从而进一步加强。

经过近一个世纪的争论和探索，尤其是受到德国洪堡创建柏林大学的启发，法国在19世纪末进行了一次高等教育改革。1896年的一项法令规定，每个学区的文、理、法、医、神五个学院组成一所大学，由大学理事会取代学区理事会加以管理。这次改革的意义是重大的："大学(université)一词恢复了它的原意并且开始接近现代的意义：文理学院不应该只颁发文凭，成为中学的附属物，而是应该加强教学和科学研究的观念逐步深入人心；学生数量增加，二十年间翻了一番。

但是也必须指出，这次改革又是不彻底的。因为，一方面，国家垄断学位与文凭，统一规定并组织教育教学人员的招聘、任命、待遇和晋升；另一方面，各学院及其代表继承中世纪以来的传统，只对本专业、本属类负责；大学只是若干学院的集合，无多少自主权而言，也难以落实理论上大家已经基本接受的洪堡办学思想。

这样，在国家——大学——学院(专业)三角关系中，大学的地位最为薄弱处在两股强大势力的夹缝之中，几乎无法动弹，有名无实，法国高等教育并没有在本质上发生很大变化。

2. 1968年的改革

上述状况一直又延续了多半个世纪，法国大学在"中央集权、民主化、统一化"的思想指导下，继续沿专业(学院)内高度统一和封闭、专业(学院)之间互不往来和差别巨大的方向发展。也就是说，教学的组织、学位的授予、教师的遴选和任命、科学研究的定向与组织……都是各学院说了算，其间在教学组织乃至名称方面都相去甚远；教育部只是抓住学位文凭的国家性和制度的统一性，把学院作为主要对话者；作为学院代表的院长成为大学的真正负责人，大学还是一个空架子。正如法国著名教育史学家安东尼·普鲁斯特所说："大学只是学院的集合，实际权力在院长手里。下面，系和其他组织形式没有任何实际权利，不掌握任何经费；上面，校长，作为国家官员，主持大学理事会，只有象征性的代表权。"(1992)

第二次世界大战以后，对这一体制的批评日渐强烈，合理化建议也不断涌现。其中，应当首推1956年和1966年在冈城召开的两次全国性高等教育研讨会。1968年的大规模学生运动之后颁布的高等教育法(一般以其促成者——当时的教育部长富尔为其命名)，在一定程度上汲取了这些建议，提出了取消学院建制，突出大学在行政、教学、财务方面的自主权，扩大理事会成员的代表性等重要措施。之后，大学发生了一定变化，如教师年轻化，师生员工之间的发言权比过去平衡，巴黎地区学校的地位不再至高无上，各专业间的差别减小等。因此，法国国内外许多研究者都称之为法国高等教育中具有里程碑意义的事件，使真正意义的"大学"得以出现。

但是，也应当指出，如果站得更高些，看得更远些，可以得出这样的结论：变化的政治性大于学术性，表面性大于实质性，实用性大于长远性。来自法国国内的批评主要涉及四个方面：在强调民主管理的同时，削弱了教授的作用；学校权力机构大学理事会的组成与选举方式使其政治化，各有关势力都想方设法获得席位；作为大学规模划小与重组基础的不是学术因素，而是政治因素；大学新的组成因子——"教学与研究单位"(UER)只是介于美国大学的学院与系之间的一种不伦不类的东西，它替代了过去的学院，起着类似的作用，大学更像是一个联邦。总之，人们普遍认为，这次改革和以往有共同之处：它只触动了大学的结构，而没有涉及大学在其中得以生存和发展的更大空间，即整个国家教育乃至政治体制，所以又是不彻底的，也不可能是彻底的。

(二) 不断的尝试：从几次失败到初见成效

1968年的高等教育法，曾使人兴奋一时。但是，当越来越多的人发现，大学里并没有发生带有根本性的重大变化，一些管理措施反而使之政治性加强的时候，校内外人们的兴趣都减弱了，只有每次理事会成员的竞选能给人一点暂时的刺激。从总体上讲，拿破仑式的大学依然故我。在国际国内形势日新月异的发展面前，进一步的改革已是势在必行，有识之士甚至发出了“寻找法国大学的呼声”。

1. 不断的尝试

1968年的改革从出台开始，就有人反对或者怀疑。所以，人们一直不断地尝试其他的途径和办法。比较重要的有以下几次。

1975年，当时的高等教育司司长盖尔莫纳（Quermonne）提出了大学经费分配合同制的主张。几个月后，政府改组，部长易人，无人问津。

1983年，教育部改变了科研经费的发放制度，由一年一拨改为四年一个合同，引导学校制定自己的中期规划，便于资助重点，提高经费的实际效益。但由于涉及经费有限而且还是以专业为单位申报，特别是更多的钱来自以专业为渠道的其他科研管理机构，也没有成功。

1985年，根据新的高等教育法（1984年），国家教育评估委员会（CNE）逐个评估大学，有助于后者地位的加强和个性的突出。但是，从理论到实践，委员会与教育部都互不买账，它的报告和建议也就无法起到应有的作用。

虽然或者由于没有时间实施，或者由于传统的力量过大，或者由于势单力薄，这三次尝试都没有达到预期的效果，甚至没有来得及付诸实践，但是它们的启发意义和引导作用不可忽视，应当被认作80年代末期重要改革的前奏甚至预演。

2. 新的进展

在1988年5月的大选中，社会党再次获胜。时任总理的罗卡尔宣布，教育是政府工作的重点之一。8月，在教育部长若斯番（现任总理）的主持下，做出了以大学和国家签订合同的形式分配经费，改革传统体制的决定。

经过几个月的准备，次年5月改革正式启动。当时提出的措施主要包括两个方面：一是要求每所大学都要根据自己的内外形式和特点，制定一个四年计划，作为校长与教育部谈判的基础；二是进行内部调整，在教育部设“规划与大学发展司”，负责有关事宜。

开始时的重点很明确，不是要求合同的文本如何详尽，如何科学，如何正规，而是要求以此把整个学校动员起来，产生合力，认识自己的长短，找到重点和方向，制定一份“学校的”（而不是某个专业的）计划，形成特色，充分利用学校的自主权得以发展。而新设的规划与大学发展司既得到了来自原有部门的一些职能，又被赋予了新的权力，统管并协调有关工作，成为一个不叫总司的“总司”。此时教育部高层领导思想比较一致，部门之间配合默契，改革进展顺利。

合同制是一种措施，更是一种理念。它改变了大学的功能，要求大学制定主观目标与客观实际相匹配的总体计划和为实现这一计划而必需的合理配套政策，大学的地位因而得到加强。它重新设计了教育部的职能，即不再统一具体管理各所大学，而是通过协商认可地方及学校的标准与计划，协调其实施。它在一定程度上削弱了专业这一自大学出现以来的过高地位，使之与国家（政府）和大学三者之间的关系更为平衡。

随后而来的国家经济困难，使合同制的发展在 90 年代中叶一度受到制约。从 1998 年起，经济的复苏和政府的支持，又使这一尝试达到新高潮，与国家签订合同得到的经费可占学校全部运行开支的 10%。因员工工资占有很大比重，所以这一比例对大学的影响不容低估。时任教育部长的阿莱格（Allègre）认为，每四年一次的协商，是一个很好的机会，它可以使学校计划与国家政策见面，进一步调整学校布局，加强与其他教育、科研、经济、文化单位的合作，为校内民主生活找到新动力和新源泉，也可以使中央行政部门调整政策和改进工作。总之，可以产生更多的接触更多的集体工作，更多的灵活性。

（三）有益的启示：改革的前因后果

在法国，有人把最近十多年高等教育管理体制的改革视为大学发展的又一个里程碑，认为从根本上改变了来自拿破仑以来近两个世纪，甚至更久远的传统，使法国有了真正意义上的大学。我想，如果从管理体制或者说体系方面来看，这种说法是有一定道理的，并非耸人听闻。为了更深入全面地认识法国这次改革，争取从中得到一些对我们有益的启示，有必要分析一下它的意义、成因和后果。

1. 改革的意义

此次改革的意义重大，它使大学无论在概念上还是在实际中都得到加强。这至少可以从以下三个方面来理解。

过去处于理论或朦胧状态的自主权得以明确和落实。从拿破仑到 20 世纪 80 年代末，法国的大学一直体现的是标准化、统一化、平均化和国家化。无论大学的定义和概念如何，它都是与国家及专业的三角关系中的薄弱环节。而作为一种自然的反映和必然的结果，则是大学中(教师)个体意识加强，成为教学、科学研究乃至协会团体活动的基础，同时也促进了无政府主义的发展。“课堂已是教师惟一施展自己自主权的领地，不容任何人及机构染指”，成为许多教师的口头禅和座右铭。而这次改革重新平衡了三个方面的关系，大学开始关注过去属于教育部或下属学院权限之内的事情，成为确定自己政策并加以协调的场所；全体教职员工开始从学校整体考虑问题，共同确定目标与重点，集体行为不仅成为可能，而且受到鼓励，从而合法化；与此同时，个人和小单位的主动性并没有被削弱，更没有被泯灭，而是在一个更大的范围内得到发挥。由此，不同学校的特点开始逐渐突出在办学方针、实际组织乃至学校名称方面都得到体现。

管理机构进一步专业化。过去大学也上报计划，但那往往只是各学院计划的简单并列。现在则要把各单位计划综合为一个统一协调的学校计划，只要投票都举手或者争执不下导致议而不决这两种极端现象越来越少见，更多的则是主管部门或者临时组建的专门工作班子事前大量卓有成效的工作。在这种情况下，校级职能部门及其办事机构的地位和作用大大加强。

校长的权力突出。由于学校一级地位和作用的加强，校长的职能也不再只是简单地对内协调和对外代表。他要实施权力下放以后落在他肩上的新使命，要提出总体政策，要指导制定计划，要与教育系统内外纵横两个方向的诸多部门谈判合同，真正成了领导者和管理者。

2. 改革的成因

任何改革的成败都不是偶然的，其中的因素也不是单一的。这里只想分析一下与这次改革的初步成功关系最为直接的那些方面。

如果说，1896年、1968年、1975年、1983年和1985年的历次改革和尝试的不彻底甚至失败是此次改革有一定成效的静态原因，那么就应当说，形势的发展变化是它的动态原因。其中最直接的一点，就是高等教育大众化造成的大学第二次入学高潮。从60年末到80年代末，法国大学生数量增加近200%，而且后一阶段的增加速度尤其快。在这种情况下，国家已经不可能全部，甚至是大部承担大学的经费，后者自筹在理论上逐步得到承认，在实际尝试中逐步取得成功。于是，大学首先向私营企业开放，然后扩大成人教育规模，继而又与地方（城市、大区）联手。比如，在80年代末的大约50个大学地方分支机构中，近半数者属地方与大学协商后先启动，然后再经教育部批准的"先斩后奏"式。又如在90年代末的"2000大学计划"，地方当局的贡献超过国家投资的50%。也就是说，改革正式启动之前已经有了一定的社会需求、思想基础和有益尝试，并非无源之水。

非功利性大学观的动摇，导致了最初的尝试，而这些尝试又导致了大学界的反思。特别是在签订第一批合同时，人们发现自己很不了解自己学校诸如建筑面积、条件设备、非教学人员分布、学生注册情况等一些最基本的数据，而这在许多合同中又是十分重要的。于是，各学校便着手建立相关的管理制度，使之得到明确、系统、透明和协调，在内部进行了思想上和技术上的准备。

当然，除去上述外部和内部的基础或因素之外，有一些具体情况也不容忽视。比如，这段时间当中法国没有发生重大的政治交替，国家经济形势基本稳定，教育被列为政府工作的重点，教育部人员和关于教育的指导思想相对稳定，为避免引起强烈反对使用了谨慎的低调启动方式（仅仅是一纸教育部通知）。

3. 改革的前景

可以从两个方面来探讨这个问题。

第一，改革是一种动态的东西，它的前景更是动态的东西，所以必须用动态，或者说发展的眼光来看待它。所以，在分析法国这次大学教育管理改革前景时，必须要指出的是，教育改革事关重大，错综复杂，尤其要接受形势的制约和时间的检验。现在只能说是刚刚开始，初见成效，离下结论还为时尚早。另外，改革的前景还取决于各级决策者和执行者如何处理一些重大的或棘手的问题。比如,怎样调动和发挥学院一级,特别是院长的功能和积极性、主动性;要不要控制并适当缩小一所学校内部过大的差异;由国家还是由学校,通过什么方式,培养、物色、选拔符合改革要求的教师和行政管理人员等等。

第二,要有辩证的观点,比如,时至今日,拿破仑以来的传统还是法国的立国之一,深深地渗透到各个领域,可以说无时无处不在,改革只是对这一主体在一个局部稍有触动,谈不上伤筋动骨,更不是彻底打破。又如,不能从作为中央集权管理模式集中代表的法国的上述变化得出过早和过于绝对的结论,忽视各国特性存在的根源和意义,认为国际化或全球化可能就是统一化,世界高等教育的发展趋势一定是美国式的市场化。再如,仅从已经见到的结果来看,改革也不会一帆风顺,也不是无可指摘,多样化可能或已经造成的产品(毕业生)质量下降、校级权力加强带来的新官僚主义、三角关系调整后专业(职业)一方的削弱对教学和科研水平的影响等问题,已经引起了广泛的关注。

总之,无论是它的现状还是它的前景,它的内容还是它的方法,法国这次大学管理体制改革都值得人们关注、研究和跟踪。

参考文献:

[1] 邢克超.战后法国教育研究[M].江西教育出版社,1993.

[2] 陈学飞、邢克超.美、日、德、法高等教育管理体制改革研究[M].教育科学出版社,1995.

[3] Antoine PROUST. Education, société et politiques: une histoire de l'enseignement en France de 1945 à nos jours[M]. Paris, Le Seuil, 1992.

[4] Christine MUSSELIN. La longue marche des universités francaises[M]. PUF, 2001.

(本文发表于《比较教育研究》2001年第7期。作者刑克超,时属单位为首都师范大学法语系)

二、博克论大学的社会责任

德里克·博克(Derek Bok,1930～)是美国当代著名教育家。他1951年毕业于斯坦福大学,获学士学位。1958年开始任哈佛大学法学教授。1968～1971年任哈佛大学法学院院长,1971～1991年任哈佛大学校长。他先后撰写了《劳动力和美国社区》(Labor and the American Community,1970)、《与核武器共存》(Living With Nuclear Weapons,1983)、《走出象牙塔》(Beyond the Ivory Tower,1984)、《民族的国家》(The State of the Nation,1970)、《美国高等教育》(Higher Learning,1986)、《与哈佛学者的对话》(Conversations with Harvard Scholars,1991)、《政府的难题》(The Trouble with Government,2001)等著作。其中,《走出象牙塔》一书是西方论述大学社会服务功能的经典之作。他对大学社会责任的论述在世界高等教育界具有深远的影响,并被人们广为引证。当前,我国的社会发展寄大学以厚望。在这个背景下,分析博克的大学社会责任观对我国的大学改革不无启迪意义。

(一)论大学对传统的超越与学术研究的责任

西方大学具有与社会保持一定距离以维护其学术研究和教学自由的历史传统。这一状况使人们称誉大学处于"象牙塔"之内。但是,二战后,大学与外部社会的关系日益紧密。一方面,大学越来越依赖政府、企业、基金会和个人等外来的经济资助。另一方面,高等教育的发展极大地推动了美国政治、经济、科技和社会进步。这一转换使有的人感到精神振奋,也使一些人感到忧虑。人们应该如何看待大学走出象牙塔？在现代社会，大学在难以回避社会影响的条件下应该如何保持其基本学术价值？大学应该如何对社会问题做出积极的反应？这些问题既是高等教育理论界探讨的焦点，也是大学在实际运作过程中经常面临的难题。美国著名高等教育家博克(Derek Bok)在对大学发展的历史和现实研究的基础上，系统论述了这些问题。

1. 对多元化功能引发的争辩

博克把多元化大学称之为具有美国特色的创造发明。他自豪地说："在确定其议程时，美国研究型大学会发现自己享有前所未有的力量与影响。知识似乎从来没有像现在这样位于社会的中心或者教育有如此之重要。我们的大学似乎从来没有像现在这样不仅对美国的年轻人，而且对全世界的年轻人，以及各个年龄层次的成人有如此大的吸引力。大学也从来没有像现在这样可以通过录像带、计算机程序、电视教学等现代技术为正在工作或居家的新型学生提供这么多的教学机会。"[1]

大学功能的多元化得到了许多学者的支持。英国教育家埃里克·阿什比爵士曾称赞说："美国对高等教育的贡献是拆除了大学校园的围墙。当威斯康星大学的范·海斯校长说校园的边界就是国家的边界时，他是在用语言来描述大学演变过程中的一个罕见的创举。历史已证明这是一次正确的改革。其它国家现在已开始纷纷效仿这种美国模式。"[2] 美国学者德莱赛尔(Paul L. Dressel)指出："大学不仅从社会得到了支持和权威，而且必须以社会为导向，承担起社会责任。其教育项目必须适应社会需要。"[3]

但是，在传统主义者看来，大学为了新的功能——社会服务而丧失了基本原则。他们指责大学只是被动地接受政府机构、公司等确定的议程来为社会服务，通过做出这种"贡献"而放弃了自己的中立立场，其表现就像是"被租用的枪"。他们坚持认为，为了维护传统学术研究和知识学习的价值观，大学即使牺牲社会服务也是值得的。否则，大学会因接受越来越多的、其它机构易于完成的"相关"任务，而在发挥其极其重要的独特功能方面难以保持高质量的标准。他们敦促大学断绝与政府部门和其它组织在有害的开发活动中建立的合作关系，特别是避免与具有破坏性和非人道的活动和组织发生关系。

博克指出，这种担忧并非是新近才出现的，为了抵制大学追求功利目的，至少早在一百年以前就有人提出了类似的观点。他认为，传统主义者似乎夸大了现代大学的缺点。在他看来，二战以来，多元化大学的学者们与实际世界保持着一定的距离，而且社会科学家们也在尝试结合基础研究解决当务之急的实际问题。

当然，大学在履行其社会责任时，必须设法考虑到诸多不同的价值观念——学术自由权利的维护、高学术水平的维持以及个人的合法权益不遭损害等。可见，大学领导者们面临的一项艰巨任务就是，怎样使大学以一种尊重各方利益的方式对重要的社会问题做出反应。

2. 大学学术研究的社会责任问题

20 世纪 70 年代中期以来，公众逐渐认识到，科学研究的结果并非是始终造福人类的，诸如种族差异、克隆、细菌等研究都有可能带来负面影响。因此，大学应该努力避免现代科学成果所带来的不良影响，最大限度地减少研究对相关人员和无辜者造成的危害。那么，有道德责任感的研究人员应该承担什么责任？政府作为公众利益的主要监护人，应该扮演什么角色？大学应该采取什么措施？博克认为，有必要对这些问题开展深入的探讨。

(1) 科学家的社会责任。博克认为，在很长一段时间内，研究者拒绝承担研究所可能带来的社会责任。在他们看来，知识是中立的。如果一项新发现造成了令人不快的后果，它与研究者无关，而应由那些滥用新技术的政府官员或公司承担责任。近几十年来，科学家们开始审思自己研究的社会责任，考虑它可能产生的不良后果。因此，科学界在研究方法的选择与应用上变得更为谨慎。政府也敦促研究者应意识到自己的研究不能令参与者和公众涉险。当然，研究的社会责任不仅仅局限于自然科学，社会科学家也要为研究造成的后果承担责任。

(2) 政府的社会责任。博克认为，政府不能规避在科学探索过程中应负的责任。因为无论科学家们怎样严肃地对待自己的社会责任，总有一些人会在急功近利的热潮中忽略道德约束。在决定如何权衡知识需求与人类安全和福利二者之间的关系时，整个科学界和公众之间也会出现意见分歧。因此，美国政府开始重视对科学研究的管理。例如，美国国会通过了《职业安全和卫生法案》，为实验室工作人员确定了更为严厉的安全要求。

博克认为，在极少数情况下，科学研究成果会给人类健康和安全带来明显的危害，政府对此应予以干涉，禁止有关的研究活动或限制研究成果的传播。例如，假定一名科学家试图探索出一种家庭制造原子弹的方法。一旦这种知识公开后，政府就无力阻止地下组织或恐怖组织利用这种知识。在这种情况下，它所可能造成的危害是不可估量的。显然，政府应该禁止此类研究或防止其研究结果的泄露。

对大学来说，这种限制或许与知识自由传播的基本学术信仰截然冲突。因此，除了国防研究领域之外，美国政府没有对其它研究活动进行干涉，也没有对可能会在实际运用中有害的研究活动进行压制。博克认为，这一政策是合理、明智的。

（3）大学的社会责任。那么，大学在学术研究中应否承担社会责任？在不侵犯学术自由前提下，大学对学校的研究活动可以履行其管理职能吗？我们知道，现代科学研究已成为一项集体性的活动，许多大型科学研究已不再由教授个人来独力承担，而是由教授、大学在职的技术助手以及研究生等组成的研究小组来实施。从研究的外部条件来说，它不仅离不开政府的巨额投资，而且也需要大学的支持。既然大学在促进科学研究方面扮演着一个重要的角色，那么，它就不能再逃避责任，应该为在其实验室诞生的研究成果所带来的任何不利影响负责。为此，大学应采取一些积极的措施——尽力保证严格执行政府的规定、依据现行规定建立道德评估委员会、遵守安全规则和必须实行检查制度、制订审计程序以确保政府研究经费支出与相应的拨款条件或合同相符合。

但是，博克指出，大学管理者对科学研究的监督作用，与其对大学其它功能的指导作用相比大大地受到了限制。“总之，大学的校长和院长犹如在一条狭窄的小路上行走，它深受两侧的挤压。一侧是学术自由原则，另一侧是研究经费的主要供给者、公众利益和安全的最终捍卫者——政府赋予的至高无上的各种责任。”[4]

(二) 论学术方式的大学社会服务

大学对社会问题反映的方式是多种多样的,博克着重分析了战后美国高等教育发展过程中业已面临的一些问题与对策。

1. 促进大学教育机会均等与种族平等

20 世纪 60 年代中期起,人们越来越强烈地要求大学给予少数民族学生更多的入学机会,以增加他们获得理想职业的机会。在这个背景下,大学开始通过各种方式优先招收了大量少数民族学生。它通常有两种做法:一是降低分数;二是确定招收少数民族学生名额,即大学做出承诺,从某一群体中招收一定数量的学生,而不考虑这些学生与其他求学者相比在入学条件方面是否存在差异。

这种做法引起了人们争议。支持优惠招生政策的人认为,尽管优惠招生政策会招致暂时的不公正现象,但是,这是为了实现长远利益上更大的机会均等应付出的一个代价。鉴于白人在漫长的欺压少数民族的传统中已经受益,而少数民族蒙受了受歧视的精神重负和耻辱,因此,他们应该在获得较好的教育机会方面享有某种补偿性的优势,每一名白人理应为其前辈的行为付出代价。另外,求学者以前的分数和考试成绩高低也不能说明其今后的能力大小。

反对优惠招生的人则认为,这种招生政策是不合理的,它尤其表现在以下几个方面:首先,它会给那些本身需要帮助的人带来损害。重点大学由于大量优先招收少数民族学生,可能会削弱这些学生的激励意识,因为他们知道自己不需要取得较高的分数就可获得最好的研究生院和专门学院的入学资格。也有人认为,向少数民族学生提供任何一项优惠政策都会说明他们是二等公民,他们的自信心因此也会下降,白人学生对他们的尊重也会大打折扣。其次,它损害了成绩较好的学生的利益。高分数和好成绩确实会对学生今后的研究和从事其它一些要求具备非凡才智的工作具有举足轻重的影响。无视分数上的巨大差异,招收大量原来不合格的学生,势必把其他本可进入大学的求学者排除在外。这一政策对这些学生来说无疑是不公正的。

博克似乎倾向于后一种观点。在他看来,大学不能采取一种给予少数民族学生过多优惠的招生政策，不要过于热心地试图使黑人和拉美裔学生人数达到很高的比例。这里，他显然受到自由主义教育思想的影响。

当前，我国高考录取的地区和民族差异已经在社会中引起较大的反响。美国的经验和博克的这一观点对我们的改革也不无参考价值。

2. 大学在技术创新中的作用

(1) 技术创新的新需求。为了改变企业界的科学家与大学同行之间关系疏远的局面，20世纪70年代末，企业与大学采取了一些重大举措以加强彼此间的联系。面对来自国外日益加剧的竞争和国内日益萎缩的生产力，美国企业经理开始参加有关工业和大学关系问题的讨论会，探讨促进新研究思路的长期合作计划。企业科学家开始光临大学校园，和大学教师们一起探讨问题，获得其感兴趣领域的信息。政府也开始寻求更为积极的方法，鼓励企业和大学携手合作。而过去，政府部门只满足于提供研究经费，发布新实验和新发现的研究报告。

(2) 技术转让对大学的影响与对策。大学与企业合作带来了一些积极作用。但是，技术转让对学术研究质量造成的危害同样也是显而易见的。首先，获取经济回报的机会可能会微妙地影响教授选择研究课题，即大学科学家不仅考虑哪些研究课题最具知识挑战性及学术价值，而且还会考虑哪些课题有机会获取大量的经济回报等。这并非无稽之谈。博克指出，科学研究的公正性在实践中从未完全实现过，甚至伽利略也曾设法为钱出卖自己的发明。其次，教师为了从事技术开发任务，有可能放松其它形式的学术研究及教学活动。

在对技术转让的利弊作了简要分析后，博克探讨了适用于加强企业和大学之间密切联系的方法：1) 避免轻视实用性的研究——在自由主义者看来，学术研究的最高目标是探索知识，而不是为了实现具体的实际效果。博克认为，大学重视基础研究的价值是合情合理的。教授应该满腔热情地抵制各种压力，避免把自己的研究转向过于实用性的目标。然而，如果科学家过于强调自由的理由而贬低应用性研究的价值，或根本不考虑科学研究潜在的应用性，那也是很不幸的。第二次世界大战以后，这种态度正在改变，教授们显得越来越不会在纯学术研究和应用性研究之间划出一条严格的界线。2) 增进大学和企业之间交流——他认为，加强大学和企业之间的交流几乎不会有任何损害纯学术科学研究质量的危险。一方面，企业应该积极加强与大学的合作；另一方面，大学应该主动参与企业发展。

（三）论大学非学术行为的社会影响

大学并不只是一种致力于教和学的团体，它也是一个法人实体。因此，大学也应该运用超出其学术范畴的方法对社会问题做出反应。那么，大学应该如何处理其非学术行为？博克阐述了自己的立场。

1. 大学的政治立场

那些对社会弊端比较敏感的人认为，大学在确定自己的社会责任时应该确立较高的政治标准。一有可能，大学就应该采取行动，反对社会弊端，帮助被压迫者和处于社会下层的人们。其常用方法有：

（1）发布正式政治声明。大学发布正式政治声明的一个明显好处是可以引起媒体的极大关注。它常常因能够制造出一种重要的气氛和强烈的情感色彩、表达更具说服力的思想内容，而比一般的请愿书更具政治影响力。许多关心公众事务的学生和教师更喜欢学校采用发布声明的形式，因为在许多公众看来，正式决议代表着整个大学的态度，而非师生在宣言上签名的汇总。

尽管如此，许多教师对发表集体政治声明的举动感到忧虑。一些资历较浅而又渴望获得终身教授职位的教师，谋求职务晋升的青年管理者和渴望加工资的教授或许也不敢对大学发表正式声明公然表示异议。

（2）股东决议。大学在持有股份后，就具备了股份拥有者的常规职能，其中一项职能是联邦法明确规定的对提交股东们审议的议案的表决权。在表决时，大学董事会成员们并非代表着整个大学，也并非体现了大学的集体智慧，而只是履行其捐款受托事务的法律责任。

（3）政治游说。既然联邦政府已涉足大学管理或向大学提供经济支持，那么，大学反过来也可以就一系列高等教育问题影响政府官员的决策。例如，有些大学向最高法院提交辩护状，为学校给予少数民族申请入学优待的权利进行辩护；大学许多行政部门雇佣了专职人员向政府催要更多的科研经费和更多的政府奖学金补贴。

2. 大学对经济的直接影响

大学素有免税的特权。近年来,美国一些市政官员试图将非赢利机构纳入增加其税收的潜在来源,私立大学也被列入可能的征税对象。在现代社会中,大学还存在免除地产税的理由吗?如果这种免税政策继续存在的话,那么,大学是否应该从道德责任的角度做出某些自愿捐助呢?博克认为,有必要进一步探讨大学对城市社区所应担负的经济责任。

(1) 大学对免税的回报。博克认为,免除地产税只是联系大学、城市与州之间庞大经济网中的一个纽带,这个三角关系中的每一方都为其他二方提供利益,同时也从中获益。作为免税的回报,大学已经给州政府带来了不少好处。首先,它通过提供教育服务,降低了州政府公共教育事业费用的支出。大学向社区推出各种服务项目;大学生在社区担任家教服务,开展陪老人和盲人读书活动;专门学院的学生为社区提供急诊服务,或在市政机构实习;等等。这些活动对政府来说意义重大,对那些拥有大量私立大学的州来说尤其如此。其次,它带动了大量的经济活动,增加了各州的税收。例如,根据一项调查研究报告估测,1979年,马萨诸塞州的大学和学院为该州的经济增加了20.3亿美元的资金,并创造了13万个就业机会。再次,私立大学在新企业创建方面也扮演了重要的角色,特别是那些高科技企业因所处的地理位置非常靠近大学而受益。

基于上述原因,绝大多数人认为,对大学免税实际上好比是政府拨同等数量的款项给非赢利性机构。而主张取消免税政策的人也同时主张州政府应拨款给私立大学,以作为对大学服务于社会公众的回报。

(2) 联合抵制和强制处理股权。联合抵制和强制处理股权是利用压力改变企业行为的手段。联合抵制经常通过使受抵制公司丧失营业额和利润对之施加影响,强制处理股权则通过出售股票对该公司施加压力。

但是,如同正式政治声明一样,强制处理股权也有其局限性,它将花费大学大量的费用,使校董处于承担不利责任的风险之中,其新闻价值并不持久。联合抵制在这些方面的缺陷与强制处理股权相似。

3. 接受捐赠的道德责任

博克指出，几乎所有的大学都从个人、基金会、公司，甚至外国政府接受捐助。捐赠者往往会对他们的捐赠提出一些附加条件。如果这种捐赠仅仅是为了促进某种捐助者感兴趣的有价值的研究，它是无可厚非的。但是，有的指明给某个特殊项目的捐赠可能会给大学带来道德问题。当然，对大学来说，接受捐赠的行为并不意味着赞同捐赠者的观点和活动。但是，如果大学发现捐赠者是通过不道德的手段获得财富时就另当别论了，接受这样捐赠有时会将大学置于一个尴尬的境地。

那么，大学是否应该断然拒绝这类捐赠？对此，人们存在争议。有的人认为，大学仅仅是管理资金来源，不应该禁止教职员工进行项目研究。大学的学术自由之声誉建立在校方不干涉教授研究的基础上。另一些人则认为，由于大学和教授们可能会被利益和校外捐赠者的优先权影响，因此，其研究可能会被引入歧途。博克指出，校长或院长必须为维护大学自由而做出不懈的努力，不管这种侵害是以政府规定的形式，还是打着有限制条件捐赠的幌子。

在某种程度上说，博克的大学社会责任观是美国实用主义哲学的一种反映。这种观点在美国的产生具有深刻的历史背景。从向德国引进研究型大学开始，美国的大学便带有功利主义的色彩。在《走出象牙塔》中，博克也意识到并支持这一看法。正是这种重视实际应用的传统，美国的大学在历史上才对社会发展发挥着推波助澜的作用。这个特点在二战后显得更加明显，大学的社会作用发挥得淋漓尽致。

在作者看来，博克对大学社会责任的深刻论述反映了大学发展的历史趋势。笔者认为，当代大学的发展依赖于社会支持，而促进人才与知识的社会应用是体现大学价值和作用的最直接途径。大学只有从封闭走向开放，消除与社会的距离与隔阂，才能成为整个社会中最具活力、最能代表先进文化的机构。因此，在新的时代，大学必须主动地承担起社会责任。当然，大学最佳状态的社会服务应该基于其自身的特性，充分利用其高层次研究与教学的优势，为社会提供独特的服务。在这方面，我国的大学任重道远。

当然，正如博克所指出的，作为一个社会机构，大学并不排除其非学术的社会责任。其实,相比较而言,我国的大学在承担非学术的社会责任方面似乎做得丝毫不比其它国家逊色。

参考文献:

[1] Derek Bok. Higher Learning [M]. Harvard University Press, Cambridge, Massachusettes and London, England, 1986:162.

[2] 安阿伯.象牙塔问题[Z]. 1967年密歇根大学未来世界高等教育国际会议交流论文.

[3] Paul L. Dressel. Handbook of Academic Evaluation [M]. San Francisco: Jossey-Bass Publishers, 1976: Ⅺ.

[4] Derek Bok. Beyond the Ivory Tower[M]. Harvard University Press, Cambridge, Massachusettes and London, England, 1982:194.

(本文发表于《比较教育研究》2002年第8期。作者徐小洲,时属单位为浙江大学高等教育研究所)

三、在自治与问责之间:美国公立研究型大学与州政府的关系

根据美国宪法,州政府是公立研究型大学的办学主体和实际管理者。然而,与一般意义上我们所理解的管理关系就是上下级之间的垂直关系不同的是,美国绝大多数州与其所管理的公立研究型大学都不是一种垂直关系,而是协调关系。这种独特的治理方式使美国公立研究型大学总能够在自律与它律、自治与问责之间获得适宜的生存环境和发展空间。

(一)影响美国公立研究型大学管理体制形成的因素

1. 社会背景的影响

在美国高等教育形成和发展的过程中,首先建立的是私立高等学校。在很长的时间里,私立高等学校不仅在数量上大大超过公立高等学校,而且在办学水平、学术声誉、社会影响等方面也遥遥领先于公立高等学校。直到1950年,美国公私立高等学校才在在校生规模上平分秋色。[1]但在学术水平方面,主要的私立高等学校仍领先于公立高等学校。这使美国公立高等学校的发展过程在某种程度上变成了学习、模仿和追赶主要的私立高等学校的过程。这种学习与模仿不仅表现在办学模式等方面,也表现在绝大多数州在建立公立大学时,并没有采用通用的公共部门问责制(public acountability)模式,而是仿照私立大学的先例,把管理州立大学的权力委托给了作为公法人(public corporation)建立起来的董事会。董事会获得了基本上不受州公共部门控制而管理高等学

校财产、资金、契约，决定校内的管理方式以及处理内部人事关系的权力。这不仅为“大多数州立大学按照自治的路线而建立”提供了条件，而且也使它们作为公共法人“与私立学校一样享有许多相同的办学自由”。[2]在美国公立高等学校形成和发展过程中，有很多州都采用了这种“自我否定条例”（self-denying ordinance，即州政府自己抑制自己权力的条例），而把管理权力留给了高等学校自己。

2. 思想观念的影响

美国著名的学者爱德华·格林伯格在其所著的《美国政治制度》中说：“美国一直是被一种称为‘自由主义’的复杂、统一体系所引导、推动。如果不首先掌握自由主义，就不能理解美国的政治，因为自由主义价值、观点和设想充斥于我们社会的每一角落。”[3]自由主义贯穿于整个美国的历史。教育制度受政治制度所制约，为社会思想所规范。美国公立高等教育管理体制的形成也是自由主义思想影响的结果。像高等教育非常发达的加州，“在某种意义上，尽管州由于控制了公立院校的预算而对它们拥有绝对的否决权。但实际上，加州坚信一种自由的、不受束缚的教育系统具有更长远的效益，这一信念导致它几乎完全放弃了行使那种权力的种种努力”，而为“加州高等教育系统提供了大量分校层次上的自治和自由”。[4]同样，现在有着217所大学的宾夕法尼亚州，其高等教育管理体制的形成也反映了自由主义思想的深刻影响。”该州的高等教育管理体制体现着很强的地方自治传统，办大学地方色彩浓厚，大学高度自治”。[5]作为美国的一种主导社会思想，自由主义对美国每一个州高等教育管理体制的形成都产生了影响。

3. 公立高等学校法律地位的影响

美国公立高等学校全部都是依法而建的。有的是依据州宪法（state constitution）建立的，有的是依据州的立法（legislative acts）建立的，也有的是在二者联合的基础上建立起来的。不同的法律地位使美国州与州之间的高等学校或在同一州内不同的高等学校之间存在着明显的差异。[6]按照州立法建立起来的高等学校在法律上通常被称为“州部门”（state agency）、“公共法人”（public corporation）和“政治上的分支机构”（political subdivision）。这类公立高等学校，像州的其它部门一样受州宪法、州的行政程序法和州的行政法约束。同时，作为州的机构，这类高等学校也享有一些特权，如土地及财产的征用权以及一些适用于州部门的法律上的保护，如“主权豁免”等。按照州宪法建立起来的高等学校在法律上通常被称为“公共信托”(public trust)、“自治的大学”(autonomous university)、“受宪法保护的大学”(constitutional university)和“宪法规定的法人团体”(constitutional body corporate)。这类高等学校不仅享有不受州立法控制的广泛自由，而且通常情况下也不受州的行政法约束。[7]它们比那些依照州立法建立起来的高等学校拥有更多的不受州管理委员会和州立法机关控制的自治权。

美国现有35个州在其宪法中赋予了高等教育制度以宪法上的地位。但其中有21个州将监督高等教育运作和经营的基本权力赋予了州的立法者。这些州包括科罗拉多、新墨西哥、亚利桑那、密西西比、阿拉斯加和夏威夷等。虽然这些州的州立大学制度是根据州宪法建立的，但其管理权也受州立法机构制定的与高等教育有关的法律制约，即上文所说的二者联合。因此，在这些州的高等学校，它们所享有的自治权比依照州立法建立起来的高等学校要大，但是比下面这14个州的高等学校要小。在14个宪法赋予高等教育机构基本独立权的州中，加利福尼亚、爱达荷、内华达、南达科他四州在宪法中除将某些特殊事项(如确保捐赠资金的合理使用、监督大学投资)的监督管理权保留给了立法者外，所有其它的管理权力都给予了高等学校。以加州为例，该州宪法在第9条第9款规定：加州大学将组成一个公共信托(publi ctrust)，由现存的法人“加州大学董事会”管理，董事会拥有全部的组织和管理高等教育的权力，大学依据建校章程中规定的形式与特点永久存续。[8]除在宪法中这样规定大学自治外，加州法院也承认大学董事会在宪法上的自治，并且不管宪法曾保留给立法者限制的权力，仍然在许多判决中支持大学自治的地位。其它的10个州，阿拉巴马、佐治亚、路易斯安那、密歇根、明尼苏达、密苏里、蒙大拿、北达科他、犹他和俄克拉何马则给予了高等学校管理机构不受限制的经营和控制高等学校的权力。因此，这14个州的主要公立高等学校具有高度的宪法上的自治，成为与州行政、司法和立法部门相平行的，而不是受其领导与控制的第四部门。

由于这些因素的影响，在二次世界大战以前，美国仅有8个州建立了全州的管理委员会(Statewide governing boards)，各所大学大都直接找州长和议会等有关部门和个人，寻求经费等方面的支持，大学管理强调自治。第二次世界大战之后，由于入学人数的增长，高等教育规模迅速扩大，许多州不仅通过立法建立了新的大学，而且在有些州最早建立的公立大学校园也从2～3个扩展到了8～9个，甚至更多。学校的扩张以及多样化高等教育机构间的竞争要求州政府建立一个规划、协调与管理高等教育的机构。到1959年，美国仅剩下17个州没有建立协调机构。到20世纪80年代只有3个州没有建立协调机构。

(二) 州一级高等教育管理与协调机构及其对公立研究型大学的管理

美国州一级建立的高等教育协调与管理机构主要有：管理委员会(Statewide governing board)、管理性协调委员会(Regulatory cordinating board)和咨询性协调委员会(Advisory cordinating board)。

建立咨询性协调机构的州，由于其州立大学或州立大学系统都有一个作为法律上实体的董事会，负责大学的项目、资产、财务与运行，所以协调委员会的职能主要是就大学的发展、规划和其它的问题向州政府和大学提供意见和建议；它们既没有支配各大学董事会的权力，也无权任命或免除大学校长的职务。相对而言，它们几乎没有什么正式的权力。在这些州中，密歇根、加利福尼亚和明尼苏达有两个大学董事会，一个是领导有声望的旗舰大学的董事会，另一个是领导学术地位低一些的州立大学系统的董事会。阿肯色、阿拉巴马和马里兰的许多四年制公立大学都有自己的董事会，而其它的一些大学则由多校区管理机构管理。

与咨询性的协调机构主要是向政府和大学双方提供建议不同。管理性的协调机构在有些领域，如批准预算或新的项目等方面具有最终的决定权，但在其它领域它们则无权否决大学董事会的决定。仅有少数几个州的协调机构能够终止公立大学的学术项目，但所有的协调机构都不能合并或控制大学的预算，无权任命或免除大学校长。它们依靠州行政与立法部门解决高等教育问题。

管理委员会又叫统一的管理委员会(Consolidated governing boards),其职责是:决定大学的职能与使命;在不同的高等学校之间分配教学与其它项目;决定大学总的政策和实际活动;控制预算;向议会和州长提出大学的需求;任命、评价大学的领导,决定其薪金;决定大学的人事政策及长期聘任制度;有权分配或重新分配所管理大学的资源等。在这23个州中,除北卡罗来纳和犹他州将一些权力授予单个的大学董事会外,其它的州都是由一个委员会管理与协调所有的四年制大学。

与协调委员会相比,由于统一的管理委员会能够更加成功地从总体上规划全州对高等教育的需求,让从州政府获得的经费在系统中不同高校之间的分配变得更加公平合理,并与州政府对公立高校经费使用问责制的要求相一致。因此,采用统一的管理委员会体制的州比采用咨询、规划、服务、协调等委员会体制的州能够从州政府获得更多的经费,相应地,在这些州的公立研究型大学获得的经费也比其它州的研究型大学多。然而,无论是管理委员会还是协调委员会,它们有时都会受到大学和大学校长的反对与抵制。虽然管理委员会拥有任命或免除大学校长的权力,但是对一个有着广泛政治影响的大学校长,它们很难做到这一点;而协调委员会所能做的一切就是向大学董事会提供建议。[9]除此之外,这两类机构的建立还在以下三个方面影响了美国公立高等教育和公立研究型大学的发展。

① 州一级管理机构的建立,从整体上规划州内高等教育的发展和资金分配,既减少了不同学校之间在专业设置、人才培养规格等方面的重复,也避免了它们无规则的竞争。这不仅提高了办学效益,也促进了全州高等教育以更加有序的方式发展。这种不同类型的高等学校按照各自的特色发展而又彼此合作的氛围,使所有的高等学校都能够从中受益。② 由于它们在系统内的高等学校之间平等地分配经费,这使主要的公立研究型大学——加州大学、伊利诺伊大学、得克萨斯大学和密歇根大学等逐渐失去了以前在获得政府资助时的有利位置。它们获得的政府拨款在下降,而位于第二层次的高等学校,随着入学人数的增加,所获得的拨款却在大幅度地上升。“资金的变化不仅意味着州政府

减少了对公立研究型大学的资助之责，而且也预示着公立研究型大学和州政府的联系可能再也不会像以前那样紧密。许多公立研究型大学，如弗吉尼亚大学、密歇根大学、麦迪逊威斯康星大学现在已被认为是由州政府补助的(state-assisted)大学，而不再被认为是州立(state-supported)大学”。[10]这些公立研究型大学也开始与私立研究型大学一样，越来越多地依赖于研究项目的收入和私人赠予来维护学术上的高水平。③ 公共部门对大学运行的影响增强。州一级的管理与协调机构建立后，州长不仅任命这些机构的领导人，而且在有些情况下，州长、副州长和公立教育机构的督学还作为这些机构的成员参与其活动，这使政府部门对高等教育的影响增强。

(三) 州长对公立研究型大学的管理

美国州长对公立研究型大学管理的影响与当时的社会背景和他们个人的政治倾向有关。其影响主要集中在以下两个方面：一是通过在大学董事会内任职或任命董事会成员来介入大学事务。美国大学董事会既是大学法人，也是大学的最高权力机构。其董事通常经由两种方式产生，一是选举；二是由州长任命，经立法机关批准。据统计，在美国有39个州对四年制公立高等学校的董事采用任命制。由于任命权力归州长所有，所以一旦遇到问题，他们便任命与自己立场相一致的董事来影响大学的管理。

除此之外，州长还通过拨款来对研究型大学施加影响。以俄亥俄州为例，20世纪90年代，在乔治·沃因威奇(George Voinvich)担任州长期间，他便减少了对俄亥俄州立大学的资助。沃因威奇之所以这么做是由于：其一，他认为两年制的社区学院系统比研究型大学更能够促进本州工商业的发展，所以他决定重点资助社区学院。其二，他认为最能体现高等教育重要性的地方就是促进经济的增长。因此，公立研究型大学如果要想从政府获得更多的经费就必须以更加有效、更加负责的方式为全州提供服务。而在他看来，无论是在问责，还是在提供有效服务方面，俄亥俄州立大学都没有能够尽到应有的责任。于是，他一方面减少了对研究型大学的拨款，另一方面又要求研究型大学针对州政府的需要确立优先发展的重点及超越的目标。类似的还有威斯康星州，尽管在历史上由威斯康星大学倡导的“州的边界就是州立大学的边界”曾被美国其它州立大学视为典范，然而，近20年来，由于该州的两任州长一致认为，威斯康星大学开展的教育计划和研究项目并没有让全州的所有居民受益，因此，他们也减少了对它的拨款。与之相反的是，由于把为全州服务放在一个重要的位置，长期以来佐治亚大学一直都得到了州政府的大力支持。总体来看，州对公立研究型大学的拨款大致具有以下三个特点：① 在公共服务方面投入越多的研究型大学从州政府获得的经费也越多；② 州政府对公立研究型大学的拨款水平受政治气候的影响。在州政府由民主党人控制时期，公立研究型大学通常能够获得更多的不带限制条件的拨款；[12]而在共和党执政时期，情况则可能正好相反。这也是俄亥俄州立大学和威斯康星大学经费被削减的原因之一；③ 公立研究型大学获得经费的多少与州政府的高等教育管理体制紧密相关。采用统一的管理委员会体制的州给研究型大学的拨款要比采用协调委员会的州多。

尽管州政府对公立研究型大学的影响在增强，但是，与其它的公立高等学校相比，公立研究型大学仍保持着高度的自治。这是因为：其一，州宪法赋予了它们自治权，而其它的州立大学并没有获得这种权利；其二，由于它们对州的经济发展至关重要，一些州政府为了保持地区优势、在管理竭力仿效由著名的私立研究型大学确立的办学标准”，[13]这使它们获得了很大的自主权。州政府一般既不干预它们的校内管理，也不干预这些学校校长的选拔和教师的任命；其三，尽管在法律上州一级的管理与协调机构是公立研究型大学的管理者，但是这些学校在州政府都有自己的游说集团。通过与议员建立信任关系、提供准确而可靠的信息、扩大立法者与教育者之间的交流渠道、构筑同盟等方式，公立研究型大学通常让管理与协调机构在立法机关的压力下采取行动支持自己；[14]其四，州政府在政策上的倾斜。像加州就规定：加州高等教育系统由低到高，由社区学院、州立学院和加州大学组成。加州大学是惟一有权授予博士学位的公立高等学校，是州政府主要资助的学术研究单位。这不仅巩固了加州大学的优势地位，也使其获得了最优化的资源配置。威斯康星州确立以麦迪逊分校、明尼苏达州确立以双城分校、佐治亚州确立以坐落在阿森斯（Athens）的佐治亚大学作为大学系统的旗舰，而对其它的大学或学院则有意识地限定它们的角色，控制它们攀升的雄心。这些州都把州立高等教育系统中的研究型大学摆在一个突出的位置；其五，与联邦政府一样，州政府也主要是通过采用不同的拨款方式、拨款水平来对公立研究型大学施加影响。

（四）结语

综上所述，近年来，美国公立研究型大学除了在经费使用和公共服务方面面临着更多的问责要求外，仍然享受着广泛的自主权，而与此同时其它学术地位较低的高等学校则受到了州政府越来越多的控制和干预。州政府之所以加强对公立研究型大学的干预，一方面是因为公立研究型大学在州的发展过程中越来越重要，"就像战争意义太重大，不能完全交给将军们决定一样"，对州发展意义重大的研究型大学也"不能完全留给教授们决定"；[15]另一方面也是因为随着大学规模的扩大，大学尤其是研究型大学的运转已经变成了一项十分昂贵的事业。在这种情况下，无论是联邦政府还是州政府都要求研究型大学对自己使用的经费负责，对作为纳税人的一般公众利益负责，并为此加强了对研究型大学项目拨款使用的审计和监督。这虽然使研究型大学的资金使用受到了一定程度的控制，导致了研究型大学的不满及其与政府关系的紧张，但是，实际上这种问责制的要求并没有改变公立研究型大学与州政府关系的本质。其一，如前文所述，一些公立研究型大学正在通过降低州政府拨款的方式，以摆脱政府的控制，维护自己的独立；其二，由于法律的限制，州政府一般都不能直接干预大学的内部事务。因此，尽管州政府对公立研究型大学的影响正在日益增强，但二者的关系并没有发生根本性的变化。正像有学者所言："如果说研究型大学已经变成了联邦和州的政府部门，那是夸张；但是如果说它们正在以多种方式更加直接地对政府部门负责，那怎么说也不为过。"[16]

参考文献：

[1] Algo D. Henderson, etc. Higher Education in America[M]. Jossey-Bass Publishers, 1975:219.

[2] [英]迈克尔·夏托克. 高等教育的结构和管理[C]. 王义端译. 上海：华

东师范大学出版社，1987:77.

[3] 谷贤林. 美国私立高等教育管理体制成因探析[J]. 外国教育研究，1999,(3):35.

[4] [加拿大]范富格特. 国际高等教育政策比较研究[M]. 杭州:浙江教育出版社，2001:98.

[5] 乔玉全. 21 世纪的美国高等教育[M]. 北京:高等教育出版社，2000:92.

[6] [7]William A. Kaplin. The Law of Higher Education[M]. Jossey-Bass Publishers，1985:443，444—446.

[8] Verne A. Stadtman, etc. Berkeley at Mid-Century: Elements of a Golden Age[M]，Berkeley Public Policy Press. 2002:9.

[9][11][13] Philip G. Altbach & R. O. Berdahl. Higher Education in American Society[M]. Prometheus Books，1987. 202—203，44，203.

[10][12] David J. Weerts. State Governments and Research Universities [M]. Routledge Falmer, 2002:3，84.

[14] Arthur M. Cohen. The Shaping of American Higher Education [M]. Jossey-Bass Publishers，1998:377.

[15] [美]布鲁贝克. 高等教育哲学[M]. 杭州:浙江教育出版社，1998:32.

[16] Philip G. Altbach & R. O. Berdahl, etc. American Higher Education in the Twenty-first Century[M]. The Johns Hopkins University Press, 1999:76.

（本文发表于《比较教育研究》2007 年第 10 期。作者谷贤林，时属单位为北京师范大学教育学院）

四、大学与城市、社区间关系的历史与现实

现代意义的大学兴起于中世纪，中世纪的大学几乎都诞生于西欧的城市之中。至少也是如牛津和剑桥这样的小城镇。自此之后，从早期的精英式教育一直到今天的大众高等教育，在历经800多年的发展史中，大学与城市间的关系尽管也不乏冲突，如最典型的莫过于牛津与牛津城之间从创建持续至今的长期紧张，但总体而言，两者之间越来越密切，甚至于须臾不可分离。正如波士顿，如果没有了哈佛和MIT，就很难想象波士顿还是否能够拥有"美国雅典"的美誉。在如今城市土地资源寸土寸金、日益昂贵的情势下，尽管人们对于大学所带来的空间紧张、交通阻塞、生活设施缺乏等问题也不乏微词，但似乎也极少有人会不明智到排斥大学的地步。对一座城市而言，一所大学或数所大学所共同组成的区域不过是一个生活和文化社区，然而，历史地看，就是这样一个看起来更倾向于消费而不是生产，也不能直接为城市的GDP增长带来直接效应的最为宝贵的智力资源汇集区域，其能量却由社区辐射到整个城市、地区、国家乃至全球。

(一) 欧美大学与城市的历史

布罗克里斯(Laurence Brockliss)认为，欧洲大学与城市的历史大致分为两个阶段：第一阶段从13世纪到19世纪，大学虽然寄身于城市当中，但并不从属于城市；第二阶段从19世纪到今天，是两者间关系愈来愈密切的时期。[1]大

学最初诞生于城市之中,就如它的诞生本身一样,这或许具有一定的历史偶然性。但是,此后它的扩张却验证了它选择城市的合理性。这不仅是因为在中世纪无论精英阶层的宗教、世俗王权还是商业机构,需要大学为其培养专业人才和提供相关专业技能,更重要的是,城市能够满足越来越多的教师和学生膳食、居所供应的需要。"城市可能是为大学提供安全、稳定、并不昂贵的房子、食物和啤酒的惟一可能场所。"[2]在15世纪以前,大学很少拥有庞大的捐助资金,他们大部分都需要自己解决住宿和饮食等问题,即使到17世纪,有了自己住宿制学院的牛津和剑桥,他们的大多学生也不得不住在学院以外。由此,城市也从大学的消费中获得了很高的经济回报。此后,正是意识到这一点,许多城市对大学更多地是抱着欢迎乃至提供物力支持的态度,以期望大学能够为其带来经济上的繁荣。

然而,如布罗克里斯所认为的,尽管从大学在城市中兴起之初,大学与城市之间就是一种共生的关系,但是无论是巴黎的教师模式大学还是博洛尼亚的学生大学,它们几乎都不受城市的控制,而是一个自我管理的自治机构,如牛津和剑桥甚至是城市中法权乃至行政权力的绝对权威。[3]大学与城市之间即使有冲突也是世俗的利益冲突乃至一般的人际争端,而很少是宗教、政治意义的意识形态冲突(这种冲突多发生于大学与教廷和王权之间),而这种利益冲突恰恰表明双方间的关系更具有利益相关性。由人际间的争端而引发双方群殴乃至大规模的流血冲突,直到18世纪在欧洲一些拥有大学的城市中都极为常见。但是,有意思的是,即使经过最为惨烈的冲突(如1355年2月的牛津与牛津城市民间因口角而引发的大规模流血冲突,1557年因谋杀而引起的巴黎学生骚乱),彼此的利益依赖依旧保证了大学与城市间在并不平静的氛围彼此容忍下来。

与现在的情形相仿,即使在中世纪时期,相对于小城市,大城市对大学更具有吸引力。牛津和剑桥之所以能够在小城镇中生存下来,主要是由于皇家的支持和如伦敦这样的大城市缺少大学,因而没有竞争对手。帕森斯(Kermit C. Parsons)指出,在1575年,当托马斯·格瑞姆(Thomas Gresham)提出要在伦敦捐助创办一所学院时,便遭到牛津和剑桥的极力反对。到17世纪,牛津和剑桥流失了一批最优秀的学者,这些学者大都流动到伦敦的教育机构之中。1662

年皇家学会的创立首先便受到牛津和剑桥的抵制，而后来的情形也验证了牛津和剑桥的担忧：学会创立后，牛津和剑桥的地位一度受到巨大的威胁，因为由于皇家学会的存在，在维多利亚时代，英国最为优秀的人才基本上都荟萃于伦敦。[4]大城市或大都市之所以对学者们更具有吸引力，其实无非是它可以为人们提供更好的物质条件，当然，还有一个重要的原因是，在此由于存在更多的有知识的文化、政治精英，它可以为学者之间的互动创造更为优越的环境。

布罗克里斯认为，到19世纪，大学和城市间的关系进入到一个新阶段。该时期，不仅许多大城市创办了新大学，而且学生数量空前增长，由此为城市经济带来了新活力。与此同时，在巨大的利益面前，原来相对孤僻、清高的学者开始广泛参与城市和社区事务。大学里的神学家往往兼任教区的牧师；法学教授在地方司法部门任职并为城市当局提供司法建议；医学教授们则因为有着丰厚的经济酬劳而为地方提供医疗服务，并由此而成为城市中的精英。到19世纪末，如英国的许多新大学还成立了由地方出资的基金会，鼓励大学开设与城市和社区需要的新课程。[4]此外，由于工业化和城市化过程中所带来的大量如贫困和失业等问题的存在，也在很大程度上激发了一向具有独立、自由倾向学者的研究兴趣。如布罗克里斯说道："对于每一位锁定在自己研究领域象牙塔中的教授而言，把他们的知识运用于社区是一种焦渴的智力冲动。"[5]而教授们的广泛参与所带来的结果是，到20世纪之交，欧洲许多城市的管理甚至为大学的教授们所控制。

教授们广泛参与社会事务的研究，不仅对于欧洲城市诸如城区建设、古建筑保留、贫困、流民、失业和就业等无数现实问题，提供了众多有效的解决方案，而且这种参与本身也对大学的知识创新和学科发展带来了契机。到20世纪初，西欧的各大学除了自然科学之外，众多的社会科学学科包括社会学、经济学、管理学等迅速崛起，而这些学科发展形成在很大程度上得益于学者们对城市问题的关注，由具体的现象观察而转向深层的抽象理论解释，进而建立了一系列庞大的学科理论体系。例如欧洲早期社会学的发展便离不开马克斯·韦伯、迪尔凯姆、齐美尔等知名人物的贡献，而这些社会学学者的理论旨趣和偏好形成，最初大都与西方近现代城市社会中出现的一系列问题相关，如经济发展动力、宗教冲突、城市社会两极分化、社会秩序混乱、自杀率上升等等。甚至我们不妨可以这样认为，如果说在17世纪以前，城市对大学的意义不过在于为其提供便利的生活条件，大学作为知识的殿堂充其量不过是追寻抵达彼岸的知识（神学与形而上学），那么到了19世纪以后，人们尽管还没有完全丧失对通达彼岸的知识旨趣，但是其好奇心的触媒越来越与纯粹的宗教冲动和精神寄托失去关联，而更多陷入世俗的城市事务之中。也就是说，正是城市斑驳陆离、万象丛生的景观，吸引了学者们转向由现实观察、领悟再到宏大理论体系建构。孔德所提出的欧洲文化由神学到形而上再到实证的三阶段划分，其实也多少地反映了大学与城市间关系的变迁过程。

这种关系演变轨迹通过美国短短的大学扩张史也可以得到印证。与欧洲大学衷情于城市的情形不同，如帕森斯提到，早在哈佛建校选址时，具有浓重的清教徒道德纯洁和崇高情结的殖民地当局，就考虑不能把大学建在如波士顿这样“充满危险”的城市之中，而应设在远离波士顿的坎不里奇小镇上。宾夕法尼亚大学曾经两次迁出城市，而如今正处在纽约大都市的哥伦比亚大学历史上也曾试图躲开“不安全”的城市，但最终未能避免城市对它的吞并。直到19世纪下半叶，新创办的知名大学如霍普金斯大学、MIT都更愿意把大学设在远郊。加州大学柏克莱校区创校时，最初曾打算设在奥克兰这样的繁华城市中，但是，当时的设计者布什内尔（Horace Bushnell）认为，“这将为年轻人在夜间窜到城市里提供太多的方便”，因此他更赞同把大学设在一个远离城市最好是一个“孤寂”的地方。总之，帕森斯认为，在19世纪末以前，美国大学校区的最理想选址就是小城镇。[6]然而，选择小城镇充其量为美国大学的宗教“纯洁”、远离城市喧嚣创造了条件，但由此带来的负面影响是大学也远离了社会现实，规避了汇聚于城市文明之中的世俗文化和科学思想。事实也证明，即使到20世纪初，与欧洲高等教育的学术水平相比，美国实在微不足道。

20世纪之后，美国大学与城市关系才开始越来越密切乃至进入了一个“蜜月期”。这一关系转型的深层背景是整个美国社会产业结构的转型、工业化和城市化。由于农业人口的大量缩减，整个社会工商业的日益发达，特别是联邦、州、城市政府乃至个人的资助意向更多地转向现实社会需要，美国大学传统的封闭“修道院”式文化色彩日渐淡薄,其世俗化的速度和程度甚至超过了欧洲的大学。除此之外,还有一个更为直接的原因,如帕森斯所认为的,由于美国城市的迅速扩展,原来试图“逃离”城市而处于市郊地带的大学反而被城市逐渐包围。到1920年,哈佛和MIT发现,它们已经是近于波士顿的中心,而哥伦比亚大学也成为纽约城的中心。原来处于城郊结合部的芝加哥大学也近于城市的核心地带,正是这一优势促成了芝加哥大学著名社会学家帕克(Robert E. Park)和他的学生们影响深远的城市社会结构和环境的研究。[7]社会学中知名的芝加哥学派也就是在此时以注重城市和社区的经验研究而蜚声国际学术界。

总之,就20世纪欧美国家的整体格局而言,大学基本上为城市所包围,这种格局的存在是一种必然,无论大学对之是抱有积极主动还是消极被动的态度。正如帕森斯所认为的,20世纪城市是文明的中心,大学既然是作为高层次的文化机构,就不可能回避这个中心。更何况,城市有良好的资金扶持条件,有各种图书馆、博物馆、剧院以及音乐厅等丰富的文化设施,这些都可为大学所充分享用。[8]不可否认,由于现代城市的扩张、地价的飞涨,大学与城市间依旧存在一些冲突,但总体而言,两者间的共生关系得到进一步强化。荷兰学者范德米尔(Vander Meer)从人文地理学的角度分析指出:大学与城市的关系虽然并不见得非常和谐和融洽,如许多大学特别是国际知名大学的学者们,并不认为自己的研究和知识创新与地方之间有什么关联,但是,一个不容置疑的事实是,至少大学为地方提供了非常直接的教育服务,由大学所提供的毕业生为地方的劳动力市场注入了强大的活力,不止于此,更为重要的是,这种输入并不是简单的知识、技能和人力,而是由此连带出一种人脉关系结构的形成,即校园内外人们相互间所形成的非正式学术网络(academic network)。[8]

(二)大学与城市社区间的互动

大学与城市间最为直接的联系是通过它与社区间的互动而建立起来的。大学与其所在社区间的联系有着高度的复杂性,应该说既存在共生联系,同时又存在持续的紧张,中外古今,概莫例外。两者间的紧张在过去更多地带有人际间冲突性质,如历史上的牛津大学最为典型。在当代,则不仅存在利益冲突的性质，而且还具有文化冲突的意义。正如以上所述，如今大学基本都处于城市的中心地带，而由于城市化进程的加快，空间资源日益昂贵，与此同时，大学的扩张需求也日益旺盛，如此一来，大学与社区间难免会产生诸多矛盾。特别是在西方，目前大多大学所在社区因为地处内城地带，而周边的许多居民往往是处于社会底层的弱势群体，大学在有意和无意之中，又往往成为土地、房屋、消费品物价上升的主要诱发因素，但因为大学的非营利机构性质它又免于向社区纳税，因而这势必会多少影响到居民的生活水平。此外，大学虽然也是一所为社会提供诸多就业机会的机构，但是，由于大学的特殊文化品质使然，社会中的底层群体在就业方面所获得的直接受益也极其有限，这难免为一些人们所嫌恶。

罗利(Larry L · Rowley)认为，在美国，地处内城地带的大学与社区间的关系，实际上更凸现了一种文化冲突的性质。他分析指出，早期克尔(C. Keer)主张的现代大学功用主要是定位于“满足于劳动力市场需求”的“社会服务站”已经宣告失败。这主要是因为大学更专注于广泛的“人类和社会需要”，大学中的人们往往趋于保守，并且强调机构自治，因而很难与社会变革的节奏合拍。他们对知识的探求旨趣与地方社区所需要的直接社会服务也很少有关联。[9]因此，大学特别是那些知名的研究型大学，往往极少参与社区事务，反倒是一般的大众化特别是类似美国社区学院性质的机构，对社区的贡献更大。罗利在此所提到的文化冲突，实际上就是研究型大学内部的学术文化与社区的实用文化间的冲突。而这种文化冲突在他看来也是布尔迪厄的精英文化与平民(大众)文化间的冲突，由于社区的空间功能定位反映了精英文化霸权的宰制性，因而最终结果是不仅形成大学与社区的文化区隔，而且还损害了社区的大众文化。[10]

罗利基于新左派立场对大学与社区间关系的分析应该说部分地揭示了问题的实质，然而，从大学发展的历史逻辑来看，西方大学自其诞生之日起就具有一种普世主义而不是地方主义的情怀。即使到近代，人们对地方世俗事务的关注，如上所述也更多地出自一种由经验观察到理论建构的动机，局部的、地方性的问题解决方案充其量只是一种研究过程的副产品。否则，纯粹把研究目标锁定于社区琐碎事务的解决，这势必又扭曲了学术活动的本质。正因为如此，我们不得不承认，大学特别是那些研究型大学，少些地方主义观念也未必不是一种应然或正当之选择。然而,问题的关键是这种普世关怀未必见得就是排斥地方利益,至少它在间接意义上更有益于地方社区的发展,甚至带来地方社会、经济产业结构、文化品质的彻底变革。

霍尔(Peter Hall)认为,当今世界最为成功的高科技园区典范有美国斯坦福的硅谷、MIT 的 128 高速公路、加州理工学院所在的航空街(Aerospace Alley)、剑桥的科技园区。而不太成功的典范是:英国的 M4 走廊、法国的 Plateau de Saclay、日本的筑波科学城。霍尔研究发现,这些成功的与不成功的科技园区之间存在一个显著的差异就是,无论是硅谷、航空街还是剑桥城,这些科技园区的早期形成都并不是有意设计的结果,相反,如筑波科学城(精心设计的新大学——筑波大学也是一个不太成功的例子)的创办则完全是由政府规划和推动而建立起来的。[11]从两者间的成功和失败教训中,我们或许可以获得的一个最有益的启发便是,虽然斯坦福、MIT、加州理工这些世界顶级大学未必有打造一个高科技社区并贡献于社区的动机,但却为社区带来了更根本性的变革。相反,如果大学的学术研究都带有政府操控、地方现实问题关注,其结果往往适得其反。

当然,既然置身于社区之中,大学如果对其与社区间的矛盾熟视无睹、对社区现实问题采取完全漠然的态度也不利于大学发展。事实上,自二战以后,美国的众多知名大学越来越注意在坚守自己学术品格的同时,强化与社区间的联系。帕森斯指出,早在二战前后,伊利诺伊理工学院、哥伦比亚大学和芝加哥大学等,就成立了与社区间的合作组织,并设立了众多合作项目,如创办医院、创建学校、对贫民窟进行改造、犯罪防范、住房建设以及城市公园设计等,共同开发和改善社区环境。[12]他甚至认为,在美国的城市和社区特别是旧城区改造中,大学扮演了一个非常特殊的角色。在联邦政府的立法支持下,仅 1962 年中期,有 38 个城区改造项目与大学和大学医院有关。“大学已经成为这一时代增长最快的工业之一”,在获得自己发展空间的同时,它们也为地方城市社区带来了巨大的现实利益。他进而指出,通过列举大学和社区间各自目标,不难发现,两者间在社区建设上尽管有冲突,但更多的是利益共享。(见下表)[13]事实上,人们也不难发现,在今天,由于有条件的家庭大多愿意搬迁到郊区,大学周围的社区改造和环境改善的受益者还是底层群体。

表 1

大学在地方社区改造中的目标	居民在社区改造中的目标
为大学扩展提供空间	最小程度地毁坏非居住用房
在最大程度上为中等收入以上家庭，特别是大学教师提供住宅	在最大程度上为低收入和中低收入家庭、特别是现在的居民(部分可能是大学人员)提供住宅
为少数族裔群体提供住宅，维护社区稳定和整合	为少数族裔提供更好的住宅—倾向于反对配额制
创建现代化的商业区：出现连锁店和高租金商用住宅	倾向于低租金的小型的、分散的自主经营的商店

作为世界顶级的哈佛大学历来也与地方间的矛盾不断，哈佛前校长德里克博克曾多次在其著述中提及这一棘手问题，表明了大学与社区间的关系对于大学的重要性。1969 年，哈佛大学学术委员会发布了一个长达 94 页的题为《大学与城市》的报告。该报告出台背景是社会中底层群体特别是来自大学周围贫民窟的少数族裔对大学极为不满，认为它没有承担起社会责任，甚至指责其不再是“善”的机构。作为对这种声音的回应，报告对大学的立场进行了解释，并提出在强调大学自主性和特殊性的同时，也将注意在其学生培养过程中关注与波士顿和坎不里奇社区相关的“城市研究”课程，特别是在以下三方面有所作为：一是哈佛大学的存在已经为坎不里奇的住房供给带来负面影响，大学应该采取措施消除这种影响；二是能够并应该增加其黑人雇员的数量；三是尽管大学内部存在分权化倾向，大学也缺少对“城市危机”问题的政策关注，但哈佛确实已经迅速增加了与城市相关的项目。[14]该报告的出台究其实质而言，虽然 更具有辩护性质，但它至少反映了 20 世纪 60 年代美国知名大学对来自社区的吁求也不得不予以关注的一种积极姿态。

回顾美国大学 60 年代以来的发展，不难发现一个事实：为顺应六七十年代之后平等主义潮流，以及连带满足社区现实需要，美国大学中关于城市研究、城市文化研究、族裔研究以及社区文化犯罪、青少年问题研究等项目和课程，一度呈现繁荣趋势，至今，作为一系列正规的学术研究领域，涵盖上述议题的城市社会学、人文地理学、美国文化研究等专业和课程，基本在各个大学站稳了脚跟。应该说，这其中也多少与大学对社区的关注存在一定的关联。而与此同时，美国大学所在社区也大都成为内城中最具吸引力的地区。

（三）大学社区及其在城市中的空间功能定位

大学在城市中的功能定位包括两个层面：大学在所在社区中的功能定位和大学所在社区在城市中的功能定位。从以上对西方大学与城市和社区间关系的历史考察，我们不难得出一个这样的结论：从高校与城市和社区间的关系分析，大学与后两者间是存在冲突的，这种冲突并不是一种反常现象，而恰恰表明大学的文化特质不同于社区和城市文化；冲突并不意味着两者间的对立，而是于冲突中有可能实现一种利益上的整合，而且唯其存在文化冲突，才有可能为各自赢得最大的利益。

社区和城市对于大学特别是那些高水平的大学而言，它们永远不会成为其直接的服务对象，而毋宁说是间接的受益者。社区从大学所获得的受益主要通过大学成员的消费、社区环境的改善、原居住民的土地和房产价格适当上涨等来实现，因为庞大的大学消费人口存在，注定了大学所在社区首先是一个可以提供便利生活条件的生活社区，而不是其他。如果片面认为大学所在社区是高科技社区或纯粹的商业社区，无论是对社区还是大学而言，都会导致成本增加而利益受损。因此，提高社区居住人口的容纳度，并提供便利的日用消费品服务设施，这应该是大学所在城市社区的基本定位。

对于城市而言，大学社区首先是一个教育与文化社区，而不是其他。如今，由硅谷效应而引起人们对大学社区产生了诸多的想象，许多城市往往设想通过规划的方式来试图把大学所在地打造成为一个高科技社区。如上所述，这种人为设计的结果很可能适得其反。因为高科技社区的设计往往会带来地产、房产价格大幅上升，而大学成员、当地居民的生活条件反而有可能因此而恶化。硅谷的崛起应该说既具有偶然性又有必然性，偶然性在于斯坦福大学早期的具有产业化前景的科学研究迎合了时代的需求，而必然性是恰恰早期的硅谷土地是最为丰厚而又廉价的资源，正是这两者间的耦合成就了硅谷，也成就了斯坦福大学。因此，对于城市而言，如果冀望于大学社区能为其带来最大的利益，理性的选择恰恰不是去积极刻意地“打造”，而是顺应大学的品质去自我“塑造”。许多现代高科技产品往往并非是在豪华奢侈、价格昂贵的写字楼中“孵化”出来的，而常常是在大学社区中那些并不起眼甚至有些寒酸的陋室乃至租赁房中，由那些来自大学的学子或与大学有着复杂网络关系的人们突发奇想而生成的。大学社区作为城市教育和文化社区的某一方面意义就在于，它可以聚拢这个城市中最有智慧和创造力、最有生气的人脉资源，创造出最让人意想不到的财富。我们很难想象，在一个豪华写字楼、大公司、大企业云集，地产房产价格直线上升的场所，会给年轻人留有多少机遇。

就大学而言，对城市的贡献或许也不是去有意识地去打造一个所谓高档次的科技园区或者留学生园区之类现代化社区，大学最有价值的资源是自己的知识、智慧、思想和人力资源，而绝不是资金；是为自己的学子创造发挥其原创性的机遇，而不是为学子提供为大公司打工的机会。那种用巨额的贷款来建设豪华设施以吸引投资的策略，从长远来看，这究竟是一种明智的选择、还是一种非分之想甚至错上加错，的确很值得思量。从西方大学与城市间的关系当中，最值得我们借鉴的是大学有所为又有所不为的策略。所谓有为，即从求知和人类、社会责任担当角度，发挥自己的学术资源优势，关注城市现实问题解决。在中国当下城市化过程加快、人口流动加剧，各种城市问题层出不穷的背景下，就更需要大学循着现实观察、理论建构、技术设计和对策研究线路，为城市提供有价值的知识和技术，与此同时也拓展自己的学术研究领域以及学科建设，甚至推动本土学派的形成；有所不为的方面是淡化作为商业投资者角色。如今国内存在一种现象很值得人们深思，一些大学为了攫取商业利益，宁肯把自己现有和周边土地作为商业用地，也不愿意把它作为有价值的教育资源来开发，甚至把一部分学生迁出，到远郊开辟新校区。这种从短期看来似乎是经济划算(有些情况也未必如此)的行为，其实未必就合乎理性。因为教育资源的分割以及不同学科之间、不同层次学生之间交流的中断，所带来的最大损失是无形的学术水平和教育质量。从国外的情形来看，研究型大学本身招生规模就相对稳定，即使要拓展空间，也很少会采取分割办学的策略，而是图谋周边发展(就是美国大众化意义的多校区大学，在本质上分校也是自成体系、相对独立的机构)。

在现代城市社会中，的确因为空间的愈加局促，本地人口入学需求的膨胀，大学与城市之间在利益上的冲突愈来愈明显，其根本的原因在于空间资源所呈现出来的价值、入学机会的多寡是有形的、可以精确量化的，而大学为城市所带来的更多利益是无形的，不可量化的，如文化环境营造，高水平劳动力输出，知识、思想和理念输出等等。因此，这种差异也意味着从经济学层面可能永远是一个无解的问题。然而，如果我们不妨把问题简单化，仅仅诉诸城市的历史和现实，作一个简单的假设推断：假如牛津城没有了对城市事务似乎有些不屑的牛津大学、波士顿没有了放眼世界的哈佛大学，这些城市又会是一种什么样的境况？因此，在城市规划中少一些短视和急功近利，淡一些地方色彩，即使损失了一点现实利益，恐怕最后的受益者决不仅仅是大学。

参考文献：

[1][3][4][5] Laurence Brockliss. Gown and Town: The University and the City in Europe, 1200—2000[J]. Minerva, Vol. 38, 2000.

[2][6][7][12] Kermit C. Parsons. A Truce in the War Between Universities and Cities: A Prologue to the Study of City-University Renewal [J]. Journal of Higher Education, Vol. 34, No. 1, 1963.

[8] Van der Meer. The University as a Local Source of Expertise[J]. Geo journal, Vol. 41, No. 4, 1997.

[9][10] Larry L. Rowley. The Relationship between Universities and Black Urban Communities: The Clash of Two Cultures[J]. The Urban Review, Vol. 32, No. 1, 2000.

[11] Peter Hall. The University and City[J]. Geo journal, Vol. 41, No. 4, 1997.

[13] Kermit C. Parsons. Universities and Cities: The Terms of Truce between Them[J]. Journal of Higher Education, Vol. 34, No. 4, 1963.

[14] Robert J. Samuelson, Unfair Harvard? Faculty Report Surveys University-City Relations[J]. Science, Vol. 163, No. 3868, 1969.

（本文发表于《比较教育研究》2006 年第 6 期。作者阎光才，时属单位为北京师范大学国际与比较教育研究所）

五、希腊高等教育：政府举办与学校自治

按照中国教育部与 OECD 教育委员会关于“经济全球化背景下的第三级教育”(OECD 项目)的合作安排，2005 年 11 月国家教育发展研究中心组团赴希腊，分别访问了雅典大学、希腊教育与宗教事务部、比雷埃夫斯技术学院、比雷埃夫斯大学、帕特雷大学和约阿尼纳大学，着重考察希腊的高等教育体制、高校内部管理等相关内容。经过访问考察，我们对希腊高等教育的政府举办、学校自治等特征以及相关制度有了深入了解。本文对有关内容进行介绍，期望对我国高等教育的改革与发展有比较借鉴意义。

(一) 高等教育概况

希腊的高等教育由大学和技术学院(TEI)两部分组成。与高等教育相关的法律有 1975 年希腊《宪法》第 16 条款、1982 年关于大学的《1268 号框架法》、1983 年的《1404 号法令》(该法令决定建立技术学院)和随后相继颁布的一系列法律。据最新统计，希腊现有 22 所大学，包括综合性大学和专业性大学——如技术大学、农业大学、经济与贸易大学和美术学院等；有 15 所技术学院以及教学法和教育技术院校。在过去的数十年里，希腊高等教育有了很大的扩展，增加了新的院系和学科，尤其在 1975～1996 年期间学生数量总计增加了 230%。希腊公民教育水平的提高与高等教育招生人数的快速增长有着直接的联系。

(二) 高等教育管理与经费投入

1. 宏观管理

希腊教育体制的行政结构与国家的行政结构是一致的。国家教育与宗教事务部部长负责管理整个教育系统,政府有关教育政策的制定和实施,需经过总理和内阁的批准。通过顾问班子和处室的协助,部长起草教育方面的法案和总统令,公布相关的部级决议。

在高等教育管理上,大学和技术教育机构是自行管理的法人实体,部长通过部内的中心和处室对高等院校的行为和决策的合法性进行督导和监控。有些工作是由教育与宗教事务部监督的机构负责的,如比照希腊大学或技术教育机构的标准对国外的大学或技术学院的学位及文凭证书进行认证等。

希腊除了以上由教育与宗教事务部监管的教育系统外,还有由其它部委监管的教育机构(如下表1所示)。两个系统共同形成了一个相当复杂且多样化的教育培训服务网络。

此外,还有一些私立教育机构提供教育服务,其法律地位和办学方式属于非正规范围。在1999～2000学年间,希腊有137所自由学习室、32所学院和56所私立中心。

表1 其它部委监管的教育机构

部委	教育层次	教育机构
国防部	高等教育	9所培养军官和飞行员的学校
发展部	中等教育	8所饭店餐饮技术和烹饪—甜品技术职业学校(A段)
	不分门类的高中后教育	3所旅游学校
劳动和社会保障部	高等教育	2所高等教育学校
	中等教育	属于劳动力就业组织的培训学校(技术职业学校A段)
	不分门类的职业教育	由职业教育和培训组织监管的职业培训学院(IVT)

续表

部委	教育层次	教育机构
农业部	中等教育	农业教育:13 所技术职业学校(技术职业学校 A 段)
	不分门类的职业教育	农业教育中心实用农业学校
文化部	高等教育	舞蹈和戏剧高等学校
	不分门类的学校	从事音乐、戏剧、舞蹈、电影和电视教学的国立和私立教育机构
社会治安部	高等教育	警察学院(军官学校、警察学校),消防学院(培养消防官兵)
海运部	高等教育	海运学院(10 所技工学校)
	高中后层次	海港保安学校

2. 经费投入

在希腊,从幼儿园到大学,各级公立教育都是完全免费的,经费由政府预算和欧盟提供的资金负担。1996～2001 年的五年间里,公共教育经费呈现了稳步上升的趋势。年度经费比上一年增长分别为 16%、11%、10%、5%和 4%。2002 年希腊教育公共财政支出占 GDP 的比例为 3.9%,第三级教育公共财政支出占 GDP 的比例为 1.2%。从下表 2 可以大概了解希腊各级教育经费支出情况。从大学来看,教育总经费仍然低于 OECD 国家的平均数值,各校都面临资金不足的问题,招生已超过学校的接受能力。如雅典大学在校生已达到 12 万,学生增加很多,但经费并没增加多少。因此,尽管政府方面希望大学能多招收一些学生,但学校方面却不愿意扩招。

表 2　公共教育经费支出情况(1998～1999)(欧元)

教育层次	经费总支出(百万)		学生数		学生人均费用	
	1998	1999	1998	1999	1998	1999
幼儿园和小学	999.42	1 018.1	739 155	742 886	1 352	1 370
中学(初高中及技职)	1 179.2	1 247.3	731 910	696 545	1 611	1 790
大学	496.53	504.53	277 380	282 951	1 790	1 783
技术学院	175.2	183.8	109 478	127 491	1 600	1 441

(三)大学内部制度及相关介绍

1. 法律地位与学术结构

大学主要致力于科学、技术和艺术的发展与进步,培养学生成为掌握科技知识和有艺术才能的劳动者。希腊《宪法》的第16条授予了大学完全的自治权和学术自由。同时,根据希腊《宪法》,国家通过教育与宗教事务部对大学进行管理。希腊《宪法》还规定大学教育是公立的,只能由国家提供支持。

希腊的大学按照国家法规,在大学内部有4个清晰的学术结构等级,即大学——学院——系——部门。

2. 选举与决策机制

(1) 选举。一是校长和副校长的选举。校长和2位副校长由选民集体选举,任职3年或4年。选民团体则包括所有系的主要教学人员、占教学人员人数80%的本科生代表、占教学人员人数25%的其他人员代表。二是系主任的选择。系主任由所在系的选民团体选出,任职2年,可以再连任一届。选民团体包括所在系的主要教学人员、占教学人员人数80%的本科生代表、占教学人员人数15%的其他人员代表。三是学院院长选举。学院院长由选民团体选举产生,任职3年。选民团体由学院中各个系主任组成。

四是部门负责人选举。部门负责人在部门中进行选举即可,任职1年。

(2) 领导与决策机制。大学的领导与决策机制如表3所示。有关委员会的构成情况分别为:

校务委员会由以下成员组成:校长和2位副校长、各个学院的院长和所有系主任、每个系中的1位本科生代表、2位研究生代表、4位其他类型人员的代表、6至8位除教授外的主要教学人员代表。大学校长会议由校长、2位副校长、1位学校学生代表和学校的注册主任或秘书组成。系的全体会议由以下人员组成:系中主要教学人员(人数最多为40人)、占教学人员人数50%的本科生代表、占教学人员人数15%的研究生代表。只有在系被分为许多部门时才建立系里的管理委员会,并由以下人员组成:系主任和副主任、所有部门的负责人、2位本科生代表、1位研究生代表。学院的全体会议由院所有系的全体会议人员组成。院长办公会议有学院院长、系主任和每个系的1位学生代表构成。部门的全体会议由各个部门中主要教职员工、2～5位本科生代表和1位研究生代表组成。

表 3 领导和决策机制

权力	大学	学院	系	部门
管理/领导	校长及 2 位副校长	院长	系主任及副主任	主任
重大决策	校务委员会	学院全体会议	系的全体会议	部门全体会议
一般决策	校长会议	院长办公会议	系管理委员会	
执行	校长会议	院长办公会议	系管理委员会	

3. 师资与管理人员

根据希腊法律，大学由以下 3 类主要职员组成：教学人员、管理人员、特殊管理和技术人员。对于大学人事制度中的一些特殊规定，必须要由教育与宗教事务部来进行监督。对于各层次研究人员的挑选，即聘用在职研究人员以及制订人力资源计划，每个系及学校拥有充分的自主权，但教育与宗教事务部有权决定每个系和每所大学在每学年中即将就任职位的数目。教育与宗教事务部还有权任命由系所选举出的研究人员。总而言之，就学术研究和人选问题，大学是完全自由的，但教育与宗教事务部在经济和法律方面完全控制选举和任命过程。

下表 4 所列的是希腊大学师资与管理人员的总体情况。当然各校人员情况也有很大不同，生师比相差较大。

表 4 大学教职员工(1996～2000)

学年	教学人员		特殊管理和技术人员		管理人员	
	总计	固定职位的	总计	长期的	总计	长期的
1996～1997	9 587	7 593	2 216	2 202	3 351	2 360
1997～1998	9 794	7 999	2 200	2 176	3 885	2 713
1998～1999	10 038	8 260	1 994	1 937	3 719	2 603
1999～2000	10 459	8 027	1 949	1 923	3 560	3 049

4. 经费来源

大学资金来源可以概括为两大方面：一是政府投入，二是大学的科研创收。

(1) 如前所述，希腊大学主要是由国家资助的。国家对大学实行全额拨款，不收取学生学费。国家主要以 3 种方式向大学提供支持：第一种是大学人员工资;第二种是一揽子支持,其目的是满足大学业务费用的总体需求;第三种是专项拨款,其目的是满足指定项目的资金需要。大学必须建立自己的预算来分配政府资金。每所大学的预算也必须报送教育与宗教事务部和经济部的批准。

(2) 除了上述国家控制下的大学资金和财政支持管理系统外,还另有三种资金补充机制,所提供的基金构成了大学另一个重要的资金来源。

第一种机制是每所大学都有的研究委员会。它的研究基金来源于外部资源。第二种机制是设立管理大学财产和股份的公司。它是一种商业机构,属于大学,并在校务委员会的监控下运行,其目的是更好地利用和增加机构的财产,管理其它资源。第三种机制是大学与一名或多名教员合作建立研究所。这些研究所在财政独立核算的条件下运作,独立于严格的国家控制。这种对大学发展有利的研究使大学在相关领域的科研方面更系统化。

5. 入学与资助

在希腊,高等教育的获得受到许多因素的影响。每年每所大学每个系招收大学新生的数目由教育与宗教事务部决定。学生通过国家考试进入高等教育机构。另外大学还参加欧盟发起的“伊拉斯谟计划”,招收国外交换学生,如雅典大学现有 1 500 名交换学生。

关于学生资助主要有两个方面:一是对学生进行财政支持,即学校的录取和入学登记是免费的,每个学生的学习课本也是免费的。另外,许多学生依据其家庭收入情况享受免费的住宿和膳食等。二是学生也可以选择各种奖学金和有关捐助。这些支持的渠道多种多样,如市民捐赠、私人法人团体和各级教育机构等。国家奖学金基金会是向学生授予奖学金的官方机构。

6. 教学与科研

(1) 教学。希腊大学每学年有两个学期,课程是按学期来安排的。每个系可以授予相应的毕业生学位,且学位具有专业性。系承担所有的教学责任,这些责任涉及课程、学分和教学工作量的分配。关于研究生课程项目的设置,需首先报学校理事会,对所开专业的师资、办学条件等进行评议,然后经教育与宗教事务部批准。

在希腊,获得大学本科学位,大多数学科是 4 年,工程技术学科是 5 年,一些应用学科(农业、林业、牙医学、兽医学、药剂学)及艺术学科(音乐、戏剧、造型艺术)和医学专业是 6 年。获得研究生学位的学习期限至少是 1 年，而在硕士基础上获得博士学位至少要有连续 3 年的学习。根据《波罗尼亚宣言》，随着欧盟一体化进程的推进，到 2010 年希腊学校要完成学制向“3—5—8 学制”的过渡，对此希腊学校反应并不积极，认为只能慢慢调整到这一学制上来。

(2) 科研。国家拨款支持希腊大学的科研活动。国家发展部下属秘书处专门负责科学技术发展问题，并与教育与宗教事务部联合成立科研委员会，支持大学的科研计划。大学的科研发展计划，也得到欧盟的支持。如约阿尼纳大学，1999～2003 年有 231 个新研究项目，其中有 28 个是欧盟项目。在大学，有 75%的研究项目是由教授来负责的。研究生是大学科研的重要力量，在希腊只有高校才能招研究生。当然，学校还可以和研究机构合作招收研究生，但文凭由大学颁发。

(四) 技术教育与成人教育

1. 技术学院的法律定位和管理体制

依据《改革法》(2916/2001)，技术学院和大学构成了希腊的高等教育体系。和大学一样，技术学院也是自治的公立机构，独立经营，自主管理。技术学院重点强调高质量的技术教育，主要从事两个方面的工作：一是进行应用技术的开发研究，把知识和应用结合起来，进一步发展艺术和科学的应用范围，传递、利用、实践和发展现代科技和方法；二是进行针对职业岗位的教学培训，在进行主要技术研究的同时，将有关的理论成果和实验室活动与高质量的实践培训结合在一起。

有关技术教育的管理涉及教学、研究、人事、学生、财务、咨询等诸多方面，相关部门和管理职能可概括如下：

(1) 在国家教育与宗教事务部中，负责高等技术教育的行政部门包括以下各部门：

a) 项目和研究部门——确定技术学院设立的系、研究项目、设立专业权限以及编写课本。

b) 负责教学人员部门——为技术学院任命教学人员和特殊教学人员，安排教育假期，授权教授和科学家为其它组织提供服务。

c）行政人员部门——负责管理行政人员和特殊技术人员的事务。

d）行政事务部门——负责入学、学生交换、高等教育和高等科研机构毕业生进入技术学院、技术学院的行政事务、学生管理、膳食、住宿、医疗管理和学生贷款。

（2）设在财政事务理事会的负责高等技术教育的经济部门起草和定期执行预算、分配基金、批准科研及教育机构财政报告、结算开支，决定每年科研及教育机构拨款。

（3）另有两个咨询性质的团体：

其一，技术教育委员会——就高等技术教育相关事务向教育与宗教事务部提出建议，包括：建立或关闭技术教育机构，明确专业权限，设计课程内容，规划技术教育机构的专业和再教育、再培训项目，进行职业指导、国家技术和人力资源的开发，计划进入技术教育机构的学生人数，对技术教育机构进行基金分配等。

其二，技术教育研究所——主要根据有关法令和教育与宗教事务部的规定，对技术教育提供有关意见建议；评估希腊技术教育机构授予的学位和其它国家授予学位的等值与有效性；开发特殊研究项目的技术、探讨教育和生产力之间的关系、分析市场中是否缺少某种职业及所需从业资格，制定技术教育机构政策等。

2. 技术学院的教职员工和学生

（1）教职员工。教职员工主要履行教育和研究职责。学术职务有教授、副教授、助理教授和掌握应用技术的教师。另外，还有外语教师、体育教师和多种资质的专家。处于教授水平的教学人员必须拥有博士学位，掌握应用技术的教师则要有硕士学位。为满足特殊教学和研究的需要，学院还以合同形式聘用在相关领域有实践经验的临时人员，这部分人员与正式教师的课时费一样，但他们没有投票权。学院教学人员中还有一种“半职人员”，即一年中有一半时间在学院，他们也没有投票权利，但可以重新回到学院来当全职教师。这种形式的教学人员所占比例在比雷埃夫斯技术学院达到60%，而一些偏僻地方的技术学院比例更高，可达到80%。下表5是希腊技术学院有关教学和管理人员的总体情况。

表 5　技术学院教师和管理人员(1996～2000)

学年	有固定职位的	合同员工	辅助人员
1996～1997	2 456	4 100	1 399
1997～1998	2 489	4 350	1 531
1998～1999	2 593	4 490	1 512
1999～2000	2 636	5 050	1 488

(2) 学生。进入技术教育机构(本科)的申请人必须完成普通高中或职业技术学校的中等教育,参加不同的入学考试。所有的技术学院都有入学配额,技术学院学生的录取和注册是免费的,提供给所有学生的学习课本也是免费的。另外,许多学生可以享受免费的膳食。有经济困难或面临严重家庭生活问题的学生还另有租房补助,此外还享有特殊交通月票折扣。这些困难学生进入博物馆、剧院、画廊和特殊文化场所其门票也都可以打折。

有些技术学院也有研究生教育(并非 15 所都是如此)。如比雷埃夫斯技术学院有 11 个专业有研究生教育,时间大约一年半。有的专业还与国外进行合作,如与美国合作举办 MBA 教育。所有本科教育均不收费,但所有研究生教育都是收费的。

3. 技术学院的内部管理运转

法律规定,技术学院是自治的。虽然作为技术学院需要和企业有更多的联系,但学校理事会作为学院的重要决策机构,其人员构成却只有学院的教授和学生,并没有企业界人士,其目的是为了不让外来人士或团体干涉学校的事务。学院在办学与内部管理上,具有自主权,如上所述,聘请教师完全由学院自主决定,而教育与宗教事务部只是控制编制,但校产是属于国家的,学院不能自行卖掉。

在资金方面,主要是政府投入,学院也以为企业承担项目的方式来获得企业的资助。政府对技术学院的投入,由学院来支配。如比雷埃夫斯技术学院,有 50%用于教师和兼职教师的支出,10%用于行政人员,其余的 40%用于教材、楼房维修、水暖费、免费餐以及学生住宿等。年底有独立的审计部门和会计师事务所对大学进行审计。

4. 成人教育

在欧盟大部分的教育计划中,终身教育一般会优先考虑。在这种背景下,希腊也非常重视成人教育，其目的是为了提高全体国民的整体素质以及在现代社会中各方面的适应能力。在1998～2000年，希腊共有50 000名成年人接受了培训。

这些活动由两部分组成：① 远程教育，由希腊的开放大学实施，以使更多的成年人获得本科和研究生教育。在2001～2002学年，希腊开放大学有11 000名学生和大约700名教师。② 终身教育，整体教育计划确定在每所大学或技术学院内建立一所终身教育学院。

参考文献：

[1] The Greek Education System Facts and Figures[R]. Education Research Centre of Greece, Athens, 2003.

[2] Ο ΝΟΜΟΣ ΠΛΑΙΣΙΟ ΓΙΑ ΤΗ ΔΟΜΗ ΚΑΙΛΕΙΤΟ-ΥΡΓΙΑ ΤΩΝΠΑΝΕΠΙΣΤΗΜΙΩΝ (όπως, σχε, σχμερα), ΕΒΔΟΜΗΕΚΔΟΣΗ, ΕΚΔΟΣΕΙΣΑΝΤ. Ν. ΣΑΚΚΟΥΛΑ, ΑΘΗΝΑ-ΚΟΜΟΤΗΝΗ 2004.

[3] ΕΦΗΜΕΡΙΣΤΗΣΚΥΒΕΡΝΗΣΕΩΣΤΗΣΕΛΛΗΝΙΚΗΣ ΔΗΜΟΚΡΑΤΙΑΣ ΤΕΥΧΟΣΠΡΩΤΟ, Αρ. Φύλλου114, 11Iουνίου 2001.

[4] ΕΦΗΜΕΡΙΣΤΗΣΚΥΒΕΡΝΗΣΕΩΣΤΗΣΕΛΛΗΝΙΚΗΣ ΔΗΜΟΚΡΑΤΙΑΣ, ΤΕΥΧΟΣΔΕΥΤΕΡΟ, Αρ. Φύλλου1062, 4Iουλίου 2004.

[5] A Report on Education and Training in Greece, Athens 2004[R]: Ministry of Education and Religious Affairs. [2006—07—13].

（本文发表于《比较教育研究》2007年第4期。作者刘承波、范文曜，时属单位为国家教育发展研究中心）

六、西方民族—国家、大学和社会科学

创建世界一流大学已经成为我国21世纪高等教育发展的一个重要目标，而建设一流的重点学科则是落实创建一流大学的根本保证。本文试图对西方民族—国家、大学和社会科学之间的关系进行粗浅的研究，为我们的学科建设提供参考思路。

（一）社会科学与民族—国家

19世纪中期以来，民族—国家出现了秩序混乱的问题，为了使知识再度服务于秩序，时代要求将知识还原为科学，于是社会科学学科建设的口号成为"去启蒙"的"再启蒙"。到20世纪后半叶，社会科学反思所针对的就是这种社会科学的民族—国家化"再启蒙"。因此说，"社会科学即使不是国家的造物，至少在很大程度上也是由国家一手提携起来的，它要以国家的疆界来作为最重要的社会容器。"[1]二战后，国家对社会科学研究进行了大规模投入。一些大国开始投资发展大科学（指需要大量投资的科学与技术研究）。这种经济上的投入促使社会科学朝着科学化方向进一步发展，结果，出现了一些科学发展中心，拥有集中的资讯和技术，其资金来源于美国及其它大国的政府、种种基金会（主要以美国为基地）以及某些跨国公司。国家和私人在科学研究方面的大规模投资给予这些科学发展中心以不容置疑的优势。看来，西方民族—国家与社会科学之间是一种共生共缘的关系，它们同时成为西方现代性的一部分。

(二) 大学与民族—国家

1. 民族—国家成为大学兴起的动力因素

由于民族—国家的建立和发展，亟需一种人类知识作为其制定决策的基础，因此《开放社会科学》认为，这种需要导致了一些新的知识门类的出现。思想家们开始认识到，世界上存在着多种多样的社会体制，于是"大学在18世纪晚期、19世纪初期得到复兴，成为创造知识的主要制度性场所。"[2]换言之，国家一方面促成大学的复兴，使大学成为生产知识的主要场所，另一方面又引导大学的学科知识向实用的政策导向方面研究。[3]这样实际上存在着一种逻辑关系，即民族—国家需要人类社会知识，而恰恰曾经自16世纪以来，由于与教会的联系过于紧密而濒于消亡的机构——大学在这时得到了复兴，成为创造这种知识的主要场所。[4]民族—国家的需要成为大学产生的动力，换言之，民族—国家的建立是建构现代大学一个重要因素。

2. 大学成为民族—国家建设的手段

阿尔巴特认为，西方大学模式在19世纪出现了两种转型。德国把大学利用为国家建设(Nation Building)的工具。在洪堡的领导下，德国高等教育从国家获得了巨大资源，虽然承担了研究的任务，或者说是一种研究型的大学，但其目的却是为了民族或国家发展和工业化，因此德国大学在新德意志国家的意识形态形成过程中起到关键性的作用。改革后的德国大学也建立了研究生教育和博士学位，作为大学制度的重点。研究工作首次成为大学的一个不可分割的重要组成部分。大学作为一种科层制，在新出现的科学学科基础上得以重建。美国的大学改革者把德国的大学革新思想带到了美国，并使大学发生了变革，它更强调大学与社会之间的联系，其主导观念是服务，并与工业和农业构成了直接的关系，通过学术系的建立和"土地捐赠"观念的形成使德国大学的教阶制度(Chair System)民主化，因为美国的大学既有高水平的研究，又扩大了入学机会。阿尔巴特的结论是，似乎深植于民族土壤中的大学制度实际上受到了国际观念和模式的巨大影响。

3. 大学在现代民族—国家中的合法化

研究知识分子的学者德布雷，在具体分析法国知识分子自法国大革命以来所走过的三个阶段及其所扮演的不同角色的时候，涉及到了大学与现代民族—国家的权力关系问题。他认为，第一阶段是大学阶段，即从 1880 年到 1930 年，第二阶段是从 1930 年到 1960 年，第三阶段是 1968 年以后。在第一阶段，大学作为主要的制度形式对知识分子具有重要作用。法国的大学在 1871 到 1885 年第三共和国时期得到了合法化，合法化的重要原因就是国家把大学视为对抗教会、捍卫第三共和国的力量。像巴黎大学一样，大学本身就成为吸纳各种自由的、进步的知识分子的一个重要阵地。大学与资产阶级现代国家的密切关系，在相当程度上决定了知识分子和权力的复杂关系。另一方面，在资产阶级国家合法化的过程中，大学也在实施某种合法化的功能，尤其是它不断地生产出合法的文化价值。这些价值与大众媒介所制约的大众化和商品化价值完全不同，因为它受制于某种资产阶级知识分子所关注的"得体的"文化价值和行为。大学和教授曾经是集体记忆的贮存器和价值与知识的象征。从这个阶段的基本社会文化语境来看，教师作为知识分子的典型形态，有两个方面的功能：第一，在与国家权威的联系方面，他们最初是作为捍卫第三共和国的社会力量和角色而出现；第二，上述功能又是通过教师对特定文化价值的生产而实现，即教师在那个时期是文化价值合法化的基本力量。有学者认为，德布雷的分析只是关注到知识分子与权力关系的一方面，而另一方面，教师作为知识分子的典型代表，在官办大学体制内有担当多种角色的可能性。文化生产的合法化和公共领域（大学就是一个重要的公共领域）的扩展，使得知识分子有较多的空间和余地来从事与国家和权威的关系复杂的工作。[5]

4. 大学的民族化

从上面的分析中，我们可看到，一方面大学是伴随着民族—国家的需要而产生，服务于民族—国家的建设，并使之权力合法化，但另一方面大学自身也被民族化和殖民化了。实际上民族化也是国家的需要所致。在西方的历史上，民族和国家的关系是：国家是制度复合体，而民族则是跨阶级的集合体，这个集合体内的成员在现实的、想像的以及构建的文化、语言和历史共同体的基础上拥有一种共同的身份感和共同的政治命运。[6]大学在民族与国家之间的张力下得到了民族—国家化。阿尔特巴赫在谈到西欧大学发展时说，"大学同时是国际制度（Institutions），具有共同的历史根源，但大学也植根于民族文化和环境中，因此，从历史和比较的角度研究高等教育的当代挑战是需要的。”[7]随着西欧的民族主义的崛起和清教改革的掀起，高等教育的通用语言——拉丁文被民族语言所取代。学术机构(Institutions)在学生的构成和方向上变得与其说是国际性的，不如说是地方性的(即民族性)。大学受到它们的环境的巨大影响。实际上，阿尔巴特提出了西欧大学发展的民族主义动力论。一方面大学的发展受到了民族环境的影响，另一方面大学的发展越来越服务于民族的发展。大学的民族化趋势是随着现代民族—国家的建立而愈益显著的。

5. 民族—国家和大学与社会科学的民族化研究

根据社会科学与民族—国家、大学的关系，《开放社会科学》指出，在20世纪，尽管作为核心社会科学(以研究普遍规律为主旨)构成了一个以国家为中轴的三位一体的社会学、经济学和政治学中心化大学，对民族—国家起到了推动作用，历史学、人类学和地理学最终被边缘化，但社会科学的民族化研究也是显而易见的。在社会科学领域里，率先取得自律的制度化形态的学科是历史学。19世纪早期的史学家经常都把普遍历史的幻想作为自己的出发点，史学家受到国家和有教养的公共舆论的社会压力结合在一起，推动他们主要地去写本民族的历史。现代世界体系的建立牵涉到欧洲人与世界其他民族相遇，并且在多数情况下还伴随着对这些民族的征服，对这些民族的研究构成了一个新的学科领域，称为人类学。来自外部世界的社会压力还是迫使人类学家成为研究特定民族的人种学家，他们通常从生活于他们国家的内部或外部殖民地民族中挑选自己的研究对象。整个19世纪，对大学复兴贡献最大的是历史学家、古典学者和民族文学学者，而不是自然科学学家。因为前者把大学当作一种手段，以争取国家对其学术工作的支持。他们把自然科学家也吸引到发展迅速的大学结构中去，并从自然科学家积极的研究中获得了很多益处。

(三) 大学与社会科学

无疑，大学是在民族—国家的推动下建立和发展起来的，而民族—国家需要社会科学知识为其合法性提供知识支持，于是大学在社会科学建立过程中的地位和重要性愈益提高。《开放社会科学》把这种作用理解为两个方面，一是大学在社会科学制度形成中的作用，二是大学在重建社会科学中的作用。

1. 大学在社会科学制度形成中的作用

(1) 社会科学制度化与大学。社会科学制度化主要是指社会科学的训练制度化和研究制度化。就社会科学的训练制度化而言,在 1850 年到 1945 年间,人们对一系列的学科进行了界定,这些学科共同构成了以“社会科学”命名的知识领域,而它的实现步骤是,在主要大学里设立一些首席讲座职位,然后再建立一些系来开设有关的课程,学生在完成课业后可以取得学科的学位,形成了训练的制度化。社会科学的研究制度化是伴随着研究的制度化而实现的,如创办各学科的专业期刊,按学科建立种种学会(先是全国性的,然后是国际性的),建立按学科分类的图书收藏制度。重要的是,学科制度化主要是在大学中形成的。随着学科结构的建立,围绕着研究、分析和训练,形成了生产结构,生产了大量现代社会科学文献,“截止到 1945 年,组成社会科学的全部学科基本上都已经在世界上的绝大多数主要大学里制度化了。”[8]“尽管社会科学内部分化的基础早在 19 世纪上半叶就已经明确地形成,然而,只是在 1850 至 1914 年间,从社会科学学科结构中反映出来的思想多样化,才以我们今日所知的形式在主要大学里得到正式承认。”[9]从国家和地区分布来看,19 世纪的社会科学研究主要集中在五个地区,它们是英国、法国、日耳曼国家、意大利半岛诸国以及美国。

(2) 大学对社会科学结构的影响因素。“无论是从数量来看,还是从覆盖的地区来看,大学系统在世界各地都得到了惊人的发展,相应地,专业社会科学家的人数也成倍地增加。”[10]当然对它产生深刻影响的因素还有世界政治结构的变化,即在政治世界上出现了两大新的地缘政治格局,一是美苏之间的所谓冷战,二是非欧洲民族争取独立的历史伟业,以及全球生产力迅猛提高,人口急剧增加,拓宽了人类活动的范围。而大学对社会科学结构的影响也是以这两个因素为基础的。大学系统在全球范围内势不可当地扩张具有一种非常特殊的组织含义,它给不断加强的专业化造成了一种结构性压力,因为学者们正在寻找一些前人未曾涉足的新领域,以显示他们的独创性或至少是对社会的有用性。一个最直接的结果就是鼓励社会科学家交叉地侵入邻近的学科领域,并且在此过程中完全忽略每一门社会科学为使本专业成为保留领域而提出的种种合法化依据。大学系统的扩展还有第二个组织含义:世界经济的发展引起了各类机构规模上的急剧扩大，不独国家机器和经济企业为然，研究组织也概莫能外，它也包括社会科学的研究组织，如大学。

(3) 大学与社会科学的建立。通过《开放社会科学》作者们的考察，各社会科学在大学中建立的时序是不同的。法理学课程很早就在西方大学的法学院开设，Kameralwissenschaften 也早已成为18世纪德国大学的一个科目，然而只是到了19世纪，才开始出现一个叫做经济学的学科，它有时被放在法学院里，但经常都被放在哲学院里。当经济学逐渐地成为大学的一门常规学科时，一门全新的学科也处于创建的过程中，人们给它起了一个新名字，叫做社会学。社会学作为一门学科之所以在19世纪下半叶发展起来，主要是因为当时的一些社会改革协会所从事的工作在大学里得到了制度化，并且经历了一次转变。[11]政治学作为一门学科出现得更晚，主要是因为大学法学院拒绝放弃它们在这个领域里的垄断权。政治哲学容许政治学宣称对远溯至希腊的那份思想遗产拥有继承权，因而政治学家也完全可以去研究那些在大学的课程表中早已占据牢固地位的作家。历史学、经济学、社会学和政治学合演了一首四重奏，它们在19世纪(无疑直到1945年)逐渐地成为大学里的一些学科。由于这主要是发生在上面提到的五个国家，因此这些学科也主要是对那些国家的社会现实进行描述，但这并不意味着这五个国家的大学完全忽略了世界上的其它国家。东方研究在19世纪成为一种更具世俗色彩的活动，并最终进入大学，在不断演进的学科结构中赢得了一席之地。古典学的美文学倾向为正在进入大学课程表的形形色色的东方研究提供了一个背景色调。地理学如同史学一样，在19世纪晚期，它主要是在德国的大学里得到重建，成为一门崭新的学科，从而刺激了它在其它地方的发展。由于对许多人来说，心理学只有建立在生理学乃至化学基础上才具有科学的正当性(Scientifically Legitimate)，心理学家便力图“超越”社会科学，把心理学变成一门“生物”科学，因此在绝大多数大学里，心理学都将其阵地从社会科学系转移到自然科学系。弗洛伊德理论，原本可以在大学将自身转变为一门社会科学，但由于它是从医学实践中发展的，而起初名声不是太好，不能登大雅之堂，因此精神分析学家便完全在大学系统之外创建这门学科的制度性再生产结构。在大学里，弗洛伊德的概念主要不是在心理学系，而是在其它的系里找到自己的位置。法学研究始终未能成为社会科学的领域，一个主要原因在于大学里已经有一个法律系,它的课程表与它培养律师的首要职能紧密相关,当然注重研究普遍规律的社会科学家也以某种怀疑的眼光来看待法学。

2. 大学在重建社会科学中的作用

华勒斯坦等人认为,社会科学可以得到明智的重建,当然并不存在简单明了的公式,于是提出了一些试探性的建议,这些建议中包括了大学在重建社会科学中的作用,它通过两方面表现出来:一是大学可以为社会科学的创造性实验开辟空间;二是在重建社会科学结构中大学的组织和结构的变革。

(1) 大学可以为社会科学的创造性实验开辟空间。《开放的社会科学》认为,社会科学存在着创造性实验的机遇。这种机遇的两端,一端在美国,那里不仅有世界上最密集的大学机构,而且还有来自于内部的强大政治压力,它可以要求或反对重建社会科学;另一端在非洲,那里的大学相对来说出现较晚,传统学科尚未达到很固定的制度化水平,由于公共资源贫乏,迫使社会科学共同体不断地创新。当然,世界其它地区,包括西欧,在建立其自身的共同体结构中,也可在大学系统里为创造性实验开辟空间。[12]美国的大学结构呈现出多种多样的形态,没有一个固定的中心,因为它提倡多元文化主义。美国有在大学系统里进行结构实验的悠久历史,如在19世纪后期通过对德国研究班制度的改进创立了研究生院,创立了选修课制度,在第一次世界大战后创立了社会科学研究 委员会和对“基础课”提出了新要求,第二次世界大战后开创了地区研究,70年代开创了妇女研究,制定了“种族研究”规划。看来,美国的大学系统一直都为实验留有空间。非欧洲地区尽管开展了各种各样的实验,但都资源有限且缺乏社会科学的学术制度化根基。不过,它们力图将社会科学和自然科学的专门知识结合在一起,研究机构成为政府官员的政策思想的主要来源。这在某些西方国家也有所表现,如英国的苏塞克斯大学(Sussex University)科学政策研究小组制定了一个课程表,其中社会科学和自然科学的课程各占一半。

(2) 在重建学科结构中大学的社会科学组织和结构的变革。《开放社会科学》认为,现存学科结构分崩离析,并遭到质疑,亟待建立各种竞争性的学科结构,“最重要的是,学者们应就一些基础性问题展开明晰的、公开的、明智的和紧迫的讨论。”[13]为此提出了四类结构性发展:

① 跨学科研究。扩展大学内部或与大学联合的各类机构，集合各方面的学者围绕某些紧迫论题展开为期一年的共同研究。德国比勒菲尔德大学(Bielefeld University)建立了跨学科研究中心，此中心自70年代以来一直都在做这方面的工作，其课题包括身心问题、社会学和生物学的变化模型、乌托邦问题等。② 制定研究规划。“在大学结构内部制定跨越传统界限、具有特定的学术目标并且在一个有限的时期内(比如说5年)得到资金保障的整合的研究规划。”③ “采取强制性联合聘用教授的办法”。在《开放社会科学》所设想的大学结构中，教授同时受聘于两个系，其中一个系的专业与他所拥有的学位相关，另一个系的专业则与他的个人兴趣相关，或与他所做的有关研究工作相关。这与在传统的大学结构里教授仅仅隶属某一个系完全不同。为打破各系设置的障碍，这个设想中还要求每个系至少有百分之二十五的教职员不具备该学科的学位。教授们实际上具有两个系的空间，同时在两个系里必须享有充分的权利，这将使学术讨论、课程设置及合理或合法观点都发生改变。④ “联合培养研究生”。这与联合聘用教授的设想是一致的，也就是说应当强制硕士、博士研究生到外系去听一些课，或做一些外专业的研究。

通过以上分析，在西方民族—国家、大学和社会科学的认识框架内，笔者认为，西方民族—国家需要社会科学知识为其提供合法性支持，因此民族—国家对社会科学的支持在发展过程中也日益增大。现代大学是民族—国家的产物，大学的兴起是由民族—国家所推动的，大学为民族—国家的建设服务，同时大学自身也得到了民族化的体现。大学在建立社会科学过程中，社会科学的民族化研究也日渐突出。重要的是，社会科学的发展，无论从研究的制度化、学科结构的变革，还是各学科的建立都是在大学中完成的，因此大学在重建社会科学，如为社会科学的创造性实验开辟空间、在重建学科结构中社会科学的组织和结构的变革中都起到非常重要的作用。

参考文献：

[1][2][4][8][9][10][11][12][13] 华勒斯坦等著. 开放社会科学——重建社会科学报告书[M]·生活·读书·新知三联书店和牛津大学出版社，

1997:28,8,79,33,14,37,20,107,113.

[3] 华勒斯坦等著.学科、知识、权力[M].刘健芝等编译,生活·读书·新知三联书店和牛津大学出版社,1999:3.

[5] 周宪.教师,名流[J].读书,2000(2):17.另见周宪.德布雷与中国知识分子问题[Z]载(中)乐黛云、(法)李比雄主编.跨文化对话(四)[M].上海文化出版社,2000:160—177.

[6] (英)戴维·赫尔德等著,杨雪冬等译.全球大变革:全球化时代的政治、经济与文化[M].社会科学文献出版社,2001:67.

[7] Philip G. Altbach. Patterns in higher education development: Towards the year 2000, in Higher Education in An International Perspective: Critical Issues[M]. Zaghloul Morsy Philip G. Altbach, ed., New York: Garland publishing, lnc. 1996:21.

(本文发表于《比较教育研究》2001 年第 12 期。作者朱旭东,时属单位为北京师范大学国际与比较教育研究所)

大学治理结构

一、美国大学共同治理的思想内涵

共同治理的正式提出，源于 1966 年美国教授协会(AAUP)、美国教育委员会(ACE)和美国大学和学院董事会协会(AGB)联合发布的《学院与大学治理声明》(以下简称《声明》)。几十年来，共同治理已经成为美国大学传统文化不可或缺的一部分。作为一种传统，它受到大学教师的格外尊重。对共同治理的任何僭越，都可能引发校园的一场灾难。

(一) 共同治理思想的根源

为了准确理解共同治理为何如此受到尊敬，有必要从历史和政治的角度对此进行溯源。不像欧洲大陆，国家统一管理大学往往成为常态，美国大学享有共同治理，是因为它是美国高等教育独特的产物。共同治理作为一种与生俱来的美国概念，包含的基本理念根植于美国的民主传统中。

罗森茨维格(Rosenzweig)把共同治理与产生于美国宪法①的体制作了比较。他发现，共同治理的观念其实早在起草美国宪法时就已出现，这要归功于美国第四任总统詹姆斯·麦迪逊(James Madison，1751～1836)。他参与撰写了《联邦党人文集》(Federalist Paper)，认为最合适的保障措施必须用来保护人们免于党派纷争。讲简单一点就是，所有人的权利必须免于多数人或少数人的暴政。最基本的保障措施就是进行权力制衡。[1] 埃德尔(Edel)把这些思想与大

① 美国宪法规定实行联邦制，肯定了以立法、行政、司法三权分立以及相互制衡为原则的资产阶级民主共和政体。美国宪法制定的目的有两个：限制政府的权力和保障人民的自由。

学共同治理进行了比较，发现二者在结构上非常相似。[2]

实际上，麦迪逊的共同治理思想在整个后殖民时代的美国高等教育历史中已变得明显，尤其是在内战后。但在此前，美国的许多院校都由一个强有力的董事会治理，这些董事成员主要由市民与教会领袖和校长组成。萨缪尔·卡朋(Samuel Capen)感慨道："这很具讽刺性，一个民主的国家产生了一个非常不民主的高等教育体制。"[3]但在内战之后，随着民主价值的兴起、入学人数的增加以及大学不断的世俗化，高等教育在许多方面都发生了显著改变。此时，赋予董事会的权力慢慢地向校长转移，教师也获得了额外的治理角色。尽管这个时候学科与学系开始出现，研究和出版的概念开始形成，大学自治的理念也已产生，然而，校长仍拥有大部分权力。实际上，这是英雄的时代，强有力的校长是"地球上的巨人"。[4]

当然，当教师开始要求在治理中扮演角色时，他们开始把校长看作独裁主义者。克劳利(Crowley)写道："在20世纪早期，教师越来越关注参与大学治理和寻求保护的需求。校长与董事会权力的威胁和潜在的疏远、感受到的商业取向，以及日益增长的官僚控制，都不可避免地导致教师产生这种反应"。[5]此外，经过一些臭名昭著(例如斯坦福大学的"罗斯事件")的事件之后，教师的"权利与责任"议题变得更加明显。这时，在美国高教史上，大学校长开始推行民主治理结构，以使教师有机会参与治理。

自此以后，共同治理体制开始得以建立。随着美国大学教师对法西斯渗入大学校园的高度关注，大学内的民主在第二次世界大战之前进一步得到增强。经过20世纪50年代红色恐慌和60年代校园骚扰的洗礼，美国高等教育机构正式确立了共同治理的理念。

(二) 共同治理内涵的模糊性

共同治理作为一种大学校园民主的体现，《声明》把其定义为：基于教师和行政部门双方特长的权力和决策的责任分工，它代表教师和行政人员共同工作的承诺。[6]需要指出的是，这份联合《声明》关于共同治理的思想，是基于大学和学院教师的视角来设计的，关注的是教师如何影响大学治理的决策。《声明》并不打算为大学如何进行决策制定一个蓝图，而是着重勾勒出教师、行政人员以及董事会在院校治理决策中的角色。[7]对此，勒德曼(Redmond)指出，这种共同治理模式实质上是根据机构群体的不同责任层级(layers of responsibility)来设计的，包括学校整体(overall institution)、董事会、校长、教师以及学生的参与。[8]这种层级可以通过下面的表格呈现出来。

AAUP 的共同治理模式表

层级	责　任
学校整体	为了学校的整体利益，行政人员和教师必须在一系列事务上进行合作，包括课程、运动员、战略与财政规划、教师与行政人员的招聘以及教师终身制与晋升等
董事会	董事会有权就财政和政策事务做出最终决策，但要吸纳教师的意见
校长	大学的首要长官为领导目标实现以及与大学全部共同体(包括董事会和教师)沟通确定基调在履行职责时，校长可以寻求教师的意见，但 AAUP 模式把这一责任赋予校长。因此，教师的意见可供参考，但不是必需的
教师	教师在课程、教师的招聘、晋升与解雇等领域的决策上起核心作用。而且，凡是影响到机构学术发展的所有方面，教师都要有话语权
学生	承认学生参加决策的意愿；当这种意愿得到认可，学生应该被允许就校风、运动员以及学生认为其能够发挥专长的领域，发挥他们的影响力

资料来源：根据 AAUP 对共同治理的相关说明整理而成。

然而，AAUP 关于大学共同治理内涵的阐述，看似厘清了各利益相关者的权利和职责，但实际上还是含糊不清的。由于职责和权限范畴并没有一个清晰的界限，因而不同群体可以轻而易举地把某一事务的决策划入自己的领地。例如，继续教育项目既可以说是校长的责任(根据《声明》，校长有责任维持和创造新资源)，也可以说是教师的责任(负责课程)，或者可以说是董事会的职责(它是学校与公众需求之间的纽带)。问题是，在决策过程中，各自扮演了多大的分量？是谁起了主导作用？当利益卷入其中，冲突极有可能产生。[9]而且，这种含糊不清也极大地阻碍了人们对于什么是真正的共同治理的理解。因而，托马斯(Thomas Heaney)一针见血地指出："共同治理意味着把教师、行政人员及其他利益相关者放到同一张桌子上，但是对业已建立的治理结构而言，教师的加入是一种事后聪明，一开始就成问题的。"[10]

（三）美国大学教职工对共同治理的理解

在美国的高教史上，共同治理虽然有着悠久和骄傲的历史，但同时充满挫折。[11]这种挫折感的产生，很大程度上是由于共同治理在实际运行时，有时候并不像想象中的那样完美。而这显然与共同治理内涵的模糊性密切相关，它带来了人们认知上的偏差和误解，阻碍了人们对学校的核心使命、价值和认同达成一致。

1. 日常生活的误解

"共同治理"虽经常被援用，但包括教师和行政人员在内，对于何谓"共同治理"常常会发生误解。这里可归为两大类：

(1) 字面理解型。一些教师认为，共同治理就是委员会对一些新的规划或建议进行投票——如果通过，就予以执行。这些教师"没有共同治理的意识，不知道与谁共同治理，也不知道共同治理什么"。[12]

(2) 劳动分工型。一些教师认为，共同治理意味着作为"大学心脏"的教授把大学治理委托给行政人员，而后者的职责在于为教师提供网络支持。教师在大学治理中负主要责任，行政人员被委任，以使教师免于繁重的管理活动。这些教授持这样一种观点"你们管理，我们治理"(you are administration, and we are governance)。这种观点，揭示了人们对共同治理机制深层次的误解，并预先假定了一种内在的敌对关系。[13]

2. 实证调查的发现

蒂尔尼(Tierney)和麦那(Minor)等人2003年对美国750多所4年制高校2 000多名教师和教务长的问卷调查发现，尽管人们都十分认同共同治理的重要意义，但对于什么是共同治理有不同的理解，基本上可划分为三类：[14]

(1) 完全的合作式决策(fully collaborative decision)。这是一种传统的治理方式，有些人可能会称之为治理的"学院模式"(collegial model)。在这种模式下，教师与行政人员共同作出决策，目标是达成一致。47%的被调查者持这种认识。

(2) 咨询式决策(consultative decision-making)。这描述的是一种更加注重沟通的模式。其中，教师的意见和建议得到尊重，但权威仍主要集中于高层行政人员和董事会。尽管许多个体和群体也参与到决策过程中，但这种模式关注信息共享和集思广益，而不是共同决策。27%的被调查者持这种认识。

(3) 分布式决策(distributed decision-making)。在这种模式中，不同群体对其负责任的特定领域作出决策。换言之，教师有权在其特定领域作出决策，而行政人员和董事会有权在其他领域作出决策。26%的被调查者持这种认识。

蒂尔尼指出，不同群体对共同治理概念的不同理解极容易导致共同治理模式的失败。因而，他告诫人们不要根据某一种理解，而应尝试达成一致，“努力改变个体对组织生活的感知，往往是徒劳的，而且会浪费大量时间。个体对于这个世界的运行方式具有根深蒂固的信念，这直接影响到他对共同治理模式的看法”。[15] 可见，共同治理看似简单，实际上相当复杂，对其准确的理解并不容易。

(四) 共同治理的准确理解

那么何谓真正意义上的“共同治理”呢？这得回溯到美国殖民地学院的创立之初。限于当时特定的社会环境，美国的学院和大学没有延续中世纪大学学者行会自治的传统，而是移植了英国的学术法人制度，同时采用了加尔文教派外行管理教会、大学的理念以及英国的信托制度，这产生了美国学院和大学的“法人——董事会制度”。[16]。在这一制度框架下，无论是依据特许状创建的私立院校，还是依据法律或宪法创建的公立院校，大学内所有的法定权威均源自于董事会。典型的情况是，董事会正式把大学日常管理的权力委托给校长，校长再把权力委托给大学不同的管理部门。后来，随着时间的迁移，越来越多的代表被纳入到共同治理体系中。或者说，更多的人在大学治理上具有发出自己声音的权力。但不论怎样，最终的决策权牢牢地掌握在董事会手中。

因而，共同治理不是简单地达成一致，也不是“你们管理，我们治理”，它涉及到权力委托。作为研究共同治理的权威人士，且有着丰富实践经验的爱达荷州立大学学术副校长兼教务长盖瑞(Gary A. Olson)指出，“共同治理”实际上蕴含了两个相互补充但有时候会重叠的概念：(1) 在重大决策的过程中，赋予不同群体参与的机会，通常是通过选举出来的代表；(2) 在特定领域的决策上，允许特定群体负主要责任。[17]

第一个概念，以校长遴选为例，共同治理意味着教职工，有时候包括学生，都应有机会参与到这一过程中。“共同”意味着每一个人都有职责，但并不意味着每一个人在每一个阶段都参与其中，也不意味着任何一个人都有完全的控制权力。在缺乏关键人物的建议情况下，任何人不得随意做出重大决策。进一步而言，校长的遴选，虽然每个人可以通过不同途径参与进来，但不是简单的大众投票，因为某些人必须为最终决策负责。

第二个概念，则相对容易理解些。例如，学生评议会(student senate)在制定学生治理相关的政策时，可以负主要(但不是全部)责任。还有一个最为明显的例子就是教师在课程上负主要责任。因为教授是他们领域的学科专家，他们最有权决定学位要求。然而，即便在第二层意义上的共同治理——教师在决定课程上有大量的自由——委员会的表决并不是最终的定论。在大部分美国大学，课程变动必须由院长或教务长，有时甚至是校长来批准。基于盖瑞对“共同治理”的认识，对其内涵还可以作以下延伸：(1) 真正的共同治理的核心是努力平衡决策过程中最大化的参与和各自相应的责任。但维持这种平衡是相当困难的，这可以解释为什么共同治理这一概念会变得如此复杂。(2) 真正的共同治理会就某一共同关心的问题，给学校所有成员发出自己声音的机会(但不是必然的最终权威)；也会就某些特殊的问题，请特定人群参与决策。(3) 真正的共同治理的关键是广泛而持续的沟通。大学作为一个由不同利益相关者构成的组织，其群体往往代表了不同的利益，具有不同的价值取向。因而，如何使不同群体围坐在一起，并作为一个真正的合作者参与其中，对学校的繁荣发展尤为重要。而要实现这一点，就需要不断地沟通，以打破各种偏狭，实现大学共同的目标。(4) 真正的共同治理的前提是建立一种信任的关系。米隆·波普(Mylon L. Pope)指出，信任是建立和谐关系的元素，双方必须有这样一种信念：彼此会以合作互惠的态度行事，因为只有在信任的前提下，才能实现共享和共治。[18]但对于具有不同价值观的不同群体而言，信任的建立决非易事，“需要时间，同时它的维护又要保持经常性的警惕”。[19]

(五) 结语

共同治理作为“美国高等教育推向全球的一个最有价值的出口”，[20]尽管它的产生具有特殊的背景，但对于建设中国特色的现代大学制度和完善大学的治理结构具有重要的启示意义。当下，关于美国大学共同治理的研究也日渐增多，研究内容多涉及共同治理的理论基础、共同治理的模式、共同治理的结构、共同治理的特征以及各利益相关者在决策中的权力和责任，而对于共同治理的内涵却往往是想当然地一笔带过。这种倾向，显然不利于我们对于共同治理的真正理解，更不利于我们的借鉴工作。因为任何一项研究，必须对其概念及其内涵有一个较为清晰的了解，这是研究的原点。本文所作的努力，希望能对后续的研究提供一点帮助。

此外，我们还能从中得出一个重要启示，即任何一个看似简单的概念往往蕴含了复杂的内涵。而且，一个概念在不同的人眼里，可能有不同的理解。如果决策者只以其自身的理解而强加于他者，极有可能导致行动的失败。以"去行政化"改革为例，如果尚且在没有判断大部分人对"去行政化"的理解是否一致的情况下，仅以领导者个人的意志或者某种模式展开，失败未尝不是不可能的。这反过来又证明，对于当下我国的大学，如何建立起一个真正的共同治理机制，让广大的教职工参与其中，分享决策，发出声音，对于大学的发展具有重要的意义。

参考文献：

[1] 转引自 Lyall，K. C. Recent Changes in Structure and Governance of American Higher Education. In：W. Z. Hirsch&L. E. Weber（Eds.）. Governance in Higher Education：The University in a State of Flux[M]. London，UK：Economica，2001：17—25.

[2] Edel，A. The Struggle for Academic Democracy：Lessons from the 1938 "Revolution" in New York City's Colleges[M]. Philadephia，PA：Temple University Press，1990：35.

[3][5] Crowley，J. N. No Equal in the World：An Interpretation of the Academic Presidency[M]. Reno，NV：University of Nevada Press. 1994：95，97.

[4] H. T. Shapiro & W. G. Bowen. University and Their Leadership [M]. Princeton University Press，1998:65—100.

[6] AAUP. Statement on Governance of Colleges and Universities [EB/OL]. http://www. aaup. org/statement/redbook/Goverance，htm，[2006—05—03].

[7][9] Peter D. Eckel. The Role of Shared Governance in Institutional Hard Decisions: Enabler or Antagonist? [J] The Review of Higher Education,2000(1):15—39.

[8] Redmond，Rodney W. Faculty Involvement in Shared Governance and Decision Making: A Case Study[M]. Morgan State University,2007:8.

[10][19] Thomas Heaney. Democracy，Shared Governance，and the University[J]. New Direction for Adult and Continuing Education，2010(128):69—79.

[11] Joan V. Gallos. Reframing Shared Governance Rediscovering the Soul of Campus Collaboration [J]. Journal Management Inquiry，2009(2):136—138.

[12][13][17] Gary A. Olson. Exactly What Is "Shared Governance"? [EB/OL]. http://chronicle. com/article/Wxactly-What-Is-Shared/47065. [2009—07—24].

[14] Tierney，William G.，and James T. Minor. Challenges for governance: A National Report [R]. Los Angeles: Center for Higher Education Analysis，University of Southern California,2003.

[15] Tierney，William G.，and James T. Minor. A Cultural Perspective on Communication and Governance [J]. New Directions for Higher Education,2004,(127):85—94.

[16] 甘永涛. 美国大学共同治理制度的演进[J]. 清华大学教育研究，2009,(3):25—30.

[18] Myron L. Pope. A Conceptual Framework of Faculty Trust and Participation in Governance[J]. New Direction for Adult and Continuing

Education,2004,(127):75—84.

[20] Paul E. Pitre, etc. The Globalization of Shared Governance: Implications of the International Study of Higher Education Governance (ISHEG) [EB/OL]. http://ednet. kku. ac. th/~ edad/research _ globalization%20governance. pdf. [2008—10—21].

(本文发表于《比较教育研究》2012 年第 1 期。作者刘爱生、顾建民,时属单位为浙江大学教育学院)

二、论共同治理
——加州大学(伯克利)创建一流大学之路

美国加州大学(伯克利)成立于1868年。19世纪中叶加州处在淘金狂潮中,暴力横行,罪恶泛滥,但是有志之士却逆潮流而动,于1849年制定了加州第一部宪法,授权议会建立一所州立大学——一座“学习之城”,让“光明永驻”(加州大学校训 Fiat Lux),因为它的“贡献对于后代的荣誉与愉悦要远大于加州的金子”。[1] 1868年,加州大学建立。加州大学(伯克利)(以下简称“伯克利”)在一百多年的发展历程中,从一所地方性的小型公立院校,成长为世界一流大学。不管是在美国的各种大学排名中,还是在指标体系极不相同的世界名目繁多的大学排行榜中,伯克利无不名列前茅。其优秀的毕业生、重大的科研成果和治理制度都如灯塔一样永放光明。

伯克利成立时仅有10名教师、40名学生,第一届毕业生仅有12名(史称“12使徒”)。2009年,伯克利拥有35 843名学生(25 530名本科生,10 313名研究生),约有350个学位计划,开设7 000门以上课程,每年颁发的博士学位数在美国名列第一。作为一所州立大学,伯克利录取率为26%,录取的学生中75%来自加州公立中学,25%为家中第一代大学生,66%的学生其父母至少一人出生在国外,学生所说母语有70几种。与哈佛等私立名校相比,可以说,伯克利的学生并非那么“精英”。但是,伯克利教师对卓越的不懈追求造就了一代又一代的优秀学生,在过去10年中,学生所获国家科学基金会研究生科研奖学金人数最多。在其校友中,有25名诺贝尔奖获得者,还有国家科学基金会的主席、“苹果”公司的创建者以及谷歌的总经理,等等。

伯克利有21名教师获得诺贝尔奖，其中8名为现职教师。在美国大学中被评为“优异”的科研项目数量排名第一，名列前十名的研究生专业的数量排名第一。伯克利教师们的创造发明不胜枚举，仅从2008年6月至今就有2 086项发明。其中，获得美国专利562项、国外专利394项。伯克利的教师们以自己的科研创新推进了人类文明的进步，他们创建了回旋加速器，开创了研究物质结构的新时代；在“二战”期间研制出流感疫苗，拯救了无数生命；排列了果蝇染色体组，为后来成功地排列人类染色体组开发了技术；在计算机革命和硅谷的生成和发展中也起到关键的作用。

伯克利之所以取得令世界瞩目的成就，固然与最初丰富的金矿、肥沃的农田以及后来高技术产业所提供的大量经费支持密切相关，但是仅有金钱还不能造就一所伟大的大学。成就伯克利的最重要的因素有二：其一是加州宪法赋予的宪法自治地位使得加州大学具有了相当于州政府第四翼的法律地位（全国仅有2所公立大学有这样的地位），尽管自治并不意味着大学免受外来的影响，但是在关键时刻，它能抵御政治风暴，使大学始终致力于学术卓越；其二是共同治理制度，加州大学学术评议会在美国高校中是最强大的，它在大学治理中的中心作用确保了学术质量和学术价值的至高无上。这两个因素在伯克利得到公认，成为伯克利的特色。加州大学的一位前任校长理查德·R·阿金森（Richard C. Atkinson）认为，使加州大学成为著名大学的一个重要传统是共同治理，“大学的责任在于教师、行政和董事的伙伴关系，加州大学迈向辉煌的第一步始于75年前引入共同治理制度”。[2]我们的经验是，教师们不仅在建立大学学术优异的标准方面，而且在保证大学被明智地治理方面也起关键的作用”。[3]伯克利前学术评议会主席哈里·N·赛博（Harry N. Scheiber）指出，“现代评议会是一种迷人的制度，它在过去75年创造性张力中发展……评议会惟一的责任是保持学术卓越的火焰永不熄灭……不理解这种精神，就不能理解伯克利为什么和怎样在几十年中始终处于世界一流”。[4]

（一）伯克利共同治理制度的创建与发展

1868年加州大学的特许状规定设立由校外人士构成的董事会，这是美国的发明，目的是使大学摆脱教派的影响，把大学与其服务的社区联系起来。特许状也要求建立学术评议会。学术评议会由所有教师和院长构成，校长任主席。1868 年加州大学组织法规定，学术评议会“建立的目的是对大学进行一般管理”。董事会决定学术评议会的人员组成以及与校长和董事会的关系。这种制度设计没有在董事、校长和教师之间做出明确合理的权力分割。董事们也参与大学的微观管理，由他们而非教师对学生录取和课程等学术事物做出决策。但随着专业学术人员的兴起，这就不可避免地导致了大学内部关系的紧张，而内部关系的紧张又影响了大学与州议会的关系，阻碍了大学的发展。这使得伯克利直到 19 世纪 90 年代仍是“一所薄弱学校，虽然拥有大量土地，但是建筑破旧，经费可怜”；“虽然农业相关专业有所发展，但是大学的经费、声誉和研究能力无法与美国新生的研究型大学，如康奈尔大学、约翰斯·霍普金斯大学、密执安大学或威斯康辛大学等比肩”。[5]

在这种情况下，董事会决定聘任一位强势校长，领导伯克利走出困境。董事会决定聘请在德国海德堡大学受过教育的著名学者本杰明·艾德·维勒(Benjamin Ide Wheeler)出任校长，董事会为他的办学理念所折服。维勒深受德国研究型大学的影响，坚信真正的、完全的大学必须是综合性、研究型的大学。维勒在接受聘任之前提出了四个先决条件：校长应该是在教师与董事会之间进行沟通的不二人选；校长应该是在任免教授和其他教师并在确定他们工资水平问题上唯一有权向董事会提出建议的人；在校长处理与教师相关的事宜上，不管董事会内部有什么分歧，董事会都要作为一个整体给予校长一致的支持；应该赋予校长在董事会下领导大学所有教师和雇员的职责。事实上，维勒所要求的就是在董事会下对大学负有全面彻底的领导之责。董事会鉴于以往陷于大学微观管理的不成功经验，同意了维勒的条件，维勒遂于 1899 年出任校长。

维勒上任后加紧了对议会的游说，说服议会改变了拨款方式，从按不动产税增长的比例拨款转为按学生数拨款，使大学发展有了可靠的财政保障，进入了发展的“黄金时代”。在他上任 10 年后，伯克利就成为了美国规模最大的大学。公共资金的增加使他有可能实现其办学理念，聘用全国一流的教师，从而迈出了向一流大学目标前进的坚实步伐。学校规模的扩大和质量的提高使大学获得了州立法机构的支持，为大学内部组织机构的变革提供了条件。维勒说服董事们，教师不仅仅是州的雇员，更是学术共同体的成员，他们应该在制定教育政策方面负有责任。他提升了研究在教师聘用、晋升和解聘决策中的权重，采用了教师聘用和晋升的同行评议制度，他还建立了一个教师委员会分配研究经费，设立了一个教师编委会监督大学出版社，以提升出版质量。但是，维勒扩大教师在管理中作用的尝试并没有固化为大学的法规或政策，只是他作为校长对部分权力的让与，在很大程度上，他是独自管理这所大学。他不是一个"协商型"的领导，其领导风格被指为"仁慈而专断"——对学生仁慈，对教师专断。在维勒任职的最后几年，他与教师的冲突增加，有关伯克利校史的著作或文章都不约而同地提到一件轶事来说明他的粗暴与专断。他仅仅因为一位教师在校园没有戴礼帽而当众予以斥责。最后，由于他身体健康的退化以及在第一次世界大战中公开的亲德立场，维勒在 1919 年被迫辞职。在维勒任期内，伯克利实现了从董事会直接管理向校长管理的转变，校长成为大学真正的主管。在这个过程中，教师参与管理的自主意识也开始萌发。

在维勒任职的最后几年，伯克利的管理陷入最困难的局面，其有效但专断的管理不再适应教师队伍的不断壮大（在维勒时代教师数量从 202 人上升到 693 人）以及大学管理日趋复杂的状况。教师们对于他们在大学事物中相对无权的状况开始焦虑起来，最终酿成所谓"伯克利革命"（又称"教师革命"）。

在维勒任职的最后一年，董事会将大学的实际管理权交给了由三名院长组成的"管理理事会"，结果是一场灾难。在第一次世界大战后大学发展的关键时期，理事会三人意见分歧，导致了校内外对大学未来的混乱看法。为此学术评议会召开特别会议，以 132 票对 13 票通过了向董事会提交的备忘录，要求给教师以直接的权力组织学术评议会和选举其主席，给学术评议会在教育政策制定方面更正式的权力，在选聘校长时也要与学术评议会协商。最终董事会与学术评议会达成一个协议，并且于 1920 年 6 月将有关内容写入了董事会规章。规章规定了校长的职责，董事、校长和教师之间的关系，同时赋予了学术评议会在共同治理中的直接和间接权力。学术评议会在得到董事会批准的前提下，决定学生的录取条件以及证书和学位的颁发。此外，规章还赋予了学术评议会以下四项权力：就"教师的聘任、晋升、降级和解聘以及院长的任命"向校长提出咨询意见；就"大学教育政策的变化"向校长提出咨询意见；就预算问题向校长提出咨询意见;以学术评议会认为必要的形式选择成立自己的委员会。其中,第四项权力是"学术评议会权力的基石",它确立了学术评议会的独立地位。此后,学术评议会的各种委员会应运而生,教师开始积极介入大学的治理。

1919 年到 1920 年的这次"教师革命"是走向建立教师、行政和董事会共同治理制度的具有历史意义的第一步,而这种共同治理制度对于大学的发展起到了至关重要的作用。所达成的"协议也是美国高等教育发展的一个转折点,创造了一种大学共同治理的组织结构,伯克利成为第一个建立这种结构的大学"。[6]共同治理作为一种指导大学治理的基本理念开始形成,教师开始走上从被管理者转变为共同治理的主体之一的漫长道路。

1919 年戴维·P·巴劳斯(David P. Barrows)在"教师革命"中出任校长。他对董事会新规章赋予教师越过校长直接与董事会对话的权利持有保留意见,认为这是对校长的不信任,因此他任职仅 4 年就离任了。天文学家威廉·W·坎贝尔(William W. Campbell)同意继任校长,但是提出了一些先决条件:其一是修订或废除 1920 年规章赋予教师直接与董事会沟通的条款,使校长重新成为与董事会沟通的惟一管道,其二是修订 1920 年规章中有关条款,使校长不仅成为大学的学术代表,而且还是负责大学运行的行政首脑。在坎贝尔任职的 7 年中,他聘用知名教授,在提高了大学声誉(从美国教育理事会大学排行榜中名列第十,上升为仅步哈佛之后的第二名)的同时,也提高了教师在学校治理中的作用。他在不削弱其领导并且由他负责做出最终决定的前提下,广泛咨询教师的意见,任命教师委员会协助校长的工作。从这两位校长对其权力的捍卫来看,共同治理制度的建立与发展涉及到相关权力人之间的博弈,充满斗争与曲折。

1930 年罗伯特·G·斯普罗尔出任大学校长。他的任职期间充满冲突与危机,他积极与教师配合,支持教师共同治理。他首先面对的是美国全国大萧条的爆发,州拨款急剧降低 26%。作为一项重要对策,他号召建立了学术评议会教育政策委员会,以支持他提高学费,帮助他减支增收,共同度过财政危机。最终,他使伯克利教师的工资和科研设备均可与东部最优大学相媲美。在"二战"行将结束时,他首创召开了"全大学教授会议",讨论如何应对战后大学急剧发展的挑战,讨论战后联邦科研经费的可能增长和增长的方向,以及自由教育的未来、大学自治的价值和大学共同治理制度在未来大学发展中的作用。此后,“全大学教授会议”成为教师参与大学治理的一项制度,每年召开一次,由加州大学各校区的教师代表参加。

在“二战”以后所谓的“红色威胁”时期,斯普罗尔犯了以后为之追悔莫及的错误。在他的建议下,董事会于 1950 年不顾学术评议会的坚决反对强制所有教师进行“忠诚宣誓”,以实现禁止聘用共产党员,限制左翼人士在大学活动的目的。这理所当然地遭到一部分教师的反对,当年就有 31 位教师因拒签“忠诚誓言”而被开除。两年后,法庭宣判大学举行的“忠诚宣誓”无效,于是大学向这 31 位教师提供了复职的机会。“忠诚宣誓”不仅是一个时代的政治错误,也是如何治理大学争论中的一个重大问题。“忠诚宣誓”对大学的学术自由和共同治理制度造成了伤害,削弱了教师在大学中的地位,大大挫伤了教师参与学术评议会工作的意愿。

斯普罗尔痛定思痛,重新检讨了共同治理制度对有效的大学治理所起的关键性作用。他在 1953 年著文写到,“大学校长(或分校校长)最重要的职能莫过于与教师保持密切的关系”,没有教师的信息、意见和建议,“组织名义上的首脑时常会患上缺氧症,其典型的症状是视力丧失,步履蹒跚迟缓,左右摇摆,止步不前”。[7]在斯普罗尔的领导下,共同治理再次成为大学治理的主旋律,伯克利终于又步上迅速发展的轨道,到 20 世纪 50 年代末,加州大学教师入选国家科学院院士的人数在全美大学中名列第一。斯普罗尔在 1958 年光荣引退。在他任内,大学历经危机,共同治理虽遭遇挑战,但最终成为大学的核心治理制度。

克拉克·克尔(Clark Kerr)1952 年出任新设立的加州大学伯克利分校校长一职(当时这一职务并没有实权,各分校区仍是由加州大学中央行政管理),1958 年出任加州大学校长。克尔是一位具有远见卓识的教育家,对现代大学的本质特征有深刻的理解,他还是一位劳工关系教授,对人性有清晰的洞察。他在“忠诚宣誓”事件中虽然签署了誓言,但是却坚定地捍卫教师表达的自由,坚定地支持学术评议会,坚决反对开除那些拒绝签署誓言的教师,从而赢得了教师的广泛尊重。他上任后就推动加州高等教育总体规划的制定,从而被公认为“加州现代高等教育制度之父”。他促使董事会给各分校更多的直接决策权,让各分校园校长可以决定经费的使用,让各分校园对自己的研究生教育负全责。克尔还建立了分校校长委员会并与其定期会晤协调全校的行动。分校自治制度建立后不到两年,总校校长办公室人员减少了26%。

克尔还推动了学术评议会的组织变革,1963年在每个分校园建立了学术评议会分部。分部自主设立委员会,每个分部由分校全体教师选举产生主席,分部拥有相对整个大学系统和分校园行政的自主权。自此,学术评议会的主席(总校校长兼任)成为荣誉性的,不再具有执行权。与此同时,他还推动建立了全新的加州大学系统学术评议会代表大会,由学术评议会各分部派代表(按教师比例选出)参加,其权力是通过学术评议会法规章程的修订和向校长提交决议与备忘录。代表大会主要关注以下问题:终身教职的界定;大学本科生的录取、转学和开除政策;学术评议会的成员资格和选举权政策;分校园之间冲突的调解。学术委员会作为总校学术评议会的执行机构,负责研究关系到整个大学系统的全局性问题,并向总校长提供咨询意见其成员包括学术评议会各分部的主席,他们都是代表大会的当然代表。克尔奠定了加州大学现代共同治理制度的基本框架,这一框架反映出大学共同治理的基本结构:在董事会下两个既并列又有必要重叠的决策体系,即学术评议会和以校长为代表的总校及分校行政。(见下图)

加州大学共同治理组织结构图

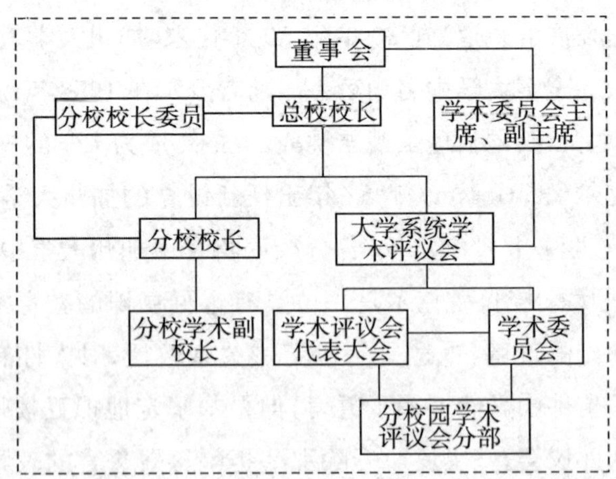

资料来源:John A. Douglas, Shared Governance at the University of California: An Historical Review [J]. Center for Studies in Higher Education, March, 1988, www.escholarship.org/uc/item/07q345d0.

克尔对于伯克利、加州大学系统乃至整个加州高等教育的发展功勋卓著，他所推动建立的大学新的治理结构框架为共同治理提供了重要的组织保障。但是，当他面对政治风暴的时候，却处于十分无奈的状态。里根 1966 年当选加州州长，他上任伊始就强力实施其竞选时提出的口号“净化伯克利”。他要求克尔对参加自由演讲运动和举行校园抗议活动、反对越南战争的学生采取强硬措施，他还建议削减 10%的大学预算，提高学费。克尔坚决反对里根的要求和建议，结果董事会不顾众多教师的反对解聘了克尔。尽管如此，克尔的遗产——新的共同治理结构却在加州大学生根和成长。

（二）加州大学共同治理中教师的职权

加州大学教师参与大学治理是通过加州大学董事会授予学术评议会的权力来实现的。董事会章程 105.2 款规定学术评议会具有以下权力：[8]

- 决定大学新生录取的条件和除荣誉学位外的证书和学位授予的条件；
- 批准设置和监督所有课程；
- 审定教师的资格以及相关委员会的成员资格；
- 设置委员会就预算问题向分校校长和总校校长提出咨询意见；
- 通过校长向董事会就任何有关大学的工作和福祉问题提出自己的意见；
- 向总校校长和分校校长就图书馆管理提出咨询意见；
- 设置委员会批准加州大学出版社的书籍的刊印。

董事会章程 103.9 款还规定，大学如果要提前解除一名教师的聘用合同时，必须有合理的原因，并且要在学术评议会的一个适当委员会中举行一次听证会。

学术评议会的最终政策权力在学术评议会代表大会，代表大会每年至少召开 1 次会议。学术委员会一般来说可以被看成是学术评议会的执行机构，主席和副主席由代表大会主席和副主席兼任，成员由学术评议会下设的最重要的委员会的主席和各学术评议会分部主席组成，委员会召开月度会议，每年召开 11 次会议。

学术评议会几乎在大学的所有方面与行政一道实施领导，学术评议会与校行政在大学所有重要决策和咨询机构中相互交叉，相互影响和相互制约。学术委员会的主席(或)副主席作为没有表决权的教师代表参加董事会会议;学术委员会主席和副主席每月1次会见校长、教务长和其他高级行政人员,讨论共同关注的问题,制定共同的工作日程表。学术委员会主席(或)副主席还参加以下一些大学重要的委员会,例如大学预算执行委员会、大学学术规划委员会、大学国家实验室委员会、大学科研委员会,与大学高级行政人员共同讨论相关问题。最重要的是,他们还参加大学所有高级管理人员的选聘委员会,学术委员会主席或副主席任大学校长遴选"教师咨询委员会"主席,向董事会的校长选聘委员会提供咨询意见。

伯克利教师除享有以上教师特权外,在学术人事问题上比加州大学其他分校享有更多的决策权,这主要是由于伯克利具有更强和更长的共同治理的传统。1920年伯克利"教师革命"以后,伯克利成立了学术评议会预算委员会,"与校长就大学预算问题进行讨论,并且就教师晋升和工资以及设备和其他相关问题提出建议"。[9]后来,该委员会正式改名为"预算和系级关系委员会",工作也只限于学术人事问题,但是教师们仍然习惯将其称为"预算委员会"。在加州大学其他一些分校,一些有关教师的决定由院长或其他行政人员做出,无需征求学术评议会分部的意见,而在伯克利则要由预算委员会就教师聘任、晋升和奖励向学校行政提出建议。预算委员会建立的基本出发点是,"教师应该由其同行来评价",预算委员会以学术评议会两项一般授权为指导开展工作,即"维系伯克利教师的卓越,促进全校教师的公平待遇"。

预算委员会的成员由学术评议会分部的组织委员会任命,由9名成员组成,每位委员的任期为3年。预算委员会全年工作,通常1周开1～2次会议。预算委员会的大量工作是具体分析有关学术人事工作的案例,近些年来,平均每年处理900多个案例。有关教师聘任、晋升和奖励升级等个案由各系提出,院长首先评议,写出分析和建议,报送学术人事办公室,然后转送预算委员会做出最后的书面评议,报送校行政,校行政再逐层转达给院系和被评议的教师个人。校行政、院、系乃至个人均可向预算委员会提出复议要求。在经过重审程序后,校行政有可能最终做出与预算委员会不同的决议,每年都会发生几次校行政与预算委员会意见不同的案例。这样一种行政与学术组织反复讨论的决策过程是一种真诚的、直接的、学术共同体式的讨论。

预算委员会每年都要就各系的编制数向行政提出建议。首先,由系就编制数提出申请,然后院长做出分析评价报送预算委员会,委员会根据系的卓越程度和发展轨迹、系的发展目标和规模,以及学校的编制总额等来对比分析各系的报告,做出自己的评价。大学在出现学术职位空缺时,由预算委员会在系间进行分配。

近些年来,预算委员会非常关注与教师工资相关的问题,与行政密切合作,努力保持伯克利在教师聘任方面的竞争力。可以说,正是预算委员会这种独特的共同治理组织安排使得伯克利教师始终不渝追求卓越。前任校长克尔对预算委员会做出高度评价,认为"预算委员会的工作决定了伯克利所拥有的今天"。

(三) 共同治理制度面临的挑战

今天大学的共同治理制度正面临大学商业化和官僚化的双重夹击,"教师被看成是新的大学官僚化——商业化模式的最大障碍。一位保守的大学校长指出,他希望 21 世纪成为'管理的世纪',而 20 世纪这一'教师的世纪'已经过去,这是值得庆幸的"。[10]

一个典型的案例是加州大学董事会 1995 年以微弱多数通过在大学新生录取、教职工聘任和合同签订中不再执行肯定行动政策(反对歧视促进公平的政策)。董事会在决策过程中绕过通常的咨询程序,对 9 位分校校长、几十位教授和学术评议会的报告和证词置之不理。其中一位董事沃德·康纳利(Ward Connerly)表示,教师不是合作伙伴而是敌手。在一位记者就共同治理向其提问时,他竟然大发雷霆,"我们与他们(教师)分享治理太他妈多了……"[11]他还许诺,他的下一个目标是取消终身聘用制。显然,他是把教育机构当作企业,把营利机构中的管理策略用于非营利的提供教育服务的机构,他所要推行的是大学管理的企业模式。加州大学董事会的这一恶劣先例具有一定的传染性,其后许多大学董事会都侵蚀教师长期以来所拥有的特权。明尼苏达大学董事会试图在不与教师协商的情况下修订终身聘用规章,引发教师的集体抗议;依阿华大学董事会甚至在没有教师参与的情况下试图重构课程。

在董事会的公开支持或默许下,一些大学校长也自比企业的 CEO。一个最严重的案例发生在南卡罗来纳州的佛朗西斯·马里昂大学，该校校长的选聘未征询教师意见。校长上任以后就全面控制课程，修改学术人事政策，特别是教师的绩效评价标准，自作主张重构学术机构，制定未来优先发展事项，终于导致教师抗议，并且引发司法调查，结果发现了严重的腐败。

一些大学的董事会和校长联手不断贬低教师的价值，攻击教师效率低下，浪费时间；丑化教师决策，把教师通过讨论达成一致描绘成教师个人为讲而讲的个人表演，吹毛求疵，阻止必要的改革；解散学术评议会；不断攻击终身聘任制，甚至取消终身聘任制，开展后终身聘任评价，以摆脱"朽木"；大量聘用兼职教师，逐渐取代终身聘用教师，以达到减少教师在管理中的声音的目的。

近些年来，大学重构运动在美国愈演愈烈，出现了以下趋势：越来越强调公司管理模式；注重校长所具有的管理而非教育经验，由猎头公司遴选校长，尽量排除教师在遴选中的主体作用；强调对教师的量化评价；教育被定义为商品，学生被看做消费者，要给学生让他们满意的教育，而非教师认为对学生有益的教育；大学在适应市场需求和应对政府问责的双重压力下，专业行政人员不断增多，行政权力不断膨胀，决策层级不断上移，共同治理制度受到伤害。

加州大学教师就共同治理所面对的挑战迅速做出了回应，学术评议会代表大会暨学术委员会主席鲍威尔（Henry C. Powell）和副主席西蒙斯（Daniel Simmons）于2010年3月2日致信校长俞道夫（Mark Yudof），明确提出，"对于影响核心学术使命或大学未来的主张在成为政策之前，应由学术评议会做全面的审查……学术评议会应有机会在建议出现在董事会议事日程之前提出自己的意见"。现在的"关键是教师和行政人员一道工作，规划我们共同的未来和大学的未来。在经济严重困难的时代，在大学雇员士气引起严重关注的时代，不要把共同治理看做一种障碍，而应看做一种建设的过程，看做我们骄傲地为之服务的大学目前仍然富有和卓越的原因"。[12]

（四）结论

伯克利的核心理念是不断追求卓越，而保证理念实现的基本制度是共同治理。我们从伯克利的发展经验中可以得出以下结论：

(1) 从形式上看大学存在两个决策系统，一个是以学术评议会为代表的教师，另一个是以校长为代表的行政，前者负责教学与科研，后者负责财政与组织。但是，实际上这两方面的工作是不可分割的，它们相互重叠，相互依存，在现实中所谓“教授治学，校长治校”是不可行的。教师和行政人员之间相互信任，相互尊重，共同协商，共同决策，构建一种平等对话的学术共同体文化是大学成功发展的基本保障。

(2) 学术评议会是大学共同治理中各方应该予以支持和尊重的核心机构，是代表全校教师参与大学治理的实体机构。正如伯克利历史学讲座教授布鲁克(Gene Brucker)所说，“……学术评议会创建了一种大学行政和教师共同治理理念的制度模式。这种责任分担在其他院校尚未广泛实施，因为这要求行政有分权的意愿，教师有投入时间和精力使这一制度运转的意愿。在我看来，这是保持伯克利世界一流大学地位的一个重要因素”。[13]

(3) 共同治理有利于减缓校园行政与学术间的文化矛盾，构建和谐大学文化。伯克利的一位华裔校长田长霖认为，“我相信伯克利的优势和活力在于与教师一道共同决策。回眸过去 75 年，给我们以深刻印象的是学术评议会在减缓那些撕裂大学的爆炸性冲突中的关键作用。我们要感谢共同治理，感谢我们的教师不懈地致力于大学使命，我们才从每一次冲突中走向更强”。[14]

(4) 共同治理是对不断膨胀的行政权力的制约。在当前大学官僚化和商业化的势不可挡的潮流中，共同治理有特殊重要的现实意义，是解决校园腐败的一剂良方，因为它搭建了限制绝对权力的制度框架，绝对的权力绝对导致腐败。

(5) 共同治理制度成功的关键是在制度保障下的交流与沟通。共同治理在教师之间，在教师与行政人员之间搭建了重要的交流平台，大学文化与企业和政府文化显著的不同就在于大学的决策形成于教师和行政间广泛的、永无止境的交流与沟通。这样的决策方式可能会慢一些，在共同治理中也可能做错事，但是很少会有未经过深思熟虑的政策出台，因为大学教师做的最好的一件事情就是思考、质疑和批评。

共同治理促进一所大学人才辈出，共同治理保证一所大学不断产生原创性研究成果。回顾伯克利发展的历史，我们不难发现，在其成立最初的 50 年，只不过是一所不起眼的地方性大学。但是，通过“教师革命”，伯克利建立了现代大学制度的基础——共同治理制度之后，才走上了世界一流大学的建设之路。在这一制度的建设过程中，教师成为有勇气、有士气、有追求、正直的大学的主人，只有这样的教师才会焕发创造的潜能，才会投身于教育这一崇高的事业。同样，在这一制度的建设过程中，行政人员在与教师碰撞的张力中，理解了大学的本质特征，学会了尊重大学教师这一特殊的群体，读懂了他们的特殊气质和思维特点，认识到教师是大学的心脏，将其弃之不用，贬值和羞辱终会使大学乃至他们自身付出重大代价。教师与行政人员之间相互理解，相互尊重，营建和谐的大学文化，通过制度保证相互间的沟通，共同做出学校重大决策，是现代大学制度的根本。我国已经制定了中长期教育发展规划纲要，明确提出了建立现代大学制度的要求，我们有必要认真研究伯克利等大学的发展史，学习现代大学制度的精髓。

参考文献：

[1] History of UC Berkeley[EB/OL]. http://www. Berkeley edu/about/hist/. [2010—12—2]

[2] President Richard C. Atkinson. Tradition at the University of California [EB/OL]. http://www. UCOP. EDU/pre/comments/tradition. htm. [2010—12—2]

[3] President Richardson C. Atkinson. Highlights of the Presidents' Address at the Regents Dinner in Honor of the Academic Council[J]. San Francisco, May 14, 2003.

[4][13][14] Reflections on Shared Governance[EB/OL]. http://www. universityofcalifornia. edu/aboutuc/governance. html. [2010—12—20]

[5][6][7] John A. Douglas. Shared Governance at the University of California: An Historical Review[J]. Center for studies in Higher Education, March, 1988. http://www. escholarship. org/uc/item/07q345d0. [2010—12—20]

[8] Academic Senate. About the Senate, Academic Senate, Berkeley. Standing Order ol the Regents 105. 2: Duties, Powers, and Privileges ol the

Academic Senate [EB/OL]. http://academic-senate. berkeleyedu/about-senate.[2011—05—15]

[9] Introduction to the Budget Committee. Updated Feb., 2006[EB/OL]. http://Is. berkeley. edu/files/images/file/Budget% 20Committee% 20intro. pdf.[2011—01—22]

[10][11] John Wallach Scott. The Critical State of Shared Governance [J], Academe, July/August, 2002.

[12] Mark Yudof. Consultation and Share ol governance [EB/OL]. http://www. universityofcalifornia. edu/senate/reports/HP2MGY _consultation_030210. pdf.[2011—02—01]

(本文发表于《比较教育研究》2011 年第 1 期。作者王英杰,时属单位为北京师范大学国际与比较教育研究院)

三、加州大学的治理变革及启示

20世纪90年代以来,欧美国家的高等教育领域掀起了一场治理变革的浪潮。这场治理变革主要源于80年代末西方社会科学领域兴起的治理理论对高等教育产生的影响。治理实际上是一种新的管理模式,它涵盖所有正式制度和规则,同时也包含各种非正式的制度安排,所欲呈现的是一套政策参与者都能接受的运作模式。与以往的管理模式相比,治理更注重协调,而不是控制,主张政府组织与非政府组织共同参与公共事务的管理。从控制走向协调,以治理代替管理,既是世界高等教育改革的趋势,也是美国公立大学一直努力的方向,而加州大学则是将这种努力践行得较为彻底的一个成功典范。

(一)治理变革的必要性

加州大学是由1853年建立在奥克兰的加利福尼亚学院发展而来的,从最初一所默默无闻的小型私立学院发展成为当今美国最具影响力的公立大学之一,其间离不开州政府的扶持与资助。正如美国杜克大学校长特里·桑福德(Terry Sanford)所说:"额外的经费来自联邦政府,这是用来锦上添花的经费……这是需要的,也确实改善了品质……但是我们应该记住,尽管这些额外的经费带来了诸多好处,但是高等教育的列车,最初是由州政府启动的,也由于州政府在人力和物力上的不断注入,才得以继续向前奔驰。"[1]对公用经费的依赖从而为州政府对加州大学的干预提供了契机。二战以来,这种干预变得更为强势。40年代末期与50年代初期的麦卡锡主义运动期间,在州政府的授意下,校长与董事会强迫教师们签订誓言书,要求他们证明自己不是共产党员。教师们进行了抵制，许多著名学者与科学家选择了辞职，而不是违心地签订誓言，另有一些没有签订誓言书的教师则被校方辞退，后来这种极端的做法被取消了。1967年，董事会在罗纳德·里根州长的压力下，将克拉克·克尔校长撤职了，反映了州长对克尔言论自由行动事件所引发的敌意。在1980～1990年代早期，许多教师曾力劝州政府放弃对两个主要设计核武器的国家实验室的控制，但是没有取得成功。1995年州政府迫使加州大学董事会就教师性别平等问题采取措施。2002年州长还要求大学就自由言论和仇视罪的政策作出反思。[2]

正是州政府对大学的这种严密控制让加州大学的学者们深刻地意识到原有管理模式在维护大学自治方面存在明显的缺陷与不足，为此加州大学的治理者试图在治理理论的指导下对原有的管理模式进行调整，以治理代替管理，由控制走向协调，并使治理机构在保障大学自治和抵制外界政治影响上切实发挥作用。

(二) 治理变革采取的措施

过去许多年来，加州大学一直面临着相当大的外界政治压力，尽管有这些压力，与美国其它公立高校相比较，加州大学仍然保留了很大的自治权。为了减少政治干预，营造一个良好的自治环境，加州大学治理机构为此作出了不懈努力。

1. 弱化政府管制色彩

加州大学通过寻找大学自治的法律保障、与政府签订协约、寻求校外群体的支持、运用市场机制等方式来逐步淡化政府的管制色彩，拓展大学的自治空间。

（1）寻找大学自治的法律保障。加州大学自治的制度基础来自于加州宪法的明确保障，州宪法明确规定：大学是一个受公众委托的组织机构，管理应该“完全独立于所有政治、党派影响，并自由地任命董事，处理内部事务”。[3]州宪法的条款虽然不能完全阻止州政府官员与立法者影响大学的发展方向，但它至少是一个强大的象征力量以保障大学的自治，防止在大学里玩弄政治权术。大学的自治权之所以受到州政府掣肘，其主要原因就是大学对公用经费的严重依赖。正如加州大学主管人事的校长助理E·斯威特克斯女士所言：“我们必须与州政府建立良好的关系，因为州政府手中攥着我们的钱包。即使这一钱包越来越瘪，我们也得努力去争取。”为了防止州政府官员利用拨款来对大学进行干预，加州大学经常以州宪法的条款来捍卫自己的自治权。而且宪法还确立了下述原则，州政府应该为大学提供巨额拨款，这样就使得无论何种党派的政治家都不太容易利用拨款方式来干预大学内部事务。

(2) 以治理代替管理。加州大学抵制政治干预的力量不仅基于加州宪法，而且还来自于大学内部教学人员对外界政治干预的广泛厌恶，偏好治理而不是管制。大学以治理代替管制的做法主要体现在两个方面，一是采用签订协议的方式减少大学内部与州政府之间出现的争议，大学通常与政府官员在经费分配和日常管理方面达成稳固的共识，并签订各种协议。这些协议包括如下事项：州政府拨给学生的人均经费、维修校舍与购买设备的资助形式和薪资水平等，这样就将学校管理中的敏感问题如教师薪酬问题和经费分配问题带出政治领域。二是以治理取代管理，这个策略坚持的原则就是多中心治理，也就是以多元权力主体替代单一的权力主体，以协商治理的分权模式取代独断专制的集权控制，表现在加州大学治理变革中的一些举措就是将原来由州政府、董事会、总校校长掌握的教育决策权力逐步下放到分校、院系甚至到个别的教师，并充分发挥他们治理大学的积极性。如1996年总校校长调整了预算分配模式，将经费分配权力下放到分校校长。

(3) 提升市场竞争优势。引入市场机制也是加州大学减少政治干预的一种有效方式，各种学术市场的激烈竞争使得大学纷纷构筑自己的竞争优势。而对竞争优势的高度关注又使得大学的价值观念日益凸现竞争机制、效益观念与消费者需求等市场因素。如20世纪90年代中期，伯克利分校生物系的科研水平逐步落后于它的主要竞争者，为此大学作出了一系列快速反应：校长与学校的著名生物学家一起研究改进生物科学的研究计划，包括生物系的机构重组以及为开展先进的生物工程研究修建新的大楼等。2005年加州大学还从霍普金斯大学挖走了两位著名的生物学家。[4]这些都是大学为了提升其竞争优势而付诸的种种努力。

(4) 寻求广泛的社会支持。加州大学自治的基础不仅根源于1879年州宪法的制度保障，更多是来源于社会各界团体的广泛支持。这些团体包括州政府、联邦政府的各种协调机构、大学重要的校友会以及代表大学教职员工利益的工会、基金会以及每年为大学提供大笔资金的各界朋友、与大学有重要联系的各类企业，他们为大学提供了强大的财政或政治支持。[5]当然大学也不会忘记一些曾给予它善意批评与忠告的个人和团体以及为大学提供服务的众多律师，他们自始至终都是大学的支持者与赞助者。随着大学从社会边缘走向中心，它的利益日趋多元化，这些利益涉及到大学与公民社会、政府以及各类资助群体之间的关系，而这些关系为大学自治建立了牢固基础。

2. 发挥大学治理机构的协调作用

大学的治理机构如董事会、校长办公室与学术委员会也较充分地发挥其协调作用，为大学自治提供一系列的缓冲与保护。

(1) 学术委员会对学者的保护作用。在加州大学，学术委员会由所有学术人员组成，从助理教授到终身教授，他们在委员会皆具相同身份和平等权力。一般来说，委员会对几所分校的学术项目、学术人员的任命与提升负有主要的责任，还对学生的入学标准进行咨询，尽管后者在过去两年里是大学争议的一个焦点问题。除此之外，它还对其他事情进行咨询与建议，但是对这些事情的咨询作用的大小因问题而异。在教学、研究、学生入学与评价、学术人员的任免与晋升之外的领域，委员会的作用就是对管理人员的措施做出反应：当这些措施与学术价值有分歧时，他们通常就采取抵制态度，并试图改进或重新界定它们，从而使学者的决策与行动合法化，因此整个学者集体就能相信他们的利益与价值得到了保护。学术委员会的存在及其工作主要为加州大学的校园创设这样一种氛围，学者可以对学术与科研领域之外的许多活动不用关注。对一般学者来说，委员会的存在可以让他们在各种保护屏障下顺利进行教学与研究工作。

(2) 董事会的缓冲作用。加州大学的董事会主要制定大政方针，而将学校内部日常事务的管理权力，委托给由它推选出的法定代表人和执行官——校长，将校内学术事务的管理权力，交给学术委员会，在校长主持下学术委员会负责学术工作和其它教学工作。大学管理结构如下图所示。

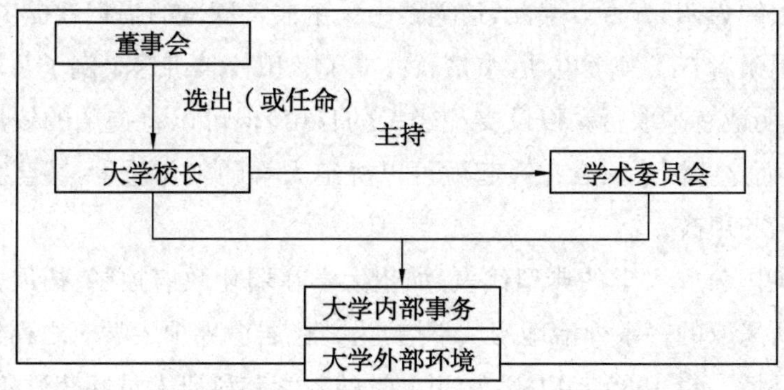

董事会由 26 个人组成。其中 18 人由州长指定，州议会任命，服务期为 12 年，他们一般负责董事会的日常工作。另外 7 名董事中的 4 名则由州政府官员担任，他们一般很少参加董事会议；2 名由加州大学的校友会担任，1 年任期，还有 1 名董事就是大学校长。董事会被任命的成员一般任期是 12 年，以确保他们的任期超过州长任命的期限。一名董事可以被再次任命，但是不能被解雇，除非有犯罪行为，实际上迄今为止没人被解雇。所有这些制度设计都使得董事会能独立于任命他们的州长，至少逐渐走向独立。

董事会一般避免对有争议的问题展开讨论，还经常对带有政治色彩的问题采取拖延策略，因为时间能耗去行动的热情，并避免矛盾激化，或者是静悄悄地以行政方式解决，而不是轰轰烈烈地通过政治途径来解决。一个现成的例子就是 1999 年董事会支持大学校长不要理会州法庭的裁决：要求大学恢复因性骚扰于 1996 年被解雇的一位教授的职位。[6] 另外董事会对大学教师性别平等问题也采取了拖延策略。

(3) 校长的引领作用。校长的决定作用包括总校校长的协调作用和分校校长的决策作用。总校校长的协调作用主要体现在大学与州政府关系的处理上，加州大学和它的所有分校，都要通过总校校长办公室，而不是分校校长与加州政府处理关系。校长办公室设有行政与法律部门，其成员都是富有经验的行政人员，他们擅长与州政府打交道。分校校长的决策作用表现在其拥有广泛的自治权，有权力采取某种特别的行动，能自由地分配经费与资源。下面这个例子就充分说明了分校校长的这种自治权力。在田长霖校长（伯克利分校的华裔校长）的最后任期，他与德国同行召开了一次会议，并讲述了从另外一所大学聘请一位杰出的生物学家的故事。新实验室需要这位专家来负责，而聘请这位专家的费用大约为四、五百万美元，这笔钱由一个非常慷慨的捐献者提供，校长只是给这位捐赠者打了一个电话，事情就办成了。田校长讲这个例子并非偶然之举，他想说明他有采取行动以及支配经费的自由，他可以将捐赠的钱用于聘请杰出学者，而这些因素聚合在一起就可以决定大学的工作质量，甚至大学在世界上的排名与声誉。

作为美国公立大学的典型代表，加州大学在弱化政府控制、拓展大学自治空间方面所采取的一系列治理变革举措，为其稳居世界顶尖学府之列创设了良好的学术环境。自 1939 年以来，加州大学的教学和科研人员共获过 45 项诺贝尔奖;其在国家科学院的成员人数和获得的发明专利数量超过世界上任何一个科研机构。正如洛衫矶加州大学物理学院院长、意大利出生的物理学家罗伯特· 佩切伊所说:“我认为这里的环境更宽松,这对于科学研究是有好处的。”

(三) 启示

从控制走向协调,以治理代替管理,既是当代美国高等教育改革追求的目标,也是我国高等教育改革的目的之所在。因此以加州大学为例的美国公立大学的治理变革为我国大学从传统的“政府”垄断中解放出来,形成政府、社会、大学共治的局面至少带来以下几个方面的启示:

1. 确立大学自治的制度保障

美国公立大学之所以能有广泛的自治权力,是在于它们有稳固的制度保障。如 1879 年的加州宪法就明确规定了它的独立法人地位与自主管理内部事务的权力。而我国的大学要想从国家机关附属单位的身份中脱离出来,成为一个具有独立法人地位的实体,就必须寻求制度的保障。尽管我国的高等教育体制改革从 1985 年起就拉开了序幕,就形式而言大学被赋予了很多符合时代要求和大学自身发展的新内容,并在 1998 年的《高等教育法》中规定了大学具有办学自主权和独立的法人地位。“但实际上,各种有形或无形的限制在制约着高等学校作为独立法人作用的发挥,高等学校的独立法人资格并没有在实践中得以充分的体现和运用。”[7]

2. 重视学术委员会的治理作用

加州大学的学术委员会为学者创造了一个良好的学术环境,使学者能在学术委员会的保护屏障下顺利地开展教学与研究。而我国学术委员会在高校治理中的作用并未得到重视,因此在高校就始终缺乏一流的大师与一流的科研成果生长的土壤。若想扭转此尴尬局面,高校就需要充分发挥学术委员会的作用,为学者成长创设良好的学术环境。为此高校应把职称评定、学位授予、教育教学发展规划、学科研究规划等决策权力划归学术委员会,提高学术委员会在决策中的地位和权力。同时,让学术委员会成为校长教学管理的咨询和制衡机构。

3. 发挥校长的主导作用

加州大学的校长在维护大学自治和争取资源方面发挥了巨大作用,如克拉克·克尔校长为维护师生的言论自由权,不惜与地方当局对抗。另外田长霖分校长在争取校外捐赠时所展示的出色外交才能，这些都是加州大学成长与壮大的坚实基础。大学校长作为大学的灵魂人物和引领者，对于大学的繁荣发展发挥着不可替代的重要作用。而我国的大学校长则基本上由政府任命，更多扮演的是一个政策执行者的角色，加之由于任期的限制，很难形成自己的办学理念和风格。因此要实现校长治校，充分发挥大学校长的主导作用，就必须有合理的管理体制与制度上的环境与保障，同时赋予校长更大的办学自主权，支持与鼓励校长遵循高等教育规律，形成独特而富有个性的办学思想与教育理念。

4. 增强大学吸纳市场资源的能力

以往经验已经证明：大学要想获得更多的自治权力，减少对公用经费的依赖，就需要增强其吸纳市场资源的能力。如加州大学就采用了市场化的方式来弱化政府的集权控制，并强调通过提升大学的竞争优势来争取更多的市场资源。前面田长霖校长所举的那个例子就充分说明了与市场合作的力量。而我国高校要想减少政府干预，获得更多的办学自主权，就必须在保障公共经费的前提下，争取更多的市场资源，为此高校应引入市场机制，提升学校的竞争优势，让高校在较少的政府干预的环境下自由发展，使大学自治和学术自由的特性得以充分彰显。

5. 加强与校外团体的联系

加州大学有足够的能力保护自己免受政府直接干预，当然主要不是通过政治斗争的方式，而是依靠众多校外团体的支持与资助。这些社会团体的广泛支持通常都是潜在的物质资源与政治支持，并且这种支持有助于保护大学的自治权，使大学事务免受政治利益的直接干预，同时也为大学提供充足的办学经费，而减少对公用经费的依赖。我国高校对社会团体的支撑作用一直持忽视态度，因此高等学校还须转变观念，密切与校友及企业界的关系，吸引他们参与高校管理，从而争取更多的政治支持与物质资助。

参考文献：

[1] Terry Sanford. Storm over the State[M]. New York: Mc Graw-Hill, 1967:63.

[2] Davis, Gray. Governor Asks California Universities to Review

Policies on Hate Crimes［J］. The Chronicle of Higher Education, 2002 (48): 38.

［3］ Martin Trow. Governance in the university of california: the transformation of politics into administration［J］. Higher Education Policy, 1998(11):201—20.

［4］ Karen Birchard. California Universities Hire 2 Big Names in Stem-Cell Research［J］. The Chronicle of Higher Education,2006(52):8.

［5］ Martin Trow. Governance in the University of California: the transformation of politics into administration［J］. Higher Education Policy, 1998(11):201—20.

［6］ Anonymous. Trustees ask president not to appeal ruling［J］. The Chronicle of Higher Education,1999(45):10.

［7］潘懋元,邬大光.世纪之交中国高等教育办学模式的变化与走向［J］.教育研究,2001,(3).

(本文发表于《比较教育研究》2007 年第 3 期。作者吴慧平,时属单位为北京师范大学国际与比较教育研究所)

四、美国高校董事会的身份分析
——基于委托代理理论

委托代理关系是现代社会中的一种常见现象。在交易的过程中，由于交易双方掌握的信息不对称，双方在追求各自利益最大化过程中存在冲突，因此会产生委托代理问题。委托代理理论把这种信息不对称条件下的交易者分别称为委托人(principal)和代理人(agent)，其中拥有私人信息的一方称为代理人，不拥有私人信息的一方称为委托人。代理人的私人信息(行动或知识)影响委托人的利益，委托人不得不为代理人的行为承担风险。[1]美国高校董事会制度的运行是一个复杂的交易过程，各方面群体、机构和个人都参与其中，包括州政府、公民、学生、教师、捐赠者、校长、行政管理人员、校友等。在与参与者的交易过程中，董事会有时扮演委托人的角色，有时扮演代理人的角色。本文根据委托代理理论的基本原理来分析美国高校董事会的这两种身份。由于美国高校类型多样，各类高校董事会的身份在不同情况下不尽相同，因此本文把美国高校分为营利性高校、公立高校、私立非营利高校三种类型来进行分析。

(一) 作为代理人的高校董事会

在美国各种类型的高校中，只有营利性高校董事会的代理人身份是毋庸置疑的。董事会是股东选举出来的公司最高治理机构，是股东的代理人。相比之下，非营利性高校董事会的代理人身份则不甚明晰。珀金斯(James A. Perkins)认为，美国公立高校和非宗教性私立高校董事会都是州的代理人，宗教院校董事会是州和教会的双重代理人。同时，由于董事会越来越多地承担起高校内部争端的上诉法院以及民主、平等理念支持者的责任，使它有了一种新的代理人身份，即大学内部共同体的代理人。[2]这一分析基本上代表了美国高等教育界对非营利性高校董事会身份的典型认识，但珀金斯的观点还存在着不少需要进一步阐释的问题。

1. 公立高校董事会的代理人身份

如珀金斯所言，公立高校是州的代理人。但州是一个既确定又模糊的概念，它指州政府还是州公民？英格拉姆认为，应该把公立高校董事会看作是州公民而不是州政府的代理人，它们应该向州选民而不是州政府负责。[3]笔者认为这一观点从法理角度上来说是正确的。

首先，从法律上看，美国公立高校包括根据州宪法设立的高校和根据州普通法规设立的高校，前者被称为宪法法人、公共信托机构、宪法大学等，后者被称为公营公司或州"政治分支部门"。"如果一所高校是公共信托机构，那么它的董事就必须承担公共受托人的特殊受托责任，为公众的教育收益管理信托财产"。[4]尽管按照美国慈善信托的传统，捐赠人或机构一旦将财产委托给受托人管理，就不再对其拥有所有权和控制权，受托人便成为信托财产法律上的所有者，但受托人也必须保证将财产用于信托人所希望的目的，否则就违反了信托责任。相对于信托人而言，董事会对信托财产的使用状况占有更多信息，因此双方就构成了委托代理关系，此类高校董事会就是信托人的代理人。由于信托人是全州的公众，那么董事会就是全州公众的代理人。这是从信托意义上推导出来的董事会的代理人身份。而根据普通法规设立的高校之法律地位等同于州政府机关，它也是作为公民的代理机关而存在。从这个意义上说，作为公立高校法人代表机关的董事会也是州公民的代理人。这是从政治意义上推导出来的董事会的代理人身份。

其次，在选举制董事会中，被选举出来的董事是代表选举人行事的，此时被选举人占有信息优势：选举人并不知道自己选举的董事是否是真正合适的人选，他们是否会努力实现选举人的利益最大化，而且被选举人的信息和行动直接关系到选举人的利益，因此，选举制董事会是其选民的代理人。值得注意的是，以学区、司法区为单位或按照其它分区方式选举产生的董事会的代理人身份呈现"碎片状态"。也就是说，如果它是州一级董事会，作为一个整体，它应该是全州选民的代理人；但就董事个体来说，他首先是本选区选民的代理人。在任命制董事会中，一方面，董事会是任命者的代理人，另一方面，由于任命者（州长、立法机关等）本身也是作为州、市、学区选民的代理人而任命高校董事的，因此这些董事会仍然是代表公民利益行事的，是他们的代理人，三者之间构成了一种多级代理关系。

2. 私立非营利高校董事会的代理人身份

一般认为，私立非营利高校董事会是高校的所有者，而不是代替其他人或机构管理高校的代理人。但从理论上讲，这些董事会只是高校法人财产的所有者，对高校经营利润没有索取权。因此，至少在理论上这些高校的董事会不是出于自我获利的动机而工作，而是代表他人利益的。对于政府、捐赠者、普通公众等外部利益相关者来说，这些董事会的工作努力程度显然以某种方式关乎他们的利益，且相比之下董事会掌握更多关于高校运行状况的信息，因此这类高校的董事会与外部利益相关者之间也构成了委托代理关系。那么董事会究竟是谁的代理人呢？

（1）假设董事会是州的代理人。珀金斯从州具有颁发特许状的权力和私立非营利高校具有免税地位两个方面来论证这个观点。但他同时认为，特许状并不是给予而只是承认董事会的内在权力。[5]那么这种意义上的代理人身份是否成立呢？

在1819年的达特茅斯学院案中，联邦最高法院确认了大学特许状的“契约”地位，从而确立了高校特许状的法律特性。既然由州颁发的私立非营利高校成立文件是一种契约，董事会与州是否构成委托代理关系就在于特许状的内容中是否有相关约定，因此只要考察高校成立文件的内容就可以确定高校董事会与州之间的关系。

就达特茅斯学院的特许状而言，最初的签约方是捐赠人、董事会成员和英国国王。英王作为签约方，在此契约中只享有有限的权力，即确保学院法人按其组成方式永远存续下去，保证董事会只能由12名董事组成，不得更改。美国独立后新罕布什尔州人民继承了英国国王在该州的权力。但是，从特许状内容出发，并不能得出该学院是“为了新罕布什尔州的特殊利益而建立”的结论。也就是说，向学院董事会颁发特许状并不同时意味着委托董事会作为自己的代理人，二者不能划等号。其它私立非营利高校情况也大致类似。一般情况下，尽管州总是作为契约的一方当事人参与私立高校成立文件的签署，但在这些文件的正文中很少有条款表明这所高校是为了州的特殊利益而建。因此，对于私立非营利高校董事会来说，这种特许状意义上的州代理人身份并不存在。

私立非营利高校的免税地位能否说明它的董事会是州的代理人？如果把免于征税看作是州对非营利高校的一种间接投资，那么“董事会是州的代理人”这一命题成立。一方面，州对高校进行间接投资，其目的显然是为了促使该校更好地为本州的利益服务，在这种情况下，州实际上是在高等教育市场中购买高校的服务，它与高校之间是供给者与需求者、生产者与消费者之间的契约关系；另一方面，董事会作为高校的法人代表机关，它仅是这笔投资的接受者，而且要通过对资金的恰当处置使州的利益最大化，因而它是作为州的代理人而行动的。我们可以将这种意义上的董事会代理人身份称为契约意义上的代理人身份。

应该注意的一点是，私立非营利高校不仅在州一级享有免税地位，在联邦一级也享有免税地位，因此其董事会也是联邦或全体国民的代理人。这一结论适用于所有享受联邦免税地位的高校。

(2) 假设董事会是捐赠人或机构的代理人。美国联邦法典第 26 卷《国内税收法典》第 501(C)(3)条规定，以慈善为宗旨的非营利组织可以获得免税资格。按照该法律，私立非营利高校属于以慈善为宗旨的信托组织，“董事拥有高校信托资产，他们是负有使信托受益人收益最大化责任的受托人”。[6]因此，在信托意义上，私立非营利性高校董事会是捐赠人或机构的代理人。

达特茅斯学院案的判决词也佐证了这一结论，该判决词指出达特茅斯学院董事会是捐赠人的代理人：“学院法人是他们(指捐赠人)权力的代理人(assignee)，代替他们分配捐赠财产，就象他们本人如果能长生不老的话所要做的那样。”[7]

(3) 高校内部利益相关者与董事会的代理人身份。本文把高校利益相关者界定为“与高校有合约关系的要求权人”，其外部利益相关者包括政府、选民、捐赠人或机构、教会等，内部利益相关者主要包括教师、行政人员和学生等。上文主要阐述了董事会与高校外部利益相关者的关系，那么董事会与高校内部利益相关者关系如何？

① 董事会与教师的关系。从法律角度来讲，董事会是雇主，教师是雇员①，他们之间是管理与被管理的关系。从委托代理理论来看，教师是董事会决策的执行者，教师处于信息优势而董事会处于信息劣势，教师是否负责任地完成了教学和科研任务，董事会是不易观察到的。教师向高校投入的是人力资本，一般认为，这种投入是没有专用性的，因为大学教师对其所处学科的忠诚度大于其对所在高校的忠诚度，他们很容易从一所高校到另一所高校就职。而他们这样做时，受损失的往往是其原来所在的高校——从法律意义上讲等同于董事会而非教师。所以说，教师应该是董事会的代理人而不是相反。当然，董事会的决策尤其是在学术事务方面的决策直接关系到学校的学术声望，也关系到教师的个人利益。这个时候董事会处于信息优势，因此从这个意义上说董事会也具有某种程度的教师代理人的特征。② 董事会与行政管理人员。行政管理人员代替董事会对高校进行日常管理，他们是高校及董事会的雇员，是董事会的代理人。③ 董事会与学生。学生在入学时支付了一定的费用来购买高校的服务，因此董事会与学生之间相当于签订了一份契约，但这种契约关系不同于市场上的一次性交易关系，而是需要跨越很长一段时间（取决于学制）才能履行完。对于董事会是否尽力为学生提供高质量的教育，学生是处于信息劣势的，特别是学生对于学业结束后能否在就业市场上找到好工作不甚明了，因此董事会是学生的代理人，这里称之为契约意义上的代理人。在达特茅斯学院案中，马歇尔大法官也认为董事会是学生的代理人。[8]他主要是从信托意义上来论证这一点的，即学生作为慈善信托的受益人，董事会为最大化他们的利益而工作。这是一种信托意义上的代理人。当然，董事会作为学生的代理人身份只适用于非营利高校。

（二）作为委托人的高校董事会

董事会是美国高校的最高治理机构，它的职责主要有12个方面：确定高校的使命和目的，任命校长，支持校长，监督校长的工作绩效，评估董事会绩效，强调战略规划，评估教育和公共服务项目，确保有效管理，确保资源充足，保护高

① 关于教师是否为高校的雇员，这一问题曾经是教师反感的话题，但随着集体谈判制度的建立和发展，美国高校教师逐渐接受了这种身份。

校的独立性，在高校和社区之间建立联系，偶尔充当上诉法院的角色。[9]其中有3处直接提到了校长。盖德也指出，"美国（高等教育）系统中董事会的主要责任——有人会说是首要的责任——就是聘用校长。如果必要的话，还包括解聘校长"。[10]这是对美国高校董事会与校长关系的最常见描述。

董事会与校长对高校负有不同责任，其中董事会对高校进行治理（govern），校长对高校进行管理（manage）；董事会的责任是作出决策（decision-making），校长的责任是执行决策（implementation）。尽管在实践中很难划出两者之间的准确界线，但这种区分对于保持他们之间的权力制衡仍然是十分必要的，也是判断董事会或校长行为是否恰当的重要标准。

校长在执行董事会制定的政策时，董事会是处于信息劣势的一方，校长则是处于信息优势的一方。校长的私人信息影响董事会的利益，董事会要为校长的行为承担风险。因此，董事会与校长之间的关系构成了一种管理意义上的委托代理关系，其中董事会是委托人，校长是代理人。对此许多高校的董事会章程中也作出了明确阐述，如约翰·霍普金斯大学董事会章程中写道："大学校长应该是大学的首席执行官和董事会及其执行委员会的官方顾问和执行代理人。"[11]此外，从管理的意义上讲，尽管教师、普通行政人员也是董事会的雇员，董事会是他们的共同委托人，但董事会并不是他们的直接委托人。这一方面是因为董事会将管理高校的绝大部分权力委托给了校长，另一方面也是因为美国高校一般禁止教师和行政人员直接向董事会汇报工作，校长充当着高校内部共同体与董事会之间联系人的角色。

公立大学系统的系统董事会除了是大学系统总校长的委托人之外，也是下属各个分校校长的委托人。在不少多层董事会（例如北卡罗莱纳大学董事会）中，每所分校董事会在一定程度上扮演着所在学校校长委托人的角色。而在私立非营利高校的双层董事会中（如哈佛大学），只有法人董事会才是校长的委托人。

（三）结论

通过以上分析，我们发现美国高校董事会的身份比较复杂，不同的身份只有在不同的意义下才成立。

表1　美国高校董事会的委托人身份

<table>
<tr><th></th><th>高校\董事会类型</th><th>董事会的代理人身份</th><th colspan="2">备　注</th></tr>
<tr><td rowspan="4">公立高校</td><td>根据宪法成立的高校</td><td>州公民的代理人</td><td colspan="2">在信托意义上成立</td></tr>
<tr><td>根据普通法规成立的高校</td><td>州公民的代理人</td><td colspan="2">在政治意义上成立</td></tr>
<tr><td>选举制董事会</td><td>选民的代理人</td><td colspan="2">在法律意义上成立；分区选举的董事会其代理人身份呈“碎片状态”</td></tr>
<tr><td>任命制董事会</td><td>任命人\机关的代理人</td><td colspan="2">任命者本身也是州公民的代理人，三者之间形成一种多级代理关系</td></tr>
<tr><td rowspan="7">私立非营利高校</td><td>混合制董事会</td><td>州、学区、市公民、任命人\机关的代理人</td><td colspan="2">代理人身份一定程度呈“碎片状态”</td></tr>
<tr><td>多层级董事会</td><td>有的下级董事会是上级董事会的代理人，有的不是</td><td colspan="2">在管理意义上成立</td></tr>
<tr><td rowspan="2">非宗教院校</td><td>州和联邦公民的代理人</td><td>在特许状意义上不成立，但在契约意义上成立</td><td rowspan="2">双层董事会的两个层级具有一致的代理人身份</td></tr>
<tr><td>捐赠者的代理人</td><td>在信托意义上成立</td></tr>
<tr><td rowspan="2">宗教院校</td><td>州和联邦公民的代理人</td><td colspan="2">在特许意义上不成立，但在契约意义上成立</td></tr>
<tr><td>教会的代理人</td><td colspan="2">在管理意义上成立</td></tr>
<tr><td colspan="2">私立营利性高校</td><td>股东的代理人</td><td colspan="2">在管理意义上成立</td></tr>
<tr><td rowspan="2">所有高校</td><td>非营利高校</td><td>学生的代理人</td><td colspan="2">1、在契约意义上成立　2、在信托意义上成立</td></tr>
<tr><td>营利高校</td><td>学生的代理人</td><td colspan="2">在契约意义上成立</td></tr>
</table>

1. 董事会的委托人身份比较明晰

在美国高校的治理结构安排中，董事会与校长之间是决策者与执行者的关系，在双方的委托代理关系中，董事会是委托人，校长是代理人。这种委托代理关系在管理意义上是成立的。教师和行政人员作为董事会的雇员，也成为董事会的受托人。

2. 董事会的代理人身份复杂

在董事会与外部利益相关者(包括公民、选民、任命者、捐赠者、教会、股东等)的委托代理关系中,公立院校、私立非营利高校和营利高校的代理人身份各有不同(具体见表1)。在董事会与内部利益相关者——学生的委托代理关系中,董事会作为学生的代理人身份比较明晰。这种复杂的委托代理关系为不同类型的高校构成了多样化的外部生存环境,后者反过来也制约着董事会对高校的治理绩效,使得美国不同类型高校之间表现出不同的绩效特征。

美国高校董事会的代理人与委托人身份如表2。

表2

<table>
<tr><th>高校\董事会类型</th><th>董事会的委托人身份</th><th>备　注</th></tr>
<tr><td rowspan="2">所有高校</td><td>校长的委托人</td><td>在管理意义上成立</td></tr>
<tr><td>教师和行政人员的委托人</td><td>间接委托人;在管理意义上成立</td></tr>
<tr><td rowspan="2">公立大学系统董事会</td><td>大学系统校长的委托人</td><td rowspan="2">在管理意义上成立</td></tr>
<tr><td>各分校校长的委托人</td></tr>
</table>

参考文献:

[1] 张维迎. 博弈论与信息经济学[M]. 上海:上海三联书店,上海人民出版社,2003:398.

[2][5] James A. Perkins. ed. The University as an Organization[M]. New York: Mcgraw Hill Book Company,1973:203—211,207.

[3] Richard T. Ingram. Testimony to the National Commission on Accountability in Higher Education Washington, D. C. , May 10,2004.

[4] William A. Kaplin. The Law of Higher Education: A Comprehensive Guide to Legal Implications of Administrative Decision Making(2nd edition)[M]. San Francisco, London: Jossey-Bass Publishers, 1985:446.

[6] John Nason. Responsibilities of the Governing Board. in Richard T. Ingram & Associates. Governing Independent Colleges and Universities: A

Handbook for Trustees，Chief Executives，and Other Campus Leaders[M]. San Francisco：Jossey-Bass Publishers，1993:97.

[7][8] Trustees of Dartmouth Collegev. Wodward 17 U. S. 518. Error to the Superior Court of the State of New Hampshire[EB/OL]. http://www. dartmouth. edu/govdocs/case/courtdecision. htm. 2007—03—19.

[9] Richard T. Ingram. Effective Trusteeship：A Guide for Board Members of Private Colleges and Universities[M]. Washington，DC：AGB，1995:6.

[10] Burton R. Clark & Guy Neave. The Encyclopedia of Higher Education[M]. Oxford：Pergamon Press，1992:1398.

[11] 约翰霍普金斯大学董事会章程[EB/OL]. http://trustees. jhu. edu/bylaws. php，2007—03—19.

（本文发表于《比较教育研究》2007年第9期。作者王绽蕊，时属单位为北京航空农耕航天大学高等教育研究所；作者张东海，时属单位为华东师范大学高等教育研究所）

五、美国大学与学院董事会成员的职业构成

——10所著名大学的“案例”

(一) 引言

在美国大学的管理体制中，董事会(Governing Board)是一个非常具有特点的环节，是美国高等教育决策的主要特征。[1] 1982年，卡内基教学促进基金会在其发表的《校园的控制：关于高等教育管理的报告》中指出：“董事会构成了(美国)高等教育管理结构的基石。”[2]

1966年，美国大学教授协会(AAUP)、美国教育理事会(ACE)和大学与学院董事会协会(AGB)联合发表了“关于学院和大学管理的声明”，就董事会的职责做了详尽的说明。根据这项联合声明，大学和学院的董事会具有“决定性的制度权力”，它的特殊使命是“确保大学或学院的历史将发挥作为通向未来的序幕和灵感的作用”。[3]“声明”指出，董事会的具体职责如下：第一，把管理行为委托给管理官员(校长、院长)，把教学和研究行为委托给教师；第二，保证规定机构全面政策和程序的声明的公开；第三，在以下方面发挥中心作用：1) 寻求未来可预见需要的资源；2) 有责任节俭地使用捐赠；3) 有责任获得所需的资本和运行经费；4) 关注人事政策。为履行上述责任，董事会有权要求管理机构和教师提出长期的规划；第四，当机构或其中的任何部分受到恶意的威胁，董事会必须提供支援，等等。[4]除1978年美国大学教授协会对上述声明又增加了两条注解外，这个声明至今一直没有修改。

随着时间的推移，董事会的职责问题日益受到关注。1973年，卡内基高等教育委员会发表了《高等教育的管理：六个优先考虑的问题》的报告，其中提出，董事会最好能履行6项职能：1）为了机构的长远利益，掌握和使用"托管"权；2）在社会和校园之间扮演"缓冲器"的角色，以抵制外界的干扰，同时又能与变化着的社会保持合理的关系；3）在涉及管理者、教师和学生的内部冲突中，扮演仲裁人的角色；4）"变化的动力"，决定进行何种变化和何时发生变化；5）在校园的经济利益方面，承担基本责任；6）最为重要的是，提供机构的管理。[5]

1983年，约翰·内森(John Nason)在为大学与学院董事会协会撰写的报告中，提出了董事会的13项基本职责，其中包括：1）维持托管的完整；2）任命校长；3）确保机构的良好管理；4）批准预算；5）提高工资；6）管理捐赠；7）保证必要的物质条件；8）监督教育项目；9）批准长期计划；10）在学校和社区之间扮演桥梁和缓冲器；11）保持机构的经济运行；12）扮演上诉法院的角色；13）知情。[6]

1991年，原陶森州立大学校长费舍(James L. Fisher)在为美国教育理事会撰写的报告中，又提出了新的主张。他认为，大学和学院董事会应承担的职责包括：1）任命校长；2）对机构进行评估；3）评价董事会的政策；4）支持校长；5）评价校长的业绩；6）批准长期计划；7）考察机构的宗旨；8）监督教育项目；9）保证财政实力；10）保持机构的独立；11）代表机构和公众；12）扮演上诉法院的角色；13）决定董事会工作。[7]

从以上文献可以看到，在美国高等教育机构的管理中，董事会居于举足轻重的地位。尽管关于董事会的职责，美国高等教育界还存在着分歧，但从中至少可以了解到董事会的基本职能和权限。因此，了解董事会，从董事会成员的职业构成与分布进行研究，可以更为具体地看到美国大学管理的一些基本特点。

(二) 相关数据

通过对美国10所著名大学(哈佛大学、普林斯顿大学、耶鲁大学、斯坦福大学、麻省理工学院、芝加哥大学、加州大学伯克利分校、达特茅斯学院、哥伦比亚大学和密歇根大学)1996年董事会成员所从事的职业的分类和统计，可以对美国具有代表性的大学的董事会的职业分布进行分析。

1996年,上述10所大学董事会成员总计298人,按其所从事的职业进行分类,可见表1。[8]

表1　10所著名大学董事会成员的职业分布

职业＼学校	工商企业董事	公共事务官员	学术管理人员	律师	法官	医生	教授教师	管理人员	学生	基金会董事	银行家	作家	记者	科学技术人员	社会工作者	志愿者	其它*
哈佛	11	4	2	2	1	2	3			1	1	1		2			
普林斯顿	17		1	3		5	1	1	2	1	3	1	1	1			2
耶鲁	7	1	2		1		1	2		1							2
斯坦福	16	1	2	2	1	1	1			4					1		
麻省理工	47	1	7	2	1	1	6		1		4		1	1			1
芝加哥	23	2	1	6			1			1	1					2	2
伯克利	6	7	2	6		1				2						1	
达特茅斯	5	1	2	2			1				2		3				
哥伦比亚	13		1	1			3				3						1
密歇根	5	1	1	1													
合计	150	18	21	25	4	10	17	3	3	10	14	2	5	4	1	3	8

(根据Martin Anderson, Impostors in the Temple一书附录所提供的资料整理。)

*:被列入“其它”类的8人中,1人为研究分析家,1人为宗教领袖,1人为政治家,2人为新闻出版业的董事,1人为职业运动队的代表,1人为博物馆馆长,1人为学术顾问。

从表1可以看出,上述10所大学董事会成员的职业分布和构成大致有以下几个特点:

第一,工商企业董事和律师所占比重较高。在上述10所大学298名董事会成员中,来自工商企业的董事会成员高达150人,占总数的50.3%,超过其它17个职业从业人员的总和。其次为律师,总计23人,占总数的8.4%。居于第三位的才是大学的学术管理人员。这说明工商企业的高级管理人员和律师在美国大学(至少是在上述10所著名大学)高级决策机构处于非常重要的地位。当把工商企业董事和律师在上述10所大学董事会成员中所占比重与其它职业从业人员进行比较,就可以更为清晰地看到这一点(见表2)。

表2 不同职业从业者在10所大学董事会中所占的比例和排序

职业	工商企业董事	律师	学术管理人员	公共事务官员	教授教师	银行家	医生	基金会董事	记者	法官	科学技术人员	管理人员	学生	志愿者	作家	社会工作者	其它
比例(%)	50.3	8.4	7	6	5.7	4.4	3.4	3.4	1.68	1.3	1.3	1	1	1	0.6	0.3	2.7
排序	1	2	3	4	5	6	7	7	9	10	10	12	12	12	15	16	17

第二,非学术界人士占主导地位。从上述10所大学董事会成员所从事的职业看,从事学术职业(包括大学管理人员、学术管理人员、教授、教师、学生、科学技术人员)所占的比例是很小的,而从事非学术职业的人士所占的比例则远远高于学术职业的从业人员的比例。在上述10所大学董事会成员298人中,从事学术职业的董事为45人,从事非学术职业的董事为253人,分别占总数的15%和85%(见表3)。

表3 10所大学董事会成员中学术界与非学术界人士所占比例

学校	哈佛	普林斯顿	耶鲁	斯坦福	麻省理工学院	芝加哥	伯克利	达特茅斯	哥伦比亚	密歇根
学术界人士①	7	5	3	3	15	2	2	3	4	1
比例(%)	23.3	13.2	17.6	10	20.5	5.1	8	18.8	18.2	12.5
非学术界人士	23	33	14	27	58	37	23	13	18	7
比例(%)	76.7	86.8	82.4	90	79.5	94.9	92	81.2	81.8	87.5

(根据Martin Anderson, Impostors in the Temple一书附录所提供的数据整理。)

第三,校外人士占压倒多数。在上述10所大学298名董事会成员中,来自校内的教授(教师)、管理人员和学生总计22人,占总数的7.4%,来自校外的人士为276人,占总数的92.6%。表4说明这10所大学校内外人士在董事会成员中所占的比重,从中可以更为具体和明确地看出不同大学董事会成员的构

① 学术界人士泛指大学管理人员、学术管理人员、教授(教师)、科学技术人员和学生。非学术界人士则是指除学术界人士以外的各种职业的从业人员。

成情况。

第四，至少在上述10所大学范围内，不论是私立大学还是公立大学，其董事会成员职业分布和构成的特点是非常接近的。在上述10所大学中，哈佛、耶鲁、麻省理工学院等是私立大学，而加利福利亚大学伯克利校区、密歇根则为公立大学。大学在“属性”或产权归属上的差异并没有对其董事会成员的构成产生明显的影响。

上述10所著名大学的董事会的构成如此，那么，美国其它大学和学院的情况又怎样呢？相关资料说明，在全美3 200多所大学和学院中，共有48 000多名董事，其中86%分布在私立学校，平均每所学校有28名董事(公立学校为9名)。对其中1 000所学校的调查表明，董事中80%为男性，90%以上为白人，70%以上年龄在50岁以上，90%没有获得过博士学位，多数为工商企业、金融界、法律界和政府的名流。[9]

表4　10所著名大学董事会成员中校内外人士所占比例

学校	哈佛	普林斯顿	耶鲁	斯坦福	麻省理工学院	芝加哥	伯克利	达特茅斯	哥伦比亚	密歇根
校内	4	1	3	1	4	2	2	2	2	1
比例(%)	13.3	2.6	17.6	3.3	5.5	5.1	8	12.5	9.1	12.5
校外	26	37	14	29	69	37	23	14	20	7
比例(%)	86.7	97.4	82.4	96.7	94.5	94.9	92	87.5	90.9	87.5

(根据Martin Anderson, Impostors in the Temple一书附录所提供的数据整理。)

(三) 分析与讨论

众所周知，董事会是美国大多数大学和学院的最高权力机构，那么，为什么美国大学(至少上述10所美国著名的大学)的董事会成员的职业构成与分布会呈现以上这些特点呢？或者，为什么美国的大学会把自己“交给”大多数来自本校以外、并且大多数几乎是学术的门外汉来控制呢？

历史的和传统的因素无疑是决定美国大学和学院的董事会构成的最为重要的原因。美国大学董事会的组成模式最初是在哈佛大学形成的。从1638年夏正式开学起的5年中，由马萨诸塞议会任命的委员会负责管理哈佛学院的各项事务。这个委员会由总督、副总督、司库、3 名地方行政官和 6 名牧师组成。[10]1642 年,根据马萨诸塞议会的立法,该委员会成为哈佛学院的董事会,并正式命名为监事会(Board of Overseers)。监事会由 21 人组成,其中包括 11 名政府官员、9 名公理会牧师和哈佛学院院长。1650 年,马萨诸塞议会颁布特许状(又译作宪章),在哈佛学院成立第二个董事会,称为"哈佛法人"(The Harvard Corporation),法律上称之为"哈佛学院院长和同事"(the President and Fellows of Harvard College)。哈佛法人由哈佛院长、司库和 5 名哈佛的教师组成。由此形成了哈佛特有的监事会与董事会并存的双重董事会体制(the Dual Board System)。

在 17 世纪相当长的时间内,哈佛学院的这种体制造成了监事会和"法人"之间一系列的矛盾和冲突。有鉴于此,当 1702 年,10 名公理会牧师(其中 9 人是哈佛的毕业生)被康涅狄格议会任命为受托管理人(Trustee)创办耶鲁学院时,他们没有仿效哈佛的体制,而采取了单一的董事会体制(the Single Governing Board System)。1754 年,康涅狄格议会颁布特许状,成立有 9 人组成的"耶鲁学院院长和同事"法人(即董事会)。耶鲁的这种单一董事会体制为以后大多数美国大学和学院的董事会所效法,成为迄今为止美国大学和学院最广泛采用的体制。[11]

这种形成于 200 多年前的体制之所以至今仍在发挥作用,一个基本的原因是,无论是双重董事会体制,还是单一董事会体制,其产生的法律基础(即宪章或特许状)至今仍在发生效力。200 多年来,发生变化的只是董事会成员的职业构成。其中最为显著的一点是,随着时间的推移,牧师在董事会中的绝对支配地位逐渐削弱,神职人员在董事会成员所占比例大幅度下降(在上述 10 所大学的董事会成员中,仅耶鲁大学一校为神职人员保留了席位)。与此形成鲜明对照的是,工商企业界的代表在董事会成员中所占的比重不断提高,其地位日益重要。之所以有这种变化的外部原因是社会的变迁和职业相对重要性的改变,但也应当看到,在哈佛、耶鲁等校的特许状中,虽然连董事会成员的名姓都一一提及,但却并没有明确规定董事会成员的职业构成。[12]这事实上为以后董事会成员职业构成的变化,提供了必要的法律依据或至少没有设置法律障碍。

近 200 多年来,美国大学和学院董事会成员职业构成虽然发生了显著的变化，但校外人士在董事会中占据支配地位的格局却始终没有发生实质性的改变，其根源依然与美国高等教育的传统有关。

众所周知，殖民地时期，美国在创办哈佛等学院时，从西欧，特别是从英格兰、苏格兰、爱尔兰等地的高等教育机构（包括剑桥大学、牛津大学、都柏林大学）学习了许多经验，其中也包括董事会体制。但与上述高等教育机构不同的是，美国的高等教育机构并不是自发形成的，而是由“社区”创办的。因此，从一开始，美国的高等教育机构就由“校外势力”控制：学校由议会颁布特许状设立，学校经费由议会提供，校长和教师由董事会聘任，学校的管理按照议会的特许状实施，如此等等，由此形成了创办人具有主办权的惯例。在这种情况下，“校内势力”便很难在机构中发挥实质性的作用（在相当长的时间中，哈佛、耶鲁的校长都不是董事会成员）。尽管 20 世纪以来，校长、教授和学生相继在学校的一些事务逐渐获得了很大的权利，董事会也从最初的包揽一切逐渐过渡到主要负责有关事务，但这个惯例并没有因此失效。这也就是为什么美国大学和学院会存在所谓“外行领导内行”的局面。

参考文献：

［1］ Arthur Levine. Higher Learning In America 1980—2000［M］. Baltimore：The Johns Hopkins University Press，1993:223.

［2］ Carnegie Foundation for the Advancement of Teaching. The Control of the Campus：A Report on the Governance of Higher Education［R］. A Carnegie Foundation Essay. Washington，D. C.：Carnegie Foundation for the Advancement of Teaching，1982:72.

［3］［4］ American Association of University Professors. Statement on Government of Colleges and Universities［J］. AAUP Bulletin，1966,(52)：375—379.

［5］ Carnegie Commission on Higher Education. Governance of Higher Education：Six Priority Problems［M］. New York：McGraw-Hill，1973:32.

［6］ John W. Nason. The Nature of Trusteeship：the Role and

Responsibilities of College and University Boards[R]. Washington D. C. : Association of Governing Board of Universities and Colleges. 1982:19—46.

[7] James L. Fisher. The Board and the President[R]. New York: American Council on Education/Macmillan. 1991:93—105.

[8] Martin Anderson. Imposters in the Temple: a Blueprint for Improving Higher Education in America[M]. Stanford: Hoover Institution Press, 1998. Appendix.

[9] 舸昕编著. 从哈佛到斯坦福——美国著名大学今昔纵横谈[M]. 东方出版社, 1999:105—106.

[10] W. H. Cowley. Presidents, Professors, and Trustees: The Evolution of American Academic Government[M]. San Francisco: Jossey-Bass Publishers, 1980:38.

[11] Arthur M. Cohen. The Shaping of American Higher Education: Emergence and Growth of the Contemporary System[M]. San Francisco: Jossey—Bass Publishers, 1998:41—42.

[12] Sol Cohen (ed.). Education in the United States: A Documentary History(Vol. 2)[C]. New York: Random House, 1974:660—661, 672—675, 685—686, 704—705.

(本文发表于《比较教育研究》2002年第12期。作者张斌贤,时属单位为北京师范大学教育学院;作者张弛,时属单位为北京师范大学教育学院学科建设办公室)

六、英国高等教育治理范式变革的诠释

在英国高等教育从精英型向大众化的转变过程中，其治理范式发生了深刻变革(英国大学拨款委员会(University Grants Committee)(UGC)治理范式被体现新公共管理治理范式的基金委员会模式所取代。20 世纪 70 年代中期的经济与政治危机是新型公共政策范式形成的驱动力，基金委员会治理范式就是新公共管理治理范式的直接体现。本文以高等教育大众化、UGC 的废除、基金委员会治理范式的创建、英国高等教育政策责任的分裂和市场因素的引入为时代背景，借用克里斯多佛·胡德(C. Hood)的图式理论，将英国高等教育政策置于新多元政治斗争的背景中，诠释英国高等教育治理范式的变革。

(一) 英国大学拨款委员会的终结

1987 年 4 月，白皮书《高等教育：迎接挑战》(Higher Education: Meeting the Challenge)宣布了 UGC 的终结。[1] 1988 年，《教育改革法》创建了基金委员会(University Funding Council)(UGC)治理范式，明确了国家对高等教育的责任，这一点对基金委员会治理范式的诠释至关重要。从 UGC 到 UFC 的变革意义重大，因为它标志着与过去的决裂："考虑到教育经济意识形态的力量，学术价值不可能再次支配大学与国家的关系……国家创建新的 UFC 组织，旨在让大学感受到国家的力量。"[2] UGC 在此次变革中遭受重创。[3] 塔珀(Tapper, T.)将 UGC 的管理风格划分为两个阶段：一是从 1919 年成立到撒切尔政府上台；二是 1979 年至 1989 年的终结。[4]

1945 年后，英国大学从财政上对国家相对依赖转变为几乎完全依赖，要继续维持大学独立的神话更加困难。这种财政依赖性通常被视为大学自治的保证而非威胁。[5]1946年UGC扩大了职责范围:“……与大学和有关团体协商,协助制定和执行大学发展计划,确保完全满足国家需要。”[6]1964年,UGC由财政部移交到教育与科学部(DES)。UGC扩大的职责所倡导的规划模式并未因此形成一个为满足国家需要而管理大学的全新UGC,UGC对此缺乏明确认识,指望UGC向大学施加压力是不可能的。[7]UGC是致力于为指导提供良好判断的治理范式,它依赖于思想和信息的交流;依赖于对大学的定期视察;依赖于大人物与优秀人士间的社交接触。因此,UGC的被动角色总是遭受到议会和政府周期性的困扰。两大事件彻底破坏了UGC的地位:一是20世纪70年代的财政削减及撒切尔政府削减公共开支和强化大学责任的政治决定;二是20世纪80年代初的拨款削减成为UGC命运戏剧性的转折点。1981年UGC遭到最强烈的批评,[9]UGC承担起明确的规划职责,做出了大学分摊痛苦的决定。[10]随后,UGC又做出了学系合理化决定,日益成为规划的组织者。UGC的理念不再是高等教育共同的意识形态,“一旦精英主义的意识形态发生分裂,UGC最终必将屈从于政府”。[11]UGC的终结是长期破坏其地位的外部和内部因素共同造成的结果:“死亡早已预示……并不是撒切尔主义谋杀的后果。”[12]

UGC终结的时机选择是个值得分析的问题。根据一些著名评论家的观点,20世纪80年代前半期UGC在政府心目中的地位增强,增加了继续生存的可能性。[13]但为何撒切尔政府最终要用一个基于不同原则的治理范式来取代UGC呢?UGC在20世纪70年代的危机中暴露出缺乏引领大学的能力,在20世纪80年代UGC陷入困境,尤其是UGC在“卡迪夫危机”中的表现,致使UGC遭受到了广泛的批评。公共账目委员会这样评价:“UGC应及早采取积极行动,识别、评判和应对卡迪夫的财政困境。”[14]并声明:“我们欢迎建立新的大学基金委员会,它的作用扩大了,能够更加积极地考虑提交的事件,具有更大的权力与职责。”[15]20世纪80年代,政府对UGC职能的评价决定着UGC的生死存亡,但是,UGC丧失了机会。1979至1988年间,政府迫切希望UGC能够有效地行动起来,发挥其应有的作用,但UGC却始终无法避免其与生俱来的缺陷。虽然UGC在20世纪80年代采取了一系列行动,并在某些领域出现了对其生存前景乐观的评价,但都无法掩盖UGC缺乏有效干涉大学事务的能力和实行有效干预的事实。正如 UGC 主席斯温纳顿·戴尔所声称的，UGC 缺乏干涉的权力。在接受整块拨款之后，资源分配由大学决定的惯例直接抑制了 UGC 的行动。[16]即便是 UGC 能够证明其有效的规划能力，然而，关键是它能否被当时的政府所接受。决心对大学实施有效控制的撒切尔政府不会屈服于由少数权威人士组成的机构，并接受 UGC 基于专业知识做出的决定。

至此，我们可得出结论，与其说 UGC 的终结是自身的失败，不如说是强大政治力量所支持的新思想的牺牲品。英国高等教育治理的根本原则发生了转变。“新公共管理”原则是驱动 20 世纪 80 年代、20 世纪 90 年代撒切尔和梅杰政府实施公共服务改革的核心法则。可以说，英国高等教育治理的重建就是国家改革的一部分，改革的重点聚焦在国家如何能有效地卸下对公共物品生产的责任。

1988 年的《教育改革法》和 1992 年的《高等教育法》赋予基金委员会明确的法定地位，这一点意义重大。UGC 由财政部创建，只是国家的外围机构，而 UFC 的法定地位使其成为国家治理机器的一部分。立法框架明确了政策制定过程控制者和院校参与者的责任。在 UGC 时代，大学的职权和与中央政府交往中的职权边界没有明确界定，而是过多地依据惯例。在一个精英型、小规模的高等教育系统中，UGC 范式不会引起什么问题。但是，随着英国高等教育系统的不断扩大、结构日益复杂和成本的不断增加，政府驾驭高等教育的发展的意图明显，因而，UGC 范式便凸显出诸多问题。

（二）国家与高等教育治理变革的关系

萨尔特(Salter，B.)和塔珀认为，国家是导致 UGC 终结和基金委员会治理范式创立的政治中心，[17]理由是基于哈尔西(Halsay，A. H.)和特罗(Trow，M.)的假设：国家作为“经济增长的管理者”和“个人参与机会的分配者”，对高等教育持有主要的兴趣，高等教育“提供经济增长所需的科学人力和技术创新及扩大日益增长的入学机会”。[18]在国家看来，大学在 UGC 的领导下没有以足够的活力刺激经济增长和扩大社会入学机会。[19]在 20 世纪 60 年代中期，克劳斯兰德批准创建高等教育公共部门，作为对大学的制衡。多科技术学院成为“人民的大学”对社会需求做出反应，推动了高等教育的发展。[20]但是，多科技术学院没有免于大学的召唤，暗地里走上了“学术漂移”的道路，甚至抵制社会需求的压力。[21]在英国精英界出现了泾渭分明的不同观点。能否信任大学对国家需求做出适当反应？是否需要一种新型治理范式，迫使大学对政府压力更加敏感，做出积极的应对？当有着不同信念的政府面对相同的问题时，这种批评超越了政治边界，导致英国大学的地位更加不稳定。政治问题逐渐发生转变，不再是是否应当进行变革，而是究竟用什么原则来巩固新的治理结构。

在新型结构产生前，国家与大学间已确立的价值基础必将遭受挑战。[22]新思想成为新型结构的先驱。尽管UGC具有重要的技术职能，但其主要作用是维护大学的自由主义理想。大学的核心职能是确定何谓高深学问、如何传承和扩大这种知识、怎样代表国家和社会检验高等教育的质量。可见，大学肩负着生产和确立高深学问质量的双重职责。大学自治和UGC的政治独立性都是确保大学实现其职能的手段。

萨尔特(B. Salter)和塔珀认为，高等教育的经济意识形态恰是与此相对立的意识形态，它占领了中央教育机器，随着经济和政治条件的改变，逐步赢得了跨越党派的广泛支持。在这两条相关阵线上，其支持者向大学对高深知识定义的垄断权以及大学的主要使命提出了挑战，最终这两方面的挑战都获得了成功。高等教育的核心使命应是服务于经济需要，扩大社会入学机会，并成为主流学术思维。

与意识形态斗争同等重要的是治理范式的政治斗争。当大学自治的传统价值理念不再使政治动摇，甚至在学术界也日益备受攻击时，大学自治的理念便显得不堪一击。既然不再具有存在的理由，为什么还要继续维持这种治理范式？这场斗争既是政治斗争，又是经济斗争。

正如1988年的《教育改革法案》和1992年的《高等教育法案》所表明的，在传统大学理念被逐步侵蚀之后，紧接着是新型治理范式的诞生，UGC让位于UFC。值得注意的是，新型模式基于三个重要的原则：(1) 政策控制和指导高等教育发展是国家的正式责任；(2) 基金委员会主要是确定公共拨款中分配给大学的份额，制定政治上最佳履行既定政策目标的战略；(3) 大学必须尽可能地在国家和基金委员会确定的政策下有效运作。因此，不同于中央规划，高效的院校管理将决定大学的未来，只是偶尔会受到一些政治干预。

(三) 对英国高等教育治理范式变革的政治学诠释

在分析国家与高等教育的关系变化时,塔珀避开了描述性的"沼泽",指出国家与高等教育轴线变化的理解关键在于分析中央教育机器的疆域。1919 年的教育署和 1945 年后的教育部,官僚政治需求将大学置于部的指导之下,[23]教育部"顺理成章"地承担协调各层次教育系统的职责。将高等教育是经济资源的理念在教育部内生根发芽,逐步成熟,奠定了与高等教育自由主义理念相对立的意识形态基础。因此,单靠官僚政治,无法将正在萌生的意识形态提升至支配性地位,从而推动高等教育治理范式的变革。事实上,治理范式的变革源于政治环境的变化,政府要对高等教育施加控制,因此,必须进行结构上的变革。

除此之外,塔珀认为,在分析治理结构的变革时,还应强调官僚政治(部)与政治压力(主要是政府)的相互作用。[24]对治理范式变革进行合理诠释,首先要分析是什么力量激发这些复杂机构行动起来。克里斯多佛·胡德(Hood. C.)提出了阐释经济政策逆转的理论框架,用以分析原有经济战略为何随着时间的推移不再可信,甚至最终分裂,被不同经济前提的政策所取代。[25]胡德的图式结构为我们的剖析提供了更宽泛的理论背景,英国高等教育治理范式的变革关键在于国家机器内部的变化。

胡德指出,高等教育政策变化依赖于这几个关键因素:(1) 经济和政治危机;(2) 新思想的产生(睡眠状态的思想新生);(3) 政策部门内利益集团的重新组合;(4) 不同政策目标新政策的形成。[26]他借用凯恩斯的话强调思想在变革中的重大作用:"……经济学家和政治哲学家思想的作用……比通常所认为的更加强大,的确,世界受思想所支配。"胡德称思想为摧毁"政策的恐龙","改变气候的陨星"。然而,高等教育经济意识形态的发展却不能被称为"陨星",因为它早已在国家的彼岸扎根,经过了长期的发展才渗透到国家机器,随着政治支持的不断增加,最终形成自己特有的思想,孕育出动摇原有价值体系和高等教育治理结构的关键性力量。

1975 年至 1985 年这 10 年间英国高等教育陷入混乱之中,英国经济的逐步下滑导致了 20 世纪 70 年代末工业与财政环境的混乱无序。随之而来的是公众对国家治理能力的严重质疑。可见,这既是一场经济危机,又是一场政治危机。因此，已形成一段时间的思想(1958 年成立的经济事务研究所自由市场智囊团)开始被认真思考，随着撒切尔夫人成为国家领导人，这种思想渗透到保守党。缩减公共开支、明确国家政策责任的范围，政府如何行使经济和社会政策传递的责任、如何提供对私人财富有利的环境等古老思想开始浮出表面。

20 世纪 70 年代的危机导致了通过国家重构来适应环境变化思想的产生。这种新意识形态本质是：小而强的国家；有效实施政策目标的国家；政策目标的制定与政策实施的行政责任相分离的国家；监控和管理院校绩效以确保国家政策目标的国家。基金委员会治理范式正是基于这些思想。这些思想对社会政策传递的变革产生了全面冲击，将教育视为经济资源的思想不断获得力量，为新模式提供了关键性的政策目标：高等教育在对具有竞争活力的劳动力的培养、科学研究、与工业伙伴关系的形成、位于社会和经济重建最前沿和服务于经济基础等方面都应发挥其重要作用。

其次，“政策栖息地的变化”[28]刺激了治理新思想的出现。虽然属于英国高等教育的外部因素，但当政府忙于应对国家危机时，这些新思想对英国高等教育也产生极大冲击。胡德指出，另一个外部原因是“新竞争者和掠夺者的出现”，利益集团重新联合，同时出现了支持新政权的体制。[29]在英国高等教育的政策舞台上，出现了新的利益集团——企业利益、区域发展局及学生家长。更重要的是，英国高等教育公共部门原有利益集团分裂。1988 到 1992 年治理的转变始终围绕着缓解中央与地方政府间冲突的需要、平衡大学和多科技术学院的关系、控制大学官员和学术人员的职责及院校内部责任的结构这三个方面。变革的主要目的是重建英国高等教育传统利益集团的权利分布。

治理风格的变革严重冲击了原有的权威和地位模式。因此，那些寻求地位和权力的各种利益集团开始支持新型治理模式的运作。例如，多科技术学院董事们期望摆脱地方教育当局的限制，表现出明显的变革愿望。政府则期望新模式能迫使院校行动起来，能够更有效地管理和引领英国大学。

此外，胡德提出“制度硬化症”的理念，即一个组织到了生命的末期，便开始自我破坏。[30]迫于政府压力，20 世纪 80 年代 UGC 再次振作。但是，UGC 是为驾驭精英型高等教育而设计的组织，在英国高等教育大众化时代，已不再是合适的治理机构。尽管 UGC 后期的行为与其生存并不相关，但是“卡迪夫事件”

是 UGC 自我角色否定的再次肯定。政治界普遍认为，这是 UGC 不能适应变化的真实体现。UGC 已经“硬化”，改变其法定地位的本质在于创建具备危机干预权力的治理机构。基金委员会治理范式的创建是英国社会政策控制思想的产物，代表着治理范式的转移：人们怀疑建立在福利国家积极扩张政治共识基础上的战后中央引领的规划模式，怀疑中央政府有效传递社会政策的能力，认为公共部门规模的不断扩大危害了国家的总体经济福利。因此，新型治理范式的出现可以说是应对经济和政治危机做出的积极反应。

英国高等教育基金委员会治理范式变革涉及到以下相关变量：(1) 20 世纪 70 年代经济和政治危机迫使国家在结构与行为上发生变化，出现了新的政策栖息地；(2) 对国家应从事的社会政策目标和最佳传递政策目标指导原则的探索和明确；(3) 高等教育内部支持新型治理模式利益集团的大力推动；(4) 反对变革的高等教育利益集团抵制运动的失败。[31]

因此，对英国高等教育治理范式变革的诠释必须放置于更广泛的背景中，必须置于相应的特别政策背景中。在长期发展进程中，国家扩大了其社会责任，不同历史与政治背景塑造了国家责任的产生和政策传递的方式。UGC 就是一个典型的实例，英国大学的财政困境决定了年度拨款的基本原则，而大学自治的精英共识说服了当时政府，建立了国家与大学间的“缓冲器”——UGC。新型治理范式是政府行动的后果，也是官员们期望的模式：政府成为高等教育政策制定的主要参与者，但不承担高等教育日常管理的责任。

(四) 结论

UGC 范式的终结是英国 20 世纪 70 年代政治和经济危机导致的治理思维范式转变的结果，基金委员会治理模式应运而生。治理范式的变革通过两个路径——国家权力的扩张和市场的日益入侵实现。基金委员会治理范式体现了国家控制日益增强型的体制。虽然 UGC 履行了规划职能，但是，它属于高等教育世界，不属于国家官僚政治结构。国家不仅拥有权力，而且具有重构高等教育治理结构的决心。UGC 被基金委员会治理模式所取代正是国家权力和意志的体现。国家坚定不移地把高等教育纳入国家的轨道，将高等教育置于中央教育机构的直接管理之下。

基金委员会是对高等教育施加政策控制的解决途径，是新公共治理模式原则的体现。它不再是国家与大学之间的“缓冲器”，其职责是实施政策，而不是制定政策。对国家而言，基金委员会治理范式的魅力在于它能使政府摆脱政策实施的日常责任，但仍有权控制政策指挥的制高点。

英国大学与政府关系实质性的转变不是英国大学领导人的软弱无能或政治家的敢作敢为，而是结构因素造就的结果。[32]英国大学系统规模的扩张及成本的增加迫使英国大学与其他教育部门对稀缺公共资源的竞争日益加剧。从前，英国大学系统只是由少数且同质性的大学构成，政府乐意信任 UGC 分配拨款而不干涉其行为，因为这种分配不会造成重大的政治纷争。但是，随着大学数量和学生数量的不断增长，英国高等教育系统更加异质和多样化，大学发展规划的必要性日益凸显。UGC 模式无法管理规模庞大且分化的英国大学系统，政策制定不可能像过去那样把政治领导人排除在外，通过学术机构间非正式、秘密协商来决定。在扩张的大学系统中，政策抉择只能在政治过程中决定，而学术判断只起到辅助作用。

UGC 的实践证明，随着英国高等教育规模不断扩大，结构日益复杂，亟需更为透明、更加专业化的治理范式，实现大学的良好治理。因此，UGC 被基金委员会治理模式所取代成为必然。

参考文献：

[1] DES. Higher Education: Meeting the Challenge[M]. London: Cmnd. HMSO，1987：114.

[2][5][17][22][23] Salter，B. & Tapper，T. The State and Higher Education[M]. Ilford: Wobum Press，1994：130，115，1—19，12—18，73—79.

[3] 徐春霞. 英国大学拨款委员会研究[D]. 杭州：浙江大学博士论文，2008：45—50.

[4][7][8][16][19][24] Tapper，Ted. The Governance of British Higher Education: the Struggle for Policy Control[M]. Dordrecht: Springer，2007：29，29，20，31，9，9.

[6][15] Shattock, M. The UGC and the Management of British Universities[M]. Buckingham: SRHE/Open University Press, 1994:3,127.

[9] Kogan, Maurice. The Attack on Higher Education[M]. London: Kogan Page Ltd., 1983:3,11.

[10] Soares, J. The Decline of Privilege: the Modernization of Oxford University[M]. Stanford: Stanford University Press, 1999:219.

[11] Tapper, T & Salter, B. Education and the Political Order[M]. London: Macmillian Education,1978:169.

[12][13] Scott, P. The Meaning of Mass Higher Education[M]. Buckingham: SRHE/Open University Press, 1995:20,19.

[14] Public Accounts Committee (Session 1989—1990). Financial Problem at Universities First Report[R]. London: HMSO., 1990:V.

[18] Halsey, A. H. & Trow, M. The British Academic[M]. London: Faber and Faber, 1971:60.

[20] Robinson, E. The New Polytechnics: The People's Universities [M]. Harmondsworth: Penguin, 1968.

[21] Pratt, J. The Polytechnic Experiment, 1965—1992 [M]. Buckingham: Open University Press/SRHE, 1997:11—12.

[24] Tapper, T. The Governance of British Higher Education: the Struggle for Policy Control[M]. Dordrecht: Springer, 2007:9.

[25][26][27][28][29][30][31] Hood, C. Explaining Economic Policy Reversals[M]. Buckingham: Open University Press, 1994:1—18,5,5,10—13,7—10,13—17,23.

[32] Mauch, James E, Paula L. W., Sabloff. Reform and Change in Higher Education: International Perspectives[M]. New York: Garland Pub, 1995:55.

（本文发表于《比较教育研究》2010年第8期。作者徐春霞，时属单位为南通大学外国语学院）

七、牛津大学治理改革构想述评

牛津大学是世界上最古老的高等学府之一，已经有800多年的历史。它吸引着来自世界各地最优秀的学者和学生，培养了一代代社会精英，影响了欧洲乃至世界文明的进程。

然而就是这样一所享誉全球的大学，其学术声誉却在高等教育全球化的竞争浪潮中下降了。在很多大学排行榜上，牛津大学不仅落后于哈佛大学、斯坦福大学，而且在英国国内的地位也不稳固。为此，牛津大学各界人士都在致力于寻找原因，在内部展开了一系列的争论。其中对牛津大学治理结构改革的争论最大，讨论范围最广，现实影响也最深远。随着2004年10月胡德(John Hood)任牛津大学副校长以来，牛津大学围绕牛津治理改革构想先后发表了三个文件，随着最后一个白皮书的发表，牛津大学治理结构改革构想基本形成一个完整的图景。

(一)牛津大学治理改革驱动力

牛津大学长期以来是一个自治的法人实体，拥有皇室授予的大学特许状，保持着学术自由的传统。在学术自由的保护下，牛津大学对外界的干预是极其反感和抵制的。泰德·塔玻等学者在《牛津、剑桥与大学理念的变革》中指出："牛桥信念体系中最持久、最有影响力的信念是，大学是自我管理的学者社团。"(Ted Tapper and Brain Salter)[1]在这一理念的指引下，牛津大学对外部社会的变革及要求充耳不闻。散布于工业发达的牛津城的牛津大学长期以来视商科不是学问，与工业界的关系比较疏远。然而，师生在封闭的"象牙塔"内自由自在地做学问的生活不断引起外界的质疑，其中最大质疑来自学者们能否关注社会切实的发展和大学在运用公共资金上的效率。

牛津大学越来越受到内部效率、管理效能以及经济可行等口号的影响。各种“利益攸关者”都致力于使大学在使用公共资金及社会捐赠资金方面取得更高的效率。从撒切尔政府开始，“效率”、“市场”、“效益”等概念不断在政府的白皮书里出现。政府一方面在经费上不再慷慨，一方面要求大学更负责任地使用公共资金。社会不仅要求大学在资金使用上要透明，而且也需要外界人士能参与到大学的治理当中，参与并监督大学“更负责地使用资金”。而且，牛津大学长期处于公共资金的滋养中以及牛津大学与产业界的隔离，使得牛津大学与国内竞争者的剑桥大学和世界主要竞争者的美国大学相比在募集资金方面能力不足。

由于经济原因，牛津大学在吸引优秀的师资和学生方面的竞争力不仅远远落后于哈佛、斯坦福这些大洋彼岸的竞争者，也落后于国内的剑桥大学。牛津大学的成员们在这一问题上开始妥协，开始向他们不屑的“商业”屈服。2003年6月25日，牛津大学选择了新的校长——彭定康(Chris Patten)代替传统的皇室贵族。彭定康在就职典礼上表示，他将用“商业运作方式”来管理牛津。这一说法博得了一部分牛津人的支持，也遭到了很多人的反对。然而，牛津人不得不承认，现在牛津大学面临的时代已经变了。

牛津大学不仅面临着来自外部的责难和困境，其内部也面临着治理上的危机。牛津大学共有39个学院，7个永久私立学院(Permanent Private Halls)。学院是师生生活、学习、交流的重要场所，是牛津大学的核心部门。各个学院和牛津大学的关系如美国的联邦制形式。大学有大学的收入，学院也有自己单独的进项，并且大学不能干涉各个学院的财务。学院自己设置专业，制定院规，招收自己所选择的学生。这种体制造成了学生和教员更加忠诚于学院，而不是大学。由于学院制在大学的核心地位和高度自治，大学的中央管理越来越难以适应外部的挑战。同时，大学中央管理机构由各种各样的委员会组成，这些委员会责任重叠，界定不清。大学的治理结构在膨胀，但是总体的效率却越来越低。在这种情况下，改革的呼声越来越高。

2004年10月，在新上任的副校长胡德的主持下，在全校范围内围绕牛津治理改革进行讨论，并发布了一系列文件。胡德的改革引起了很大的争议，有人把他等同于美国哈佛大学急于改革而不容于校的校长桑默斯(Lawrence H. Summers),认为他要摧毁牛津大学几百年来的传统,急于中央扩权,危及学术自由。也有人对他的改革表示支持,认为牛津大学要挽救自己在世界的学术地位,改革是必须的。

(二)牛津大学治理改革构想进程及内容

近期的牛津大学治理改革构想主要反映在《牛津大学治理结构绿皮书》(Oxford's Governance Structure: A Green Paper)和《治理讨论书》(Governance Discussion Paper)两个讨论文件,以及《牛津大学治理白皮书》(White Paper on University Governance)中。随着最后一个文件的发布,牛津大学治理改革构想基本成型。

1.《牛津大学治理结构绿皮书》

2004年,政务会(Council)经评议会(Congregation)批准设立治理工作组(Governance Working Party)开始对2000年10月以来牛津治理结构变化进行全面审查。治理工作组于2005年3月发表了《牛津大学治理结构绿皮书》。

绿皮书提出的主要问题有:决策程序中大学和学院的双轨制、个体远离决策、缺乏理解。其他一些问题还有:政务会的办事效力,就政务会的功能来说规模过于庞大,没有将注意力放在一些重要的战略决策上;政务会各委员会的成员构成影响了其明确表述学术战略的能力;各委员会决策混乱,职责重复;各委员会的责任和权力缺乏清晰的界定等。

为解决上述问题,工作组建议:

① 设立单独的学术委员会(Academic Council),以使学院制大学各个部门集中对学术事务负责;② 各学部委员会和学部结构继续存在,并对学术委员会报告;③ 成立理事会(Board of Trustees)负责机构的治理,并确保大学治理进程的整体性;④ 评议会的既有权力保持不变(除了因为允许理事会以慈善理事会的名义履行职责而作的必要修改外),并追加一些权力。[2]这些建议表现出强化中央管理以解决学院制弊端的目的。

在此后的讨论中,评议会对绿皮书提出了批评意见:① 学术委员会规模过大,将损害它的效率;② 学院会议的取消引起强烈的抵制,因为各个学院将受制于学术委员会;③ 反对理事会的成员只能由评议会成员之外的人组成;(4) 人们仍然坚持认为管制和法律压力将驱使大学采取以学术事务和机构治理分裂为基础的"两院制治理结构"(bicameral governance structure)。[3]

2.《治理讨论书》

工作组经过全校范围的咨询和评议会的讨论,将第一个绿皮书的提议进行修订,并发表了第二个绿皮书《治理讨论书》。

在第一个绿皮书里引起大量争议的学术委员会的规模在这次修订中大大降低,成员数目降至 36 人。学院会议将继续存在,工作组同时强调了大学和学院功能交叉的地方需要双方共同讨论和集体决策。

绿皮书建议政务会成员中的校内和校外成员的数目应该相同。同时成立由校长任主席的提名委员会(Nominations Committee)来审议政务会的成员资格,并负责向评议会提名。[4]第一个绿皮书对理事会的建议被重新审议,仍为政务会的一个成员,其校内外人士数目相当。政务会的校外成员在其任职期间成为评议会的成员,以加强政务会和评议会的联系。

由于综合考虑了各方面的意见,平衡了部分矛盾,第二个绿皮书比第一个绿皮书获得了较多的支持。

3.《大学治理白皮书》

作为对《治理讨论书》的回应,工作组继续在全校范围内进行讨论。在经过漫长的讨论咨询和提炼之后,最后工作组出台了《大学治理白皮书》。《大学治理白皮书》提供了一个系统的、革新的治理结构。

白皮书确定政务会作为大学机构治理的实体,它自身必须有合理的结构、专业知识从而做出一致并且有效的决策。它要对大学的投资和财务、审计和检查、法律事务负责。设立学术委员会,在法律规定下对学校的学术事务负责。学术委员会对制定大学学术战略和整体计划,促进和检查教学、研究和相关服务,监控本科生和研究生的选拔,决定学术人员和非学术人员的任期,检查资本计划和预算,确保考试和评估的真实,检查大学服务、募捐和其他服务以及审定学生纪律制度等方面负责。[5]学术委员会应该在学院、学部以及大学中央管理机构之间建立畅通的沟通渠道。学术委员一方面要集思广益,另一方面也要高效地做出决策,既要代表学院的利益,也要考虑大学整体发展。

如何处理政务会和学术委员会的关系是解决大学机构治理和学术事务的关键。新的规定既肯定了政务会有权通过或批准对学术委员会的决定，又对其权限做出限定。作为组织的监督者，政务会成员必须确保学术委员会以适当的方式履行其法定职责，其决策的信息基础是完备和精确的。但是政务会在履行其职责时又不能干涉学术委员会做出学术决策的细节方面。学术委员会在履行其职责时应享受充分的自治，而没必要受到来自政务会的不断干扰。

政务会在对学术委员会决策做出决定时，“不能用其判断代替学术委员会就任何问题做出的价值判断，在所有情况下都要给予学术委员会的专业知识一定的权重”。“政务会要否决学术委员会的报告或决定时，要出具书面理由。”“政务会在给学术委员会转交决定时，它必须陈述自己的标准和因素以便学术委员会有更深层次的考虑。”[6]

白皮书也保留了学院会议，学院会议主席作为政务会的自然委员，由此在学院和政务会之间建立联系。学院会议也和学术委员会之间在成员构成方面有广泛交叉。评议会继续作为大学的立法机构。

其他的建议还有：减少实施了近 900 年的“导师制”一对一教学，改由研究生负担部分教学工作，以减少教授繁重的工作负担；高薪聘请“明星级”学术大师任教，以保障牛津在国际高等学府的顶尖地位等。

这个改革构想最终要由政务会提交评议会通过才具有法定效力。因此，整个改革议程迄今还处于“构想”阶段。

（三）牛津大学治理改革评析

牛津大学的治理改革反映出我们当代很多大学在治理时面临的矛盾和困惑。这些矛盾和困惑是时代对大学提出的新要求和大学传统之间互相抵触的表现。是屈服于外部的压力，还是固守传统？牛津大学的治理改革能给我们提供一点借鉴。

1. 学术治理与机构治理

曾经在很长时间，当大学人员精少、机构简单、目标单一的时候，大学的学术治理和机构治理常常是交织在一起的。而且学者们也形成了一个观念：大学的事务应该由学术人员来管理，学术人员也有这个能力来担此重任，外在的干预只会损害学术自由。此时的大学是真正的“象牙塔”，学术人员在大学里，只要不违背当局要求的一些规则就可自由地追求学问，著书立说。这也和当时的社会对大学的“直接需求”不多有关，大学更多的时候是一个精神象征。

然而在今天，一个世界化的浪潮就是高等教育的“大众化”。高等教育不仅要接纳众多的中等教育毕业生，还要面临提高质量的国际竞争要求。国际化的浪潮不容大学稍有怠慢，立志在国际竞争舞台上站稳脚跟的大学都需要不断前进。牛津大学对自己追求的目标有清晰的界定：追求学术卓越。牛津大学的目标包括：在各学科和跨学科领域引领国际研究活动；为研究生和本科生提供在学院和学部社区中密切的师生关系为特色的优质教育；对社会、地区、国家和国际做出重大贡献；吸引、培养、保留高水平国际学术人才；招收最优秀的学生；提供最优秀的学术环境。[7]这些目标既体现了牛津大学成员的雄心，也对牛津大学提出了永恒的挑战，这些雄心的实现依赖于大学所有活动的卓越，包括它的管理措施。大学的管理结构是达成学术目标的特殊手段：它提供满足教学、研究需求的良好架构。卓越的管理能最大程度地激活大学潜在的知识和技能，以及创造性运用的能力。管理卓越应该而且可能为学术卓越服务。

学者在学术上是行家，然而在管理上却并非能手。众多的人员、庞大的机构、大量的资金需求等已不是单纯依靠学者的知识所能解决的。如果学者在管理上投入太多的精力，那么学者追求学问的时间也就相应缩短了。而大学的运行越来越像一个公司。大学治理需要公司治理一样的要素：投入和产出。如果说此前关于投入产出比的效益不受社会关注的话，那么今天就是社会各“利益攸关者”对大学这种效益提出了严格的要求。问责、效率、透明、专门知识在大学治理中的作用等都要求大学在管理中追求效益。社会也对学术人员能否管理大学事务提出质疑。而且，学术人员过多参与管理事务也会影响教学和研究。此时，学术治理与机构治理不得不进行分而治之。

然而如果学者被排除在机构治理之外，很难确保学者的利益不受到损害。而且由于学术知识的独占性及其制高点位置，使得外界人士很难理解学术知识的创作过程及时间衡量。因此，确保学术人员在机构治理中占有一定的位置也是维持学术自由的必要条件。正如牛津大学政务会的广泛人员构成结构，形成一个学术权力和行政权力均衡的机制。统筹负责大学行政事务的政务会要由一半校外人士参与,并且包括一名校外人士任主席。建议认为这些校外人士会提高学校决策的效率并提高学校效益。这些外界人士的专业管理知识对大学治理来说是必要的,它们能为大学募集更多的资金,并能管理好这些资金。同时为了确保学术自由,又建立学术委员会,学术委员会将主要处理学校的学术及其相关事务。而且,牛津大学对二者的关系也作了明确的说明,即确保大学行政效率又不违背学术自由的传统。对学术人员来说,效率提高、经济改善带来的潜在效益将使他们享有更好的环境。而其中的关键是要确保学术自由,这既需要学者以更加积极的姿态投入到大学发展中,也需要行政人员明白管理是服务学术的最终目的。

2. 学院制和中央集权制

在牛津大学治理结构改革中遭遇反对最为激烈的是对学院制的改革。学院制是牛津大学独特的教学组织方式,其一对一的"导师制"教学方式是其保持学术卓越的独特价值资本。学院和大学之间"联邦制"关系已经延续800多年的历史。牛津大学的学院制的独特之处还在于它不同于其他欧美国家以知识领域为基础来划分学院,而是特定历史的产物。牛津在学院建制之外,还有学部和系科建制。学院则主要以一种"价值共同体"存在,学院成为牛津独特的文化基础。学院是学术人员捍卫学术自由和自治的根基,同时也是在此生活学习的成员的凝聚力和向心力所在。因此,对学院制的改革触及了学校的文化深层。

学院制的确对牛津大学的学术自由与自治有关键性的作用,也是牛津大学保持学术卓越的一个重要因素。然而,牛津大学的这种建制使得大学运作愈来愈复杂。面对牵涉大学整体发展的事务时,学院会议作为一个咨询机构无法发挥强有力的作用。各个学院在面临学校发展问题特别是关乎学校战略发展问题,不仅缺乏应有的热情,而且也缺乏那种宏观的能力。

为此,牛津大学不断致力于大学中央管理机构的改革,加强中央管理机构的作用。牛津对中央管理机构改革的目的在于提高整个学校的运作效率,改革各学院一盘散沙、自行其是的混乱局面,以提高牛津大学的整体国际竞争力。为此,治理工作组建议一方面整合、精简中央管理机构,引入外部人士进行管理,另一方面加强中央管理机构对各个学院的控制。在《牛津大学治理结构绿皮书》提出取消学院会议,成立独立的学术委员会统领各个学院,在遭遇强烈的反对后，又不得不进行妥协。即便如此，很多人还是批评胡德是假借加强各学院间的协商与合作之名而行集权之实。这反映了牛津大学治理改革在涉及牛津最深厚的传统时面临的阻力是强大的。

"从指向内部的手工艺过程到指向外部的类工业运作方式，要求在院校水平有高度的整合和协调"(Scott and Watson)。[8]因此，强化院校中央管理是一个必然的趋势。在联盟的学术组织基础上加强中央官僚治理，对牛津大学治理结构改革设想的实施提出了挑战。整合是一回事，协调是另外一回事。处理不好，改革不过是增加了争吵的舞台，而无益于改革目的的实现。

参考文献:

[1] 刘宝存. 如何创建研究型大学——牛津大学和哈佛大学的经验[J]. 教育发展研究，2003，(2)：70.

[2] University of Oxford. Oxford's Governance Structure: A Green Paper [EB/OL]. http://www. ox. ac. uk/gazette/2004—5/supps/review. pdf，2006—10—14：3.

[3][5][6] University of Oxford. White Paper on University Governance [EB/OL]. http://www. ox. ac. uk/gazette/2005—6/ supps/whitepaper. pdf，2006—10—14：10，28，29—30.

[4] University of Oxford. Governance Discussion Paper [EB/OL]. http://www. ox. ac. uk/gazette/2005—6/supps/governance. pdf，2006—10—14：1.

[7] University of Oxford. Corporate Plan 2005—6 to 2009—10 [EB/OL]. http://www. ox. ac. uk/gazette/2005—6/supps/corporate. pdf，2006—10—14：2.

[8] Susan Lapworth. Arrestng Decline in Shared Governance: Towards a Flexible Model for Academic Participation[J]. Higher Education Quarterly (4)，October 2004：305.

(本文发表于《比较教育研究》2007 年第 3 期。作者吴合文，分别时属单位为北京师范大学教育管理学院；作者张强，时属单位为北京师范大学校办公室)

八、法国大学治理模式探析

（一）法国大学治理的历史遗产

法国大学历史之久远堪称世界之最。虽然诞生于十二世纪初的巴黎大学略晚于意大利的博洛尼亚大学，但其创立的以教授治校为基本特点的大学模式被后来多数大学所沿袭，其历史意义尤为重大。正因为其历史悠久，保守势力便无比强大。文艺复兴之后，法国大学本应挟精神变革与工业革命之势迅猛发展，然而在法国大革命期间，资产阶级的国民公会却认为大学被贵族习气所玷污，于1793年9月15日颁布一项法令，宣布取消大学，导致法国百余年无大学。直至1896年，法国大学建制才得以恢复。

长期以来，法国政府不断尝试大学改革，但鲜有成功，基本原因在于大学的抵制。追溯法国大学现代化改革之路，真正成功的大学改革不过有三：一是拿破仑于1806年创立的帝国大学；二是1896年7月10日颁布的大学法；三是1968年五月学潮之后制定的高等教育法。[1]

拿破仑创立的帝国大学并非真正意义的大学，而是统领全部教育的国家管理机构。其管辖的高等教育，仅仅是重建了被取消的大学中的学院，而非大学，但却奠定了法国中央集权的高等教育体制——不仅是管理体制的中央集权，而且同时还有以大学科划分的学院的行会式学术集权体制。

1896年《大学法》产生的直接原因是法国在普法战争惨败的教训中，认识到大学在培养经济、工业、军事人才，保证法国强大的重要作用。该法参照德国的高等教育，将各个学院融于大学之中，同时在大学中发展科学研究。

1968年的《高等教育指导法》，亦称《富尔法》，以当时法国总理为名。当时，“五月学潮”刚刚平息，法国的议员们惊恐未定，破天荒地以无人反对的投票结果通过了这一高等教育法。该法设置了“教学与科研单位”（UER）以取代原先各自独立的学院，并允许大学的教师、行政人员和大学生等所有成员可以通过其代表参与大学的管理，少数教授直接决策的特权不复存在。

这三次高等教育改革之所以成功，政治因素起了决定作用。第一次在于拿破仑的个人政治强势；第二次迫于战争的失败；第三次由于学生运动的冲击。政治势力超越了大学的保守势力，虽然使改革获得成功，但很难实现全面的改革。法国大学的中央集权体制依然束缚着大学的真正自治，单一学科的学院壁垒并未真正打破，民主参与的背后实际掌控学术权力的仍然是教授。

（二）法国大学治理的基本模式

法国大学改革的历史遗产赋予了法国大学治理的特殊性，但判定法国大学治理的模式类型并非易事。西方学者大体归纳了以下几种大学治理模式[2]：

学院式（collégial），亦称同行式、同僚式。学院式治理，即是同行的集体决策，同时要求决策的规范性，不是一致同意，便是求得妥协。其基本特征是大学教授，即学术同行们共同掌握学术权力，而不必顾忌外部领导权力。

官僚式（bureaucratique），即科层式。源于德国社会学家韦伯理论，强调一种基于合法理性的权力，组织结构严密，下级服从上级，每个职员各负其责。

政治式（politique）。当学院之间出现利益纷争时，利用外部声誉获得内部竞争力的筹码。

有组织的无政府式（anarchie organisée）。组织内部缺乏整体协调，任务目标多种多样，技术手段纷纭复杂，人员参与漂浮不定。

垃圾桶式（poubelle）。由有组织的无政府式而引申，决策出自于问题与解决方式的偶然相遇之中，当一个问题得以解决，这个解决方式便被掷入垃圾桶内。再遇到问题时，继续尝试寻找解决方式，问题解决后，仍弃置于垃圾桶内。如此循环，无序，无理性。

企业式或创业式（entrepreneuriale）。克拉克创立国家、市场和学术寡头的协调三角形学说之后，又提出创业型大学的概念，主张大学在国家紧缩公共预算时，应当采取企业式的灵活经营方式，密切教学与科研的结合，促进科研开发与增值，以期获得多重资源。

面对如此众多的治理模式假设，如何确定法国大学治理模式的类型呢？大学，经常被认为是“有组织的无政府”。根据一些美国学者的界定，“有组织的无政府”有三个衡量标准：无确定的参照目标、无清晰的技术手段、无固定的参与人员。[3]一般来说，大学主要承担教学与科研两大使命。

法国以中央集权制著称于世。一般认为，法国教育体制也是一种中央集权制。事实上，法国在19世纪初所建立的教育集权体制，不仅包括由中央到地方的行政与督导系统，而且其统揽学区教育大权的教育总长只对中央负责，而不受地方行政长官的约束，从而形成一种独立于其他行政的管理系统。

鲜为人知的是法国大学系统中还存在另一种中央集权体制。帝国大学创立之初，便建立了与帝国大学首脑的大总管并列的“公共教育委员会”(Conseil de l’instruction publique)。这一委员会的成员虽由权力部门任命，但均是大学学者，并代表各自的学科。委员会的职能主要是管理教师的任职资格、录用与工资待遇、教授职位的设置等。

公共教育委员会的管理具有鲜明的学科特点，每个学科可以确定自己的管理模式，制定自己独特的规则。这些管理模式与规则可以凌驾于大学与学院之上，不同学科所接受的是来自于委员会的学科委员的垂直领导。

这样，法国高等教育自拿破仑集权体制以来，实际存在两个并存的管理体制，或者说“两个中央”：一个是行政体制，负责经费的拨付和学校规范；一个是行会体制，决定着教师的职业和教学。

在法国大学内部，大学校长的权力相对有限。直至1968年法国《高等教育法》颁布之前，学院院长(doyen)在法国大学中实际上具有举足轻重的作用。法国著名历史学家普罗斯特(A. Prost)指出，“在过去的组织机构中，大学不过是学院的组合，真正的权力属于学院院长。在院长之下，各学科系所或其他组织形式毫无真正的权力，没有任何预算可供管理。院长之上，作为国家官员的学区总长(recteur)主持大学委员会，只是发挥着大学代表的标志性作用”[4]。

学院院长在教授同行中选举产生，不仅具有重要的法律地位，而且还有重大的实际权力：主持制定预算、实施预算的内部分配、组织教学、决定人员录用等。然而,学院院长的权力又不是独断专行的,学院的决策过程完全是学院式的,每个教授都有参与决策的机会,决策的结果或是共识或是妥协。

1968 年的《高等教育指导法》打破了法国大学中教授一统天下的治理结构。法律规定的"参与"原则,不仅允许学校的所有成员可以通过其代表对大学工作提出意见,而且还规定须有校外各界代表的介入,以使大学与社会保持联系。

1984 年的高教法——《萨瓦里法》,沿袭了关于大学决策的"参与"原则,规定了行政委员会的人员组成,其中教师和研究人员占 40～50%,校外人士占 20～30%,学生代表占 20～25%,行政与服务人员占 10～15%,总数为 30～60 人。

新的高教法的另一项重要规定是大学还可以接受地方政府的拨款和与企业、地方和国家签订合同。1968 年之前,法国大学实际上是学院的集合,学院院长把握着实权。从某种意义上说,法国大学就是"学院共和国",全国性的院长联席会的重要性远远大于大学校长委员会。1968 年的《高等教育指导法》虽然在法律上打破了学院的相互分割体制,但是大学管理上的学院痕迹依然清晰。例如,巴黎第一大学的强势学科是法学、经济学和人文科学。不仅大学管理委员会的成员由 3 个学科的代表人员平分秋色,大学校长也是 3 个学科的代表轮流坐庄。而大学要与国家签订 4 年发展合同,就必须由校长挂帅,以一个声音同教育部协商。可以说,大学与国家的契约是法国大学在现代化管理的道路上迈出的关键性一步。

纵观法国大学的治理模式,基本上是一种学院式治理。这种治理模式除了具有同行决策的一般意义,在法国更具有以学院或学科为单位的治理模式的特殊意义。这种治理模式虽然有效地保证了教授治校和学术自由,但却可能造成大学决策的缓慢与闭塞,并限制了大学规模的扩大。

进入 21 世纪,法国大学的治理模式面临高等教育国际化的严峻挑战,特别是上海交通大学等单位建立的世界大学排行榜对法国大学产生的影响极大。2007 年 8 月 10 日,法国颁布了《大学自由与责任法》(Loi relative aux libertés et responsabilités des universités)。该法首先致力于提高大学治理的效率,赋予行政委员会更大的权力,并将其成员数量缩减为 20 人至 30 人,其中教师及研究人员占 8～14 人,校外人士占 7～8 人,学生代表占 2～3 人,行政与服务人员占3～5人。委员会中教师与研究人员仍保持了较大比例，但增加了校外人士的比例，缩小了学生的比例。对于校外人士，该法特别注明至少有一位企业经理和一位地方政府负责人，目的是保证大学与社会的强有力联系。

大学校长的选举程序也有所变化，校长不再是由行政委员会、学术委员会和大学生学习与生活委员会全体成员组成的大会选举产生，而只由行政委员会成员选举产生。任期由5年变为4年，但可连任。校长资格不必一定具有法国国籍，也不限于本校人员，但必须是教授、研究员、讲师或身份相当的人员。校长的权力也有所加强，他可以录用合同制的教学、科研和行政人员，包括录用外籍教师，合同制人员的工资可以突破公职人员工资额度限制。除个别竞聘录用的人员，校长可以否定任何其认为不当的职位。校长还可以根据个人业绩颁发奖金。

教师的录用审查不再由专业委员会承担，而由遴选委员会取而代之。之前的专业委员会任期3年，60～70%的成员为本校选举的学者，其中教授与讲师数量相等，30～40%的成员为由校长任命的校外专家。专业委员会负责审查每个申请者的学术背景与成果，并为每个竞聘的岗位向行政委员会提交最多5位候选人名单，并排序。行政委员会再将几名候选人报送高等教育部长审定。

遴选委员会仅仅为某个岗位人员的录用而设，其成员经校长提名由行政委员会任命，至少半数为校外人士。遴选委员会将其遴选名单及排序上报行政委员会，但行政委员会有权另行排序，然后报高等教育部长审批。然而，大学校长对任何录用都有否决权。

大学行政委员会的精简和大学校长权力的加强必将导致大学权力的集中化和学院权力的弱化，大学内部治理的冲突在所难免。

(三) 法国大学治理的现状分析

自2007年8月法国颁布旨在强化大学校长及行政委员会的《大学自由与责任法》以来，人们对其实施状况知之甚少。一份题为《大学自由、责任与中心化》的调查报告，[5]提供了法国3所大学实施新法5年来的治理状况的良好素材。根据这份报告，我们来分析3所大学(分别用A、B、C表示)治理中校长及其团队同基层学术机构之间的博弈关系。

在大学A设置了两个领导班子，曰“小领导圈”和“大领导圈”。小领导圈由校长、秘书长、校长办公室主任、财务主任和行政委员会副主席；大领导圈再加上副秘书长和另外两个法定委员会的副主席。大学决策先在两个圈子内准备，然后提交大学领导委员会讨论，必要时经由全体行政主管和院系主任全体会议决定。这样的决策程序提高了大学治理的效率，减少了可能争论不休的麻烦。一位领导圈成员坦诚地说，“（在领导委员会上，）人员太多，过于程式化，人们不能随心所愿地自由表达，甚至总有人反对你。而在领导圈内，人们可以深入讨论问题。”[6]

当涉及全校的重大问题时，也需要全校人员参与，但决策采取自上而下的方式。例如在制定10年战略规划时，校长首先准备一份基础文件，然后征求全校人员意见。通过研讨会、学校领导委员会等阶段讨论，最后由行政委员会通过决定。

大学B也有类似的校长委员会，组成人员为校长、副校长、秘书长和人力资源部主任。校长委员会之外还设立了另外两个校级委员会：校部委员会和战略指导委员会。前者负责预警分析，后者负责发展战略。一位实验室负责人认为，现在是校长委员会决定重大事项。院领导虽然重要，也代表教师说话，但自《大学自由与责任法》以来，他们不能控制权力和新校长。过去各院系像欧盟各国围绕在欧洲旗帜下，现在是总部发布指令，地方遵照执行。

大学C组建了大学办公室，成员有校长、校长办公室主任、秘书长、财务主管以及各副校长。副校长和秘书长在其分工的领域具有较大的自主权。大学办公室每周定期开会，校长报告其近期活动和未来安排，每个成员也都报告其工作状况，做到互相知晓所作所为。对于每项决策，办公室成员尽可能形成“统一战线”，以便在大学委员会全体会议的辩论上获得通过。一位成员充分评价校长的作用，他说校长极少独自决策，而是鼓励所有成员畅所欲言。他通常单独会见大学办公室的成员，有时引起小小猜测，因为人们不知道个别谈话的内容，但校长一般会信守在集体会议上的承诺。

每个月大学办公室还召开吸收各院系主任参加的扩大会议，主要是征求基层对学校的意见和反映基层的问题。

在大学C有一种特别现象，行政委员会的一些成员对校长决策并无异议，但却对《大学自由与责任法》和国家的大学政策持批评态度。

仅从这 3 所大学的情况看，法国大学治理的中心化倾向已十分明显，核心决策层规模缩小，虽然没有严格的等级性，但其成员大部分由校长选定，而不是由学者同行选举产生，这样便或多或少开始背离大学的学院式治理的传统。

法国大学治理的中心化的同时，便是院系自主权的式微。大学 A 的一位行政负责人指出，之前，学校的任何决策都不能不听取学院院长的意见，校长也经常向学院院长询问是否存在某种意见冲突。现在，时过境迁，学院院长的政治权重已不如以往。学院院长曾经是预算的第二审核者，他有预算的签字权，而现在预算的唯一审核者是校长。大学 B 的一位学院院长也表示，他不再具有科研预算的签字权，我所能管辖的只有行政和教学。

在大学 A 和 B，虽然校领导规律性地召开院系负责人的会议，但这些会议都不是决策之处。大学 B 的院系负责人都体会到，需要同校长处好关系，否则便难以开展工作。

大学 C 的校领导则以比较平和的方式同院系负责人协商，然后再做决策。但有时也令院系负责人不快。例如，一位院长说，校长约谈我们经常有副校长和秘书长等人陪同，话题也有些泛。即便写信详细说明涉及的问题，但答复他的不是校长，而是主管此问题的副校长。

大学的治理有时与校长的个人特点相关。大学 C 的前校长对培训和研究单位（UFR）这一层级的机构设置颇有微词，认为其增加值等于零，不仅不是鼓动的机器，反而是阻碍的机器。现任校长则认为培训和研究单位是有意义的中间机构，并同培训和研究单位主任加强了联系。

仅在法国这 3 所大学范围，院系负责人普遍感到其决策影响力在丧失，其责任范围在缩小，甚至有可能成为简单的行政人员和管理者。这一问题也可能在法国大学普遍存在，即大学决策的效率在提高，但大学组织的精神受到伤害。其实，任何改革都可能是一种倾向掩盖另一种倾向。当权力过于分散时，人们希望权力集中；而当权力中心化时，必将影响基层的自主与积极性。

（四）法国大学治理的未来走向

2007 年 8 月 10 日的《大学自由与责任法》简化了大学校长的选举程序，扩大了校长和行政委员会的权力，使大学治理模式变得非常集中化，损害了长期实施的学院式治理。自此法颁布之后，反对声不断。最典型的事例是 2012 年 5 月巴黎第八大学一批教授联名抗议大学校长“权力的滥用，”[7]起因是校长违反程序强行通过一项决议。

2012 年 5 月，随着法国政府更迭，《大学自由与责任法》被新法取而代之已成定局。2012 年 7 月 11 日，高等教育与研究部长日娜维耶芙·菲奥拉佐(Geneviève Fioraso)任命了由男、女各 10 名成员构成的指导委员会，负责高等教育与研究的全国座谈会的筹划与运行。指导委员会的主任为西努斯(Françoise Barré Sinoussi)女士，是巴斯德研究院的教授，诺贝尔医学奖的获得者，其他成员多为大学教授或经济与管理界的专家。

2012 年 7 月至 11 月，指导委员会召集了百余场国家教育与科研机构的听证会，然后将基本情况汇总为一份综合信息，用于各地区展开讨论，各地区讨论的情况形成报告，再反馈到指导委员会。至 11 月超过 2 万相关人员参与讨论，共提交 1 600 份意见书，指导委员会根据讨论的结果，草拟了 121 项建议，并于 11 月 26～27 日邀请来自全国各地的 600 名各界人士在法兰西学院举行研讨会，形成最终报告，上报高等教育与研究部。

高等教育与研究部则参照高等教育与研究的全国座谈会指导委员会提交的报告，拟就高等教育与研究法草案，于 3 月 20 日提交部际委员会审议。2013 年 7 月 3 日和 7 月 10 日，法国参议院和国民议会分别讨论并通过了《高等教育与研究法》草案。

2013 年 7 月 22 日，《高等教育与研究法》(Loi relativeà l'enseignement supérieur età la recherche)正式颁布。新法律的核心思想是赋予大学自主权，使大学更有效率，更具有学院式治理的民主。所谓效率，就是允许大学及其委员会应当能够作出其重大决策。所谓学院式治理，则基于高等教育和科研的进步依赖于教师、管理人员和大学生全体的共同努力。

根据规定，大学行政委员会成员的总人数为 24～36 人。其中教师和研究人员占 8～16 人，校外人士占 8 人，学生代表占 4 或 6 人，行政与服务人员占 4 或 6 人。行政委员会的总人数比 2007 年的法律规定略有增加，主要是增加了大学生和行政人员的比例，进一步体现了民主与协商的精神。

“学术委员会”(Conseil Académique)将成为大学真正的负责教学与研究的决策与咨询机构。这一委员会由分别选举产生的“培训与大学生活委员会”(commission de la formation et de la vie universitaire)和“科研委员会”(commission de la recherche)构成。关于审议教师与研究员的职称与晋级,由学术委员会的具有教师与研究员身份的成员构成的缩小的委员会负责。学术委员会还可以根据需要创建其他委员会,如校园生活委员会。学术委员会的建立将有利于大学行政委员会专注于指导学校发展战略。

根据新的法律规定,大学校长由行政委员会中成员的绝对多数,在教师及研究员、教授或讲师及其他相当身份的人员中选举产生。候选人不限国籍,也不限合作者或受邀者,任期为4年,可连任一届。校长的权力比2007年的法律规定有所限制。削减校长的权力实际上是法国大学治理模式的回归,正如高等教育与研究部长日娜维耶芙·菲奥拉佐所言,“应当重新引入学院式治理,这才是大学的精神。校长作为经营人,根本行不通”。[8]

但在大学校长的候选资格上似乎比上一届政府走得更远。前法律要求校外人士必须在校长选举之前被任命为行政委员会成员,新法律则允许校外人士直接竞选校长。因此有人说,前任高教部长不敢做的事,现任高教部长做了。这与法国大学校长为“同行选出的佼佼者”的传统相违背。

《高等教育与研究法》按照高等教育与研究部长的说法,不是一部多余的法,也不是一部过分的法,更不是一部无用的法,而是一部指导未来的法。它提出了在2020年将大学生数量翻一番的宏伟目标;它是一部标志变革的法,它将回归对话与信任;它是一部打通高教系统的法,它将高等教育与科学研究密切联系,共同面对未来挑战;它还是向社会开放的法,它将高等教育与科研同经济、社会、文化系统密切联结,培育社会需要的各类人才。

然而,实现这部法律的目标并非易事。现任政府总是批评前任政府的无能,比如高教部长特别指出,在以前实施的“大学生成功”计划中,投入经费7.3亿,反而在3年间使学士文凭获得者的比例减少,从37.5%降至33%。在法国青年失业率高达25%的今天,法国政府追求平等和实现大学生成功目标的压力尤其重大,也考验着法国大学治理的能力。

参考文献：

[1] Christine Musselin. les universités d'Edgar Faureà nos jours[EB/OL]. http://www. asmp. fr/travaux/communications/2009/musselin. htm [2013—04—06]

[2] Lucia Granget. Modèles et réalités incertaines de l'Université, Communication et organisation [EB/OL]. http://www. communicationorganisation. revues. org/3469[2013—06—08]

[3] Cohen M. D., March J. G. et Olsen J. P. A Garbage Can Model of Organizational Choice[J]. Administrative Science Quarterly. 17(1), pp. 1—25, in Christine Musselin, Les universités sont-elles des anarchies organisées? http://www. u-picardie. fr/labo/curapp/revues/root/40/christine_musselin. pdf_4a0932f91c648/christine_musselin. pdf [2013—10—05]

[4] Antoine Prost. Education, société et politiques, Une histoire de l'enseignement en France, de 1945à nos jours[M]. Paris: Seuil. 1992: 136—137.

[5][6] Christine Musselin. Liberté, responsabilité et centralisation des universités [EB/OL]. http://cso. edu/upload/dossiers/Rapport _ Liberte Responsabilite Centralisation Universites_2012. pdf. [2013—04—06]

[7] Ayest. Abus de pouvoir: les dérives de la gouvernance des universités depuis la LRU[EB/OL]. http://www. lemonde. fr/idees/article/2012/05/14/abus-de-pouvoir-les-derives-de-la-gouvernance-des-universites-depuis-la-lru_1700808_3232. html [2013—09—10]

[8] Caroline Beyer. Le pouvoir des présidents d'université remis en cause[EB/OL]. http://etudiant. lefigaro. fr/les-news/actu/detail/article/le-pouvoir-des-presidents-d-universite-remis-en-cause-1922/ [2013—05—21]

（本文发表于《比较教育研究》2014 年第 7 期。作者王晓辉，时属单位为北京师范大学国际与比较教育研究院）

九、解析法国高等教育改革趋向
——综合大学迈向“自治”

2008年12月法国高等教育与研究部部长瓦雷里·贝克莱斯正式对外宣布，自2009年1月1日起法国20所综合大学(约占法国公立综合大学总数的1/4)按照2007年颁布的《大学自由与责任法》实施“自治”，享受自我管理预算、工资总额及人力资源的权限，这标志着法国高等教育改革又向前迈出了新的关键的一步。

(一) 法国大学自治传统的沿袭

法国大学争取自治的传统可以追溯到12世纪巴黎大学建立之初，当时的大学处在教会和世俗力量的双重压力下，经过近百年血雨腥风的斗争才取得了法权自治、学位授予权、结社权及罢课权。19世纪初拿破仑设立帝国大学，开始实行高度中央集权的高等教育管理体制，直至1968年“学潮”，法国的大学才开始被重新定义。时任教育部长埃德加·富尔推出了《高等教育指导法》，确立了大学自治、参与和多学科的原则，并确立了管理大学内部事务的三大委员会：校务委员会(主管校内主要行政事务、各类纪律奖惩等)、学术委员会(负责学术相关工作并制定学校学术研发方向及计划，并提交行政委员会决定)、教学与大学生活委员会(负责各类教学活动及学生的校内外生活，制定课程计划并提交行政委员会决定)。1984年《萨瓦里法》重申了这些原则，同样在20世纪80年代法国还确立了高等教育契约式拨款制度，即“高校的一部分研究经费由教育部的科研及博士生培养司确定，使用的标准与高校研究活动和教育部签订的为期四年的契约有关”。[1]逐渐地，大学不断扩大自己的自治空间，但学科设置权、不动产所有权、基础设施建设费用，特别是人力资源管理等重要权利仍然集中掌握在国家手中。

20 世纪 90 年代末期以来，经合组织及联合国教科文组织等国际组织在接受了欧洲商业圆桌会议和欧洲委员会的一些相关报告后，建议将高等教育机构重组提上日程，提出要让高等教育起到繁荣市场的作用。它们认为，目前的大学缺乏弹性和活力，很难适应快速的社会变化，应该从根本上改变大学目前的运行机制和“治理”方式并引入竞争。2000 年 5 月，在里斯本召开的欧洲议会重申了该提议并出台了“旨在促进教育体制现代化的宏伟计划”，而这一计划直接影响了法国总统萨科奇及高教与研究部部长对于后来法国大学自治改革的意图和决定。

2006 年萨科奇在马赛的一次巡防中提出：应该让大学拥有自我决定战略发展的可能性……大学应该自己决定增减教职，在全国范围内自由选择合适的教师和研究员；可以自由奖励教师并按照一种更富弹性的机制来确定教师和研究人员所承担的教学任务；大学可以管理自己的不动产以增加自己的收入；可以加强与经济领域的联系来确定自己的教学任务；可以自主管理学校的研究单位并确定研究项目，而不是像现在这样必须与国家科学研究中心（CNRS）或是其他国家机构合作开发科研项目；它们可以与其他高校或高等教育机构合并；大学还可以投资继续继续教育领域；与欧洲其他教育机构合作共同开发项目；当然，国家仍然具有颁发国家学历和评估大学的职能，并通过制定教育政策和与高校签订合同，来保证高等教育公共服务在整体上的和谐及公平。[2]

（二）《大学自由与责任法》与初期大学改革

法国高等教育与研究部部长贝克莱斯认为，大学自治改革将是对大学责任和自由的挑战，这是一种“文化的革命”。在 2007 年《大学自由与责任法》出台之前，她就强调新的大学要在真正自治的基础上构建，需要 5 大支柱：第一，保证所有青年具有成功完成学业所需的生活条件；第二，构建对所有大学员工更有吸引力的职业环境；第三，国家保证所有人能获得与其使命相适应的物质条件；第四，青年教师和研究人员享有国际水准的研究环境，法国教师和研究员能有机会与世界最优秀的学者交流；第五，减少大学本科阶段的学业失败，加强对大学生学习与就业的指导。[3]

2007年8月法国议会两院通过了《关于综合大学自由与责任的法律》，简称《大学自由与责任法》或《贝克莱斯法》①。按照法国政府的初衷，该项法律追求3个目标：首先是要提高高等教育的质量，改善综合大学的吸引力，具体则要降低本科阶段的学业失败率，缩短毕业生找到第一份工作所需要的时间；其次是要摆脱目前大学治理结构的瘫痪状态，加强校长的职能和权力；最后则是要提高法国大学的国际竞争力，改善法国大学在国际排名中的地位。这也是萨科奇就任总统后，给菲永政府和高教部长的任务书中所规定的目标。

《大学自由与责任法》规定，各综合大学须在1年时限内采纳新的"治理"结构，并在至多5年内行使新的权限。治理结构改革的具体措施主要包括：将大学主管行政的行政委员会组成人数从目前的30～60人减少到20～30人，并在人选上增加校外成员，特别是地方政府（尤其是大区）、经济界及企业的代表；行政委员会的权力将得到扩大，例如可以决定设立教学与研究单位（UFR），确定人员分工、建议员工晋升等。另外，校长的产生方式也由上文提到的三大法定委员会全体成员选举改为仅由校务委员会委员选举产生，任期由5年改为4年，并可连任1次；同时，校长的权力也得到增强，特别是在人力资源管理和财政方面获得了更大的自主权。

2008年，大部分大学都按照上述规定进行了行政委员会的改选。这次改选在大学内部引起了积极的反响，参加投票的人数比以往任何时候都多。各大学的新委员会成员中平均至少有两名来自经济领域的不同行业，其中来自大型集团的占50%，中小企业占40%。除此之外，在新当选的大学校长中有1/4是第一次担任大学校长，他们将成为未来改变大学命运的生力军。

按照《大学自由与责任法》的规定，"新大学"还享有三个方面的新权限：一是可以设立基金会（大学基金会或合作基金会），与企业建立合作伙伴关系，寻求国家预算以外的自有资金；二是享有预算和人力资源的自主管理权；三是国家把校园房产所有权转移给学校，由学校负责管理处置。事实上，截止2008年底，自《大学自由与责任法》颁布并逐步实施改革以来，法国已正式成立了9个基金会，其中有5所大学基金会和4所合作基金会（参见下表），另外还有70个基金会项目已经通过了审查。[4]

① 法国人习惯以在任的法国高等教育与研究部部长姓氏命名相关的教育法律。

2007～2008 年度正式成立的基金会一览表

	综合大学	投入经费总额	经费主要支持的项目
大学基金会	克莱蒙一大 (Clermont I)	230 万欧元	支持和促进研究、改善学生就业、帮助建立企业、增强学校的国际吸引力
	蒙彼利埃三大 (Montpellier III)	计划 5 年内每年投资 18.5 万欧元	完成 1 部象形文字大字典
	巴黎六大 (Paris VI UPMC)		支持研究工作、帮助学生就业、帮助建立企业、增加学校的国际吸引力
	贡比涅技术大学 (Compiègne UTC)	500 万欧元	支持创新、研究人员和学生的活动费用、公民活动、校友网络等
	马赛—普罗旺斯二大 (Aix-Marseille II)	3 年内投资 500 万欧元	卫生、体育和可持续性发展
合作基金会	里昂一大(Lyon I)	5 年内投资 286 万欧元	促进校企合作、资助研究计划
	巴黎九大 (Paris IX Dauphine)	5 年内投资 364 万欧元	资助研究计划、实施创新的教学计划、增加学校的国际影响和奖学金
	斯特拉斯堡大学	40 万欧元	发展面向全体的教育(残疾人、低收入人群)、支持学生入学并进行学业跟踪、维护学校的国际影响力、吸引外国专家和留学生
	凡尔赛大学 (Versailles)	5 年内每年投资 140 万欧元	交通和可持续发展

另外,法国大学的自治改革还十分关注学生的就业发展,计划在各大学成立学生就业帮扶办公室(BAIP),主要负责把实习和工作机会分配到各个单位,帮助学生找到第一份工作,目的是更好地协助学生,让他们能顺利地适应社会和工作岗位。高等教育与研究部要求各大学在 2009 年年底之前上报有关就业帮扶办公室的实施方略及时间表。

(三) 迈向自治的“新大学”

2008 年 12 月 23 日,法国高等教育与研究部部长贝克莱斯正式对外公布了第一批实施自治的 20 所大学名单。事实上,该名单早于 2008 年 7 月就已经确定了,之前共有 35 所大学接受了法国高等教育与研究部及财政部的审查,两个部按照人力资源管理、财会管理、特色专业以及资讯系统管理4项标准选出了20所大学，涉及在校生31.5万人，教师及研究人员19 000人。

贝克莱斯还公布了依据《大学自由与责任法》确立的具体措施：新自治大学的校长权力得到了大大加强：他可以全权管理人力资源事务，包括教师的聘用（选择与教师签订长期工作合同(CDI)）、职称评定、调动、晋升等，可以调整教师和研究员的工作量，决定其奖金；更主要的是大学可以百分之百地自行支配预算经费，包括员工工资的发放，而在此之前大学只能自主支配预算经费的25%左右，而且教职工作为国家公务员，工资全部由中央政府统一发放和管理。

同时，自2009年1月1日起，法国高等教育与研究部开始对新自治大学实行新的经费拨发制度。这一制度有3项重要原则：

(1) 经费拨发应该更为公正地反映学校所具有的各项公共服务职能，同时更强调大学的绩效。未来国家拨发教育经费标准的20%将参考学校的绩效情况（大大超过了目前3%的比例）。另外，经费拨发还将参考本科阶段的学业合格率、学生就业情况、研究部门和博士生的比重以及学校管理质量。当然，前文提到的高校与政府之间签订的契约履行状况也会被考虑在内；

(2) 经费分配标准的80%将由学校的业务情况决定。业务将从两个方面予以评估：一是教学，主要包括学生参加考试的人数（目前的标准是学生的注册人数）；二是科研，例如教师和研究员发表的专业类文章的数目；

(3) 新制度对于大学来讲具有明确性、整体性和透明性。新制度涵盖了大学运转的方方面面，特别是之前很少得到重视的科研方面；另外，评估的原则及校与校之间的捐赠情况都强调公开透明。

另外，国家还赋予新自治大学一项新的使命：主动向高中提供分流定向咨询。这主要涉及高一面临分科定向及高三毕业班的学生。大学要主动提供各个专业的详尽情况以及高中生选择更适合自己的方向（比如让他们了解要想成功修完某门专业课所需掌握的基本知识），特别是让他们知道学习某一专业的就业出路的情况。

(四) 任重而道远的法国大学自治改革

“从中世纪大学的最早起源到目前这个世纪，自治或自我管理就一直是大学理念中的一个关键成分”。[5]然而多少年来，历经风雨的法国高等教育一直在改革中摸索着前进，试图寻求处理大学与国家的关系，赋予大学更多的自治空间，寻求学术自由和进步等问题的答案。

2007年《大学自由与责任法》的出台有其复杂的背景和动因：首先是人力资本理论在经合组织国家仍然具有相当的影响力。高等教育被看作是能够带来丰厚收益的投资，政府希望能够把教育成本的一部分转嫁给社会或个体“消费者”。这种理论在英国、意大利、荷兰、东欧一些国家很有市场，促进了这些国家私立大学的快速发展，而法国在这方面发展还相对迟缓；其次，法国等发达国家受到来自发展中国家的竞争压力，转而向高科技创新领域寻求发展，这就对高等教育提出了新的要求；最后是“美国模式”的吸引力，巨型的国际知名大学一直是欧洲改革者心目中的理想——虽然事实上，这一模式仅是复杂的美国高等教育模式的一种类型。这类大学可以通过设立基金吸收大量的私有资金，其国际声誉不仅可以吸引全球的科技专家，而且可以赚取发展中国家留学生的学费。另外，大学与企业联合或与大型国有公司签订技术创新合同，可以通过股权的方式获取利润。

基于上述背景，本次法国大学自治改革可以说是法国政府的大手笔，它解禁了长久以来没有触及的大学人事及财务管理权问题，旨在拉近大学与企业之间的距离，刺激教师和研究人员的积极性，在大学之间、学科之间以及大学内部形成一种竞争文化。同时，改革仍延续了法国政府关注学生发展的良好传统，直接把学生就业率、本科阶段学业成功率作为评估大学及教育拨款的标准之一，促使大学在发布招聘信息和办理手续的基础上，投入更多精力和资金来解决学生的就业问题。

当然，尚未经受时间验证的改革总会引来不同的声音。对于法国这样一个在传统上高度集权的国家来说，部分自治措施的出台似乎有将大学“私有化”的倾向。几大大学教师工会和大学生组织自2009年年初就开始通过各种途径表达自己的不同意见，希望政府能够承担责任、切实实现民主。对于改革，争议最大的几个问题包括：(1) 校长选举方式的改变能否代表大多数相关人员的意见？校长不仅有权决定教师的晋升、奖金，而且还可以在校务委员会的帮助下调整全校教师的课时数和科研工作量，在学校与企业靠近的同时，校方是否会迫于压力而忽视一些基础学科及其人员的发展需求？（2）教学和研究方向的确定可能会受到私有基金的左右，如何保证大学的人才培养不被“职业化”，如何保证大学学术自由和独立的传统？（3）自治法引入的竞争文化将加剧大学之间发展的不平衡，特别是地方院校与巴黎大学之间的差距。2009年按照新的绩效标准实行预算划拨已经使得各个学校之间出现分层：昂热大学获得的国家经费比上年增长了25%，里尔二大、里昂二大等大学经费也增长了近25%，而包括波尔多大学在内的10所大学经费增长却不到2.6%。

按照法国高等教育与研究部的改革规划，全国85所大学将在2012年前陆续完成自治改革。虽然总统及政府多次表达了对于改革的信心，然而面对如此多的内部质疑以及教育全球化的竞争压力，法国大学自治改革仍将任重而道远。

参考文献：

[1]［荷］弗兰斯·F·范富格特. 国际高等教育政策比较研究[M]. 王承绪译. 杭州：浙江教育出版社，2001：144.

[2] 法国总统萨克奇谈大学治理[EB/OL]. http://www.democratie-en-ligne.net/enseignement/autonomie-universite-sarkozy.html，[2009—05—20].

[3] 王晓辉. 法国新总统筹划大学改革将立法实现“大学自治”[N]. 中国教育报[2007—07—09].

[4] août 2007—1er janvier 2009：de laloià l'autonomie des 20 premieres universites[EB/OL]. http://www.enseignementsup-recherche.gouv.fr/cid23302/11-aout-2007-ler-janvier-2009-de-la-loi-a-l-autono-mie-des-20-premieres-universites.html.[2009—04—05].

[5] Perlins, J. A. Autonomy, The International Encyclopedia of Higher Education[J]. Vol. 2A. San Francisco：Jessey-Bass. 1978：578.

（本文发表于《比较教育研究》2009年第9期。作者刘敏，时属单位为北京师范大学国际与比较教育研究院）

十、走向管理主义
——荷兰大学内部治理结构变迁研究

大学治理是一个极其复杂并富有挑战的问题。欧洲著名高等教育学者尼夫(Guy Neave)曾经这样指出,“在当今讨论的各种问题中,没有任何能比大学治理更具争议性”。[1]谁应该治理大学?如何治理?为了何种目的?这些似乎成为大学发展史上永恒的主题。本文以荷兰大学内部治理结构的变迁为主线,尝试着回答以下问题:不同时期荷兰大学治理结构的特点是什么、变迁的动因为何、现行基本框架怎样以及面临怎样的挑战。

(一) 监管模式:荷兰政府管制大学的悠久传统

荷兰大学的历史可以追溯到1575年,当时为表彰莱顿市民在反抗西班牙的八十年战争中所表现的坚忍不拔的精神而建立了莱顿大学。[2] 1579年,荷兰“七省联盟共和国”成立,这7个省份中有5个相继建立了自己的大学。除莱顿大学外,现在依然存在的有1614年的格罗宁根大学和1636年建立的乌得勒支大学。1815年,荷兰正式成为一个在奥兰治—拿骚王朝(the House of Orange-Nassau)统治下的君主立宪制国家。所以,荷兰大学的历史远比荷兰成为一个统一的民族国家的历史要长久得多。但自荷兰建立之日起,国家就宣称自己对高等教育负有完全责任,有意要把大学收归己有,并在1876年的《高等教育法案》中第一次进行了明文规定。[3]所以,荷兰大学历来被视为公共机构,他们由国家控制、管理和资助;只有获得国家的批准,大学才可以设立新的学院、系科;教授的聘任是国王的特权。[4]在20世纪60年代末之前,荷兰大学治理一直延续着传统的欧洲大陆模式——国家官僚和教授行会掌握着大部分权力。大学内部的学术与非学术事务截然分开,大学治理的显著特征是清晰的两支柱结构(bicephalic structure)。一支柱是由策展人①董事会(Board of Curators)占据着至高点的官僚系统。策展人董事会充当了国家与大学之间的调解人,担负着维护国家法律和法规以及管理大学的财政及人事政策的重任。另一支柱是由全体教授组成的评议会(Senate)。所有的学术事务都由评议会负责,主席由评议会提名,政府任命。

(二)代议制民主:20世纪70年代至20世纪末荷兰大学的治理模式

20世纪60年代,公众对高等教育的需求呈现快速增长状态,荷兰大学出现了前所未有的入学人数扩张,传统国家监管模式的效率和效益问题引起了社会各界越来越多的关注和疑虑。几乎是同一时期,荷兰社会弥漫着一种对社会秩序的不满情绪。公司、教堂、艺术团体以及家庭等都强烈反抗政府的独裁统治,公众高涨的社会民主化要求被提到了国家政治议程的首位。[5]作为政治和社会转变的一部分,致力于促进大学民主化的学生运动最终激发了荷兰高等教育的风暴,从而导致了政府于1970年颁布了一部以民主为导向的《大学治理法案》(Act of University Governance,荷兰语简称WUB)。该法案建立了以代议制民主制度(representative democracy)为核心的大学治理结构,其最显著的特点是对大学治理民主参与的高度强调。策展人董事会和评议会被依法撤销。在这个语境中,代议制民主制度是指属于大学共同体的任何人不应该被剥夺选举代表参与重大决策的权利。[6]换言之,学术人员、非学术人员以及学生享有同样的选举权和被选举权。在代议制民主制度的基础上,《大学治理法案》确立了大学治理结构的三个层面:[7]

1. 大学层面

包括大学理事会(university council)、执行董事会(executive board)、院长董事会(board of deans)和一位名誉校长(rector magnificus)。大学理事会作

① 策展人是指大学董事会里主管校产、财务、人事等事务的董事。

为代表机构，25 名成员全部来自大学团体，由大学内部选举产生。其中，学术人员、非学术人员以及学生的比例各占三分之一。在有关大学预算、计划、年度报告和一般的学术程序、条例和规则事务上，大学理事会拥有最后的决定权。执行董事会(包括名誉校长在内)有 3 位成员，这 3 位成员由教育部长任命，其主要职责涉及政策制定、财政建议、基建以及人事问题。大学理事会和执行董事会共同治理大学。

2. 学院层面

这一层面的治理机构主要包括：学院董事会(faculty board)、学院理事会(faculty council)、院长以及两个常设委员会——研究委员会和教育委员会。学院董事会和学院理事会的角色和相互之间的关系与大学层面的执行董事会和大学理事会相类似。

3. 系科层面

《大学治理法案》引入了一个新的组织层面——系科(department)，它是大学治理结构的基层。"学科研究组(Disciplinary Research Group，DRG)"是该层面重要的治理机构，其由在同一学科领域工作的一小群教授及其助手组成。尽管学科研究组需要向学院理事会负责，但是在该学科的教学和科研领域拥有相当大的权利。

(三)《大学治理现代化法案》下的现行基本结构框架

1. 荷兰大学治理结构变革的动因

(1) 代议制治理结构本身存在着严重的痼疾。从 20 世纪 70 年代的初期伊始，以代议制民主制度为基础的荷兰大学治理结构一直受到不断的攻击，来自高校内外的批评之声不绝于耳，人们普遍认为，大学内部决策太繁琐，太消耗时间，突出表现在以下几个方面：[8]第一，决策机构缺乏明确的责任感，责任和权力在不同组织中分享，使得集体决策时相互推卸责任难以避免；第二，在对有关教学和科研活动进行决策时，大学底层存着的一定程度的保守性；第三，权力的分散造成了决策结构的非透明性，从而导致了对"到底谁负责什么"的质疑；第四，董事会和理事会共同拍板的二元结构导致了太多的决策僵局和迟延；第五，不同层面的决策机构之间存在着沟通不足现象，强调的常常是董事会和理事会之间的横向关联,而纵向关联往往受到忽视。

(2) 新自由主义理念的直接触动。20世纪80年代,新自由主义理念进入西方国家政治议事日程,使得放规(deregulation)成为政府治理的时尚。政府角色纷纷从干预型(interventionary)向促进型(facilitatory)转变:减少中央控制,减少具体管制,增加更多激励,更多地对院校和学位项目进行评估,这常常被解释为"评估型国家的兴起"。在此背景下,扩大高校自治一直是荷兰政府政策的主要目标之一,而建立强大的院校领导被认为是实现这一目标所必需的。政府不再过多地信任学术共同体的智慧,转而倡导一种"企业理性(corporate rationality)",[9]试图把大学转变成更类似于企业的实体,从而可以用一套类似企业的方法来管理大学。企业中的主导价值——经济、效率和效益在大学中得以反复强调。在《大学治理现代化法案》的解释性备忘录中,教育部长认为,民主参与式的大学治理模式显然已经无法适应日益激烈的竞争环境。现在,大学必须能够对外界迅速作出反应,这需要强有力和富有冒险精神的大学行政领导。[10]

2. 大学内部治理的现行基本框架

1997年,荷兰议会通过了《大学治理现代化法案》(University Government Modernisation Bill,荷兰语简称MUB),它标志着实施了将近三十年的大学治理民主参与模式的终结。法案倡导者希望,这个更像企业管理的结构能够极大地提高大学决策的效益和效率,并提出了改革的五大目标:第一,整合决策部门,集中分散的权力;第二,增加权力关系之间的透明度;第三,提高决策的有效性;第四,扩大院校的自治;第五,保持并提高学生参与重大决策。在此基础上,《大学治理现代化法案》对代议制民主治理结构进行了大刀阔斧的改革。[11]

(1) 大学层面。包括监事会、执行董事会、大学理事会和博士学位董事会。《大学治理现代化法案》引入了一个新的治理机构——监事会(Supervisory Board)。监事会由教育部长任命的5位业外人士组成,并向部长负责。监事会的地位在大学之上,其至高的权力体现在两方面:第一,大学最重要的规划,如战略规划和预算规划等需提交监事会批准;第二,当执行董事会和大学理事会之间发生纠纷时,需由监事会来进行仲裁。该法案还建立了一个垂直的委任制度,即监事会任命大学执行董事会成员,大学执行董事会任命院长,院长任命学位项目主任。因此,大学各级领导是任命而非选举产生。在新的治理结构中,大学理事会从"高装备的治理机构(heavily equipped governing bodies)"转变为咨询机构,过去拥有的许多重大权力,特别是预算权被完全剥夺。大学理事会的职能只是对诸如院校的规则、条例及重大政策文件等发表意见和评论。随着大学理事会的地位江河日下,执行董事会的权威则得以大幅度提升,从而在新的治理结构中占据了绝对的上风。事实上,执行董事会独揽了包括学术事务和非学术事务在内的几乎所有权力。

(2) 学院层面。在该层面,《大学治理现代化法案》主张建立以院长为首的单一权威,院长荣升为"无所不能的统治者"(omnipotent ruler)。[12] 与大学层面的理事会一样,学院层面的理事会也降级为咨询机构,从而丧失了众多权力。

(3) 学科基层。由于学科研究组常常被视为保守和惰性的堡垒而被依法撤销,他们曾经掌控的权力被重新分配给院长。《大学治理现代化法案》规定,基层的教学和科研要分头实施。虽然不同院系有所变化,但总的来说,课程总监(course director)负责教学的组织工作;研究总监(research director)负责科研的组织工作。他们都由院长任命,并向院长负责。

(四) 改革的成效和面临的挑战

1. 大学治理结构改革产生的积极效果

第一,大学决策的效率提高了,即大学有能力在相对较短的周期内应对和解决棘手问题。在大多数行政人员看来,权力的集中应该被视为一种进步,因为它有助于决策的果断。第二,荷兰大学与其它大学的校际合作和伙伴关系的建立呈不断增长之势。在国际层面,荷兰大学已成为科英布拉集团(Coimbra Group)①、欧洲创新大学联盟(European Consortium of Innovative Universities)、欧洲研究型大学联盟(League of European Research Universities)以及世界大学网络(Worldwide Universities Network)的成员。在国家层面,大学间的合作也逐渐浮现。荷兰 3 所技术大学——代尔夫特大

① 科英布拉集团(The Coimbra Group, 简称 CG)成立于 1985 年,是由 38 个欧洲大学组成的大学网络,其中不乏众多欧洲最古老及最富声望的大学。科英布拉集团得名于葡萄牙的科英布拉大学,这是欧洲最古老的大学之一。

学、埃因霍温大学和特文特大学在全球科研竞争力中的战略联盟就是一个极好的例证。第三，促进了大学开拓第三方资金的能力。就荷兰大学的财政收入而言，三类资金流清晰可见：一是政府对大学的直接资助；二是由荷兰科学研究组织(the Netherlands' Organization for Scientific Research, NWO)提供的大学科研资助；三是大学通过合同或第三方研究(third party research)而获得的资助。1986年，这三类资金流所占的比例分别是62%，16% 和 22%。[13] 在过去的十多年里，荷兰大学的第三方收入一直呈现不断增长之势。2005年，荷兰大学总预算中平均约25%来源于第三方合同。而在一些大学，这个比例已经超过30%。这在一定程度上表明，荷兰大学已经具备了在高等教育市场上成功运作的能力。[14]

2. *大学治理结构改革面临的挑战*

一个建立在任命基础之上的官僚管理系统取代了以往的代议制民主制度，这使得大学行政领导权力得以加强，并且变得更加集中。但同时，人们开始担忧日益加重的行政负担，因为目前较高比例的大学预算用于管理支出。一份研究理事会的报告强调，为了减少管理支出，进一步简化行政程序是必要的。荷兰教育部长已要求大学开发一个“官僚基准”，并把若干致力于减少大学行政负担的措施呈递给议会。最近一项对荷兰大学治理整体评估的结果表明，现行的治理框架决非一个“毁容的怪物”(disfigured monster)。[15] 院校的决策制定中教授们的影响力依然不可低估，这不仅因为古老的传统不可能瞬间消失殆尽，更重要的是，达成共识对荷兰大学的顺利运作依然是至关重要的。但不容忽视的问题是，学术人员对大学治理改革持有强烈的抵触情绪。作为大学共同体代议机构的大学理事会的处境岌岌可危——声望日下、席位空缺，学术人员尤其是教授参与比例极低。迪尔(David D. Dill)和彼得森·黑尔姆(Karen. Peterson Helm)认为，大学的一个重要特征就是学术人员掌握着评估大学战略是否可行所必需的专业知识。[16] 如果教授们对院校政策的合法性不断提出质疑，这不仅会延误政策的执行，而且会导致整个大学处于瘫痪状态。

荷兰大学的内部治理经历了一个国家监管——代议制民主——强化大学行政领导的变迁过程，同时这也是一条由控制到民主再追求效率的演变路线。这也反映了现代大学治理的矛盾与困惑：究竟什么样的治理结构最适合大学？

也许我们很难给出一个完美的答案，但可以肯定的是，极端民主或纯粹管理主义的模式都是无法存活的。大学治理的关键点应在管理和民主之间保持适度的平衡。诚然，为了提高大学的适应性、灵活性和创新性，使其能够及时回应迅猛变化的外部环境，强化院校行政管理是一个选择。荷兰大学现在已经开始向"更加紧密耦合的系统"演化，有学者甚至把其称之为"管理型专业公共组织(managed professional public organization)"。[17]但是，如果大学越来越走向管理主义，成为真正意义上的企业，那么大学作为学术共同体的组织特性也会逐渐消失殆尽，大学也就不再是大学。

参考文献：

[1] Guy Neave. The Making of the Executive Head: The Process of Defining Institutional Leaders in Certain European Countries [J]. International Journal of Institutional Management in Higher Education, 1988,12(1):104.

[2] [荷兰]弗兰斯·F·范富格特主编，王承绪等译. 国际高等教育政策比较研究[M]. 杭州：浙江教育出版社. 2001：242.

[3] Frans A. van Vught. Combining planning and the market: an analysis of the Government strategy towards higher education in the Netherlands [J]. Higher Education Policy, 1997, 10(3/4): 212—213.

[4] Adolf Cohen and Meta van der Steege. An Historical Overview of the State and Higher Education in the Netherlands [J]. European Journal of Education, 1982, 17(3): 272—276.

[5] Harry de Boer, Peter Maassen and Egbert de Weert. The troublesome Dutch university and its route 66 towards a new governance structure[J]. Higher Education Policy, 1999, 12(4): 331—332.

[6][12] Harry De Boer and Leo Goedegebuuer. On Limitations and consequences of Change: Dutch University Governance in Transition [J]. Tertiary Education and Management. 2001(7): 166, 173.

[7] Egbert de Weert, Patra Boezerooy. Higher education in the

Netherlands: Country report 2007 [EB/OL]. http://doc.utwente.nl/60259/1/Weert07netherlands.pdf, [2010—02—22].

[8][11][14][17] Harry de Boer. Higher Education Governance Case Study: the Netherlands. In The extent and impact of higher education governance reform across Europe, Final report to the Directorate-General for Education and Culture of the European Commission, Part Three: Five case studies on governance reform[EB/OL]. http://ec.europa.eu/education/pdf/doc236_en.pdf, [2010—04—22].

[9] Guy Neave and Frans A. van Vught (Eds). Prometheus Bound: The Changing Relationship Between Government and Higher Education in Western Europe[M]. Pergamon press, 1991: 242—244.

[10][15] Jeroen Huisman, Harry de Boer and Leo Goedegebuure. The perception of participation in executive governance structures in Dutch universities [J]. Tertiary Education and Management, 2006,12(3): 229, 238—239.

[13] Leo C. J. Goedegebuure and Don F. Westerheijden, Changing Balances in Dutch Higher Education [J]. Higher Education, 1991, 21 (4): 496.

[16] 转引自 Harry De Boer and Leo Goedegebuuer. On Limitations and consequences of Change: Dutch University Governance in Transition [J]. Tertiary Education and Management. 2001(7):164.

（本文发表于《比较教育研究》2011年第1期。作者褚艾晶，时属单位为北京师范大学国际与比较教育研究院；作者周满生，时属单位为教育部国家教育发展研究中心）

十一、日本国立大学“独立行政法人化”决策过程分析

当前，日本国立大学遭遇到前所未有的变局。几年来沸沸扬扬的是否取消国立大学的问题终于有了答案。2000 年 5 月 26 日，在许多国立大学的反对声中，文部大臣中曾根弘文正式表明 99 所国立大学和“大学共同利用机构”将由国立机构转为独立行政法人[1]。可以说，这是日本近代高等教育产生以来，国立大学面临的第一次重大的地位危机。

本文将对国立大学“独立行政法人化”(简称“独法化”)政策制定的起因与经纬、相关争论及具体方案加以梳理，并剖析这一措施的基本性质、核心理念与社会评价，这将有利于我们把握日本今后高等教育改革的政策走向，同时也有助于丰富我们对世界高等教育改革的认识。

(一) 何谓“独立行政法人”

“独立行政法人”的直接法律根据至少有两个，一个是 1999 年 7 月 8 日通过的《独立行政法人通则法》(以下简称《通则法》)，它是规范所有“独立行政法人”的一般性法律；第二是“个别法”，它将在设立某个具体的“独立行政法人”时制定，用以规范该独立行政法人的名称、目的、业务范围等有关事项。所有的“独立行政法人”都必须对应一个“个别法”。

根据《通则法》第二条，“独立行政法人”所从事的业务和事业应具备的基本条件是：对国民生活及社会经济的安定有重大影响，但没有必要由国家来充当其实施主体，同时又很难交予民间实施，然而又必须交给某个主体去独自实

施[2]。从事这种业务和事业的主体就是“独立行政法人”。该法第二条第二款还规定了一种“特定独立行政法人”作为“独立行政法人”中的特例，它与一般的“独立行政法人”的区别在于，其职员身份是国家公务员。

上述规定所提示的最基本的信息是，“独立行政法人”不是政府机构（这里特指中央政府机构），由此我们可以解读国立大学“独法化”的根本目的在于改变国立大学的“国立”性质，把它变为非国立机构。当然，“独立行政法人”虽然不是国立机构，但也不是民间机构，而是一种介乎政府与民间之间的特殊机构。

（二）国立大学“独法化”的直接起因及其经纬

将国立大学法人化的想法早在五十年代就有人提过，1971 年中央教育审议会的报告也曾提及这一问题，1984 年的临时教育审议会同样对这一问题进行过探讨，但只埋下了“今后还须讨论”的伏笔而未能形成结论[3]。那么，是什么原因促使日本政府下决心令国立大学“独法化”的呢？

这次能对国立大学动大手术，与日本经济衰退背景下的行政改革有直接而密切的关系。80 年代“繁荣”一时的泡沫经济过后，日本经济萎靡不振，内需不足，市场疲软，生产下降，经济增长减缓，国际竞争力减退，整个社会也毫无生气。在这一背景下，人们对日本式市场经济模式提出了疑问，认为曾取得巨大成功的国家主导型的现代化已经不能适应新时代的要求，特别是在经济全球化和文化多元化的条件下，官僚主义窒息了经济发展和社会生活的内在活力。于是，以精简机构、整合功能、裁撤冗员、削减行政预算、提高效率为主要内容的行政改革便成为日本政治、经济、教育等领域的改革当中最为重要的改革。行政改革会议（桥本龙太郎首相亲任会长）1997 年 12 月提出的《最终报告》指出，“要重新构筑这个国家的形态，最为优先的，就是改革臃肿僵化的政府组织，实现能与有效实施重要的国家机能相适应的、精干、高效、透明的政府。”[4]在行政改革的处方中，有一种思路是将政府的规划决策功能与实施功能分开，并彻底划分官民事业的界限，把一些政府机构分离出去，令其只发挥实施功能，或者让民间经营，这样机构的数量和国家公务员的数量均可得到裁减。于是，这一思路指导下的各种改革方案纷纷出笼，例如将邮政省中具体的邮政事业、大藏省中的造币印刷事业、厚生省中的国立医院、文化厅中的国立博物馆等分离出去，使其成为独立行政法人。

在这个过程中，国立大学逐渐成为政治家们棋盘中的一个棋子。起初，日本政府并没有把国立大学作为精简对象。早在 1996 年，行政改革委员有马朗人（担任文部大臣以后立场发生了变化）和町村信孝文相就曾明确表示过反对将国立大学"独法化"的看法。1997 年 9 月的行政改革会议也决定将国立大学排除在"独法化"对象之外。同年 12 月行政改革会议的《最终报告》虽然表示了这一改革的可能性，但 1998 年的各种政府改革方案也并未触及这一问题。然而，1999 年以后形势发生了逆转。削减公务员数量的目标发生了变化，从而政治上的"凑数"成了国立大学"独法化"的导火线。一段时期以来，公务员的裁减数量一直是各种政治势力大做文章的筹码，在政府方面，1997 年提出的基本目标是将公务员的数量削减 10%，到了 1998 年底则开始提出削减 20%的思路。1999 年 1 月，自民党和自由党在讨价还价的基础上提出了用 10 年时间削减 25%公务员的目标，正是这一小渊内阁行政改革的新指标对国立大学的"独法化"产生了决定性影响。削减 25%公务员的目标意味着，如果把国立大学置于"独法化"对象之外，这个计划的实现几乎是不可能的。在这种情况下，国立大学约 12.5 万人的教职员才被政治家们相中。于是，国立大学"独法化"进程迅速加快，1999 年 9 月，文部省一改既往的立场，表示有条件接受国立大学"独法化"。今年 5 月，文部省更正式确定了将国立大学"独法化"的方向与日程表。

（三）关于国立大学"独法化"的争论

在酝酿国立大学"独法化"的过程中，始终存在着赞成与反对两种完全对立的主张，并且斗争相当激烈，甚至可以说这一斗争直到现在也未停息。

不可否认，国立大学的"独法化"与政治上的"凑数"有直接关系，但如果把国立大学"独法化"简单地归结为政治"凑数"的结果，则未免过于简单。行政改革派之所以要推动国立大学"独法化"，也是因为它与行政改革的根本目标是一致的。行政改革派认为，国立大学"独法化"可以引进市场竞争机制，促进国立大学提高效率。他们认为，在高等教育的入学率已经达到 50%的今天，国立大学的精英教育理念与实践已无法满足国民的需要。有位国立大学的前校长认为，国立大学的教师"几乎没有向纳税人回报的思想，大体都是由于个人的兴趣

(而从事教育和研究),因此教育不可能从旧的'为学问而学问'的状态中走出来"[5]。国立大学的非效率性表现在:第一,国立大学内部滋长着过分的平等主义,教师干多干少一个样,学生学好学坏一个样;第二,不同大学之间的预算分配过于固定化,东京大学等本来条件就相当好的7所旧帝国大学反而受到特别关照,这样无法刺激地方国立大学的积极性[6];第三,国立大学的经费使用存在着巨大的浪费,目前国立大学每年的预算额达2 700亿日元,但由于僵化的单年度预算制度,大学每年申请的经费必须在当年花完,这造成了每个年度末普遍的为花钱而花钱现象;第四,国立大学征收的学费、附属医院的收入、社会各界的捐赠、企业委托研究的资金等都是收归国有,无法为国立大学直接带来收益。以1999年度为例,国立大学的预算中,中央财政的负担约占57%,而其他经费虽然也是来源于国库,但它们实际上是国立大学自己的"创收",如学费和入学费(占19.3%)、国立大学附属医院收入(19.3%)、产学合作收入(4.4%)、借款(2.9%)和其它款项(3.9%)等,但这些收入只能在上缴国库后重新进行分配[7];第五,私立大学在日本大量存在,其中也不乏出色者,这表明国立大学并不特殊,没有必要将其置于国家的保护伞之下;第六,国立大学目前被文部省统得过死,只有成为独立的行政法人才能真正实现学术自由和大学自治,国立大学在人、财、物方面才会有更大的自主权。第七,从现实性来看,在其他省厅大搞"独法化"的情况下,公务员数量高达138 136人(仅次于邮政省的303 911人,占第二位)的文部省不进行机构精简,是说不过去的[8]。

以国立大学协会、日本科学者会议为代表的文教界人士坚决反对国立大学"独法化"。反对派人士认为,国立大学"独法化"完全是为了让教育从属于经济,这将从根本上否定大学教育与研究的特殊性。他们认为,第一,教育和研究与经济根本不同,它的成果并不能直接换算成金钱,特别是文学、哲学等对日本的文化建设极为必要但却不能与经济利益直接联系的学科,它们将会在这种经济主义的风潮下趋于萎缩[9]。第二,如果国立大学"独法化",那么长期在预算分配中处于不利地位的地方国立大学就必然处于不公平的竞争地位,让它们为了生存去筹措资金将把它们推向困境[10]。第三,教育和研究也与机动车检查等领域不同,后者是简单的定期重复性工作,而前者更需要长期的创造性劳动,因此以同样思路改革国立大学将从根本上扭曲教育与研究的性质。第四,国立大学“独法化”以后，学费上涨不可避免，这样，势必将一些十分优秀但家境清寒的子弟拒之门外[11]，国立大学的公益性无法得到维持，教育的机会均等原则无法得到体现。第五，也是最为重要的一点，即《通则法》的种种条款都说明所谓“独法化”以后政府对大学的监控不是少了，而是多了，不是轻了，而是重了，从政府脱离出去并不意味着就可以享受更多的自主权[12]。

上述争论都从不同的角度揭示了国立大学“独法化”的利与弊，在客观上为完善这一政策起到了积极作用。

（四）妥协后的国立大学“独法化”方案

国立大学“独法化”始终面对着巨大的反对压力，因此，政治妥协是这项制度诞生不可缺少的条件。

1999 年 9 月 7 日，国立大学协会一方面表示反对原原本本地套用《通则法》，另一方面又提出了“独法化”的最低条件[13]，实际上是对“独法化”做出了让步。9 月 20 日，文部大臣有马朗人也发表了妥协性的说明，其要点也可概括为两点：第一，“独立行政法人”制度原本并非为国立大学而设计，因此在国立大学“独法化”必须辅以特别的法律或措施；第二，在这一前提下，“独法化”可以扩大国立大学的自主权，促进大学个性化，因此较之现行制度为佳[14]。2000 年，行政改革派也做出相应让步。自民党教育改革实施本部 2000 年 3 月 22 日决定：教育和研究目标的设定将充分尊重大学的意见；教育和研究的评价委托给专门的第三者机构；校长的人事安排采取尊重大学主体性的手续，不实行主管大臣直接任免的制度等基本方针[15]。5 月 9 日，自民党文教部会等党内团体又对此做了进一步阐发[16]。26 日，中曾根文相表示“独法化”一定要以扩大大学自主权和尊重大学特点为前提。

根据国立大学协会和文部省的方案，国立大学要实现“独法化”，除了《通则法》和“个别法”以外，还必须有第三个法律依据——“特例法”，用以体现各国立大学所共同具有的区别于其他独立行政法人的特点，其关键在于保障大学自治与学术自由。由表 1 我们可以看出，在 1999 年文部省的方案中，《通则法》中不利于教育研究的长期特点、不利于大学的自主权和教授自治等方面的规定，都在不同程度上被修改；而那些有利的部分则基本未动。文部省希望，未来的“特例法”或特例措施则必须体现表1中对《通则法》的修正与补充。

表1 实施“独法化”前后的日本国立大学政策待遇对比[17]

	现行制度	《通则法》的基本方针	对《通则法》的修改与补充
名称	某某大学	由“个别法”规定	某某大学法人
业务（范围）	只有学校教育法，而无关于国立大学业务范围的特殊规定	由“个别法”规定；法人业务仅限于个别法所规定之本来业务与附带业务。	需制定法律规范所有国立大学的共同业务，再用法令具体规定某大学的业务；考虑大学的特点，业务范围应广泛
（出资）	国立大学不出资	法人的出资只限于“个别法”所规定的本来业务与附带业务	法人可以为它所设立的以加强对外联系、普及研究成果为目的的单位出资。
（业务方法书）	无规定	法人在业务开始时，应写业务方法书，由主管大臣认可、公布。	关于方法书的内容，应做进一步研究。
（学生名额）	根据相关规定，通过预算进行管理	无规定	为了保障教育条件，关于学生名额应成为中期计划的记载事项。
组织（负责人）	无明确规定	法人1人、监事数人（其中1名为外部人员），其他负责人由“个别法”规定；负责任的名称、数量等均由“个别法”规定。	应设校长（法人代表）1人、副校长数人（分别负责教育及研究、学生、经营管理、附属医院、信息管理等）、监事数人等。
（内部组织）	作为国家行政组织有法律规定，变动须经文部省批准	由法人决定，通知主管大臣	学部、研究所等业务基本组织由法律规定，但其设置与否由各大学判断；教授自治组织不可随意取消，须由法律规定。

续表

	现行制度	《通则法》的基本方针	对《通则法》的修改与补充
名称	某某大学	由“个别法”规定	某某大学法人
目标	无相关规定	主管大臣制定 3～5 年期限的中期目标；制定时应听取评价委员会的意见，并与财务大臣协商；中期目标应尽量量化。	期限为 5 年，但目标应考虑教育与研究的长期性；应制定法律，规定文部科学大臣制定中期目标时，有事先听取大学意见的义务；中期目标可以非量化，不单纯追求经济性效率。
计划	无中期计划和年度计划	各法人制定计划，由主管大臣批准、发表。主管大臣批准时，应听取评价委员会的意见，并与财务大臣协商，有要求修改的权力	制定中期计划，但应考虑教育研究的长期性；也制定年度计划；中期计划等可以非量化；应制定法律，规定评价委员会须在专业性判断的基础上向大臣陈述意见；大臣要求修改计划时，应事先听取大学意见，尊重大学的自主性。
评价	从说明责任的观点出发，有义务让第三者机构进行评价	由主管大臣任命的评价委员会在中期计划结束后进行评价，主管大臣可根据评价结果对法人的存续与否等做出判断。	评价委员会应根据法定大学评价机构单独进行的评价的结果进行评价；评价应反映教育研究活动的多样性与长期性；应发挥自我评价的作用；应制定与教育研究活动相适应的评价标准与方法；文部科学大臣进行判断时，应参考专业性评价的意见，对此也应有特别措施加以规范。
人事（身份）	国家公务员	有国家公务员和民间型两种	国家公务员

续表

	现行制度	《通则法》的基本方针	对《通则法》的修改与补充
名称	某某大学	由"个别法"规定	某某大学法人
(任免)	校长、教员及机关人员均由学校根据教育公务员特例法选出。	法人代表由主管大臣从具备条件者中任命,职员等由法人代表任命。	应在大学方面的申述基础上,由文部科学大臣任命校长,此原则须以法律形式确定;大学内部应通过相应组织选举校长;教师的人事应根据教育公务员特例法,保证大学的自主权。
(工资)	由国家规定	各法人可根据职员业绩自主决定,报主管大臣,并予公布	
(服务)	教职员必须遵守国家公务员法	适用国家公务员法(但手续相应简化)	
(工作时间)	有法律规定	由法人规定,报主管大臣,并公布。但应以一般的国家公务员的工作条件为基准。	
(劳动权)	有团结权、团体交涉权,无争议权。	有团结权、团体交涉权,无争议权。	
(编制)	有制度规定,如有增员,须通过文部省的预算管理而实现。	由法人自主决定。	
财务(财源)	全部由国家投资;每年向文部省要求预算,并经国会批准;用途特定,单年度必须用完。	政府可投全部或部分资金;用途不特定,可以越年使用;一次性投入款项的用途不特定,可越年使用。	一次性投入款项的计算方法应能保证维持与提高大学的教育与研究活动水平;应将中期计划中记载预算的方法具体化。
(学费)	不论文理科,标准统一,收归国库。	除特殊规定外,成为法人收入。	

续表

	现行制度	《通则法》的基本方针	对《通则法》的修改与补充
名称	某某大学	由"个别法"规定	某某大学法人
（捐赠金等）	捐赠与委托研究等收入全部收归国库。	除特殊规定外，成为法人收入。	学费成为法人收入，但它与其它经费（如运营交付金）的关系以及学费的多少，应在考虑独立行政法人的目的及国立大学应起作用的基础上决定。
（储备金）	将剩余部分积累起来用于决算上的不足部分或充当设施建设费	在"个别法"中分别规定不同的法人在中期计划结束的年度如何处理储备金（如一半上缴国库、一半内部保留等）。	考虑到教育与研究的特殊性，应尽量内部保留。
（设施建设）	文部省负责，通过财政投入中的长期贷款对全国的国立大学进行有计划的建设。	通过"运营交付金"及其它措施拨款；中期计划应有关于设施与设备的记载，由主管大臣批准；关于长期贷款及发行债券可通过个别法实现。	在"独法化"之际，应有长期的设施建设规划，在这一基础上制定中期计划；应明确运用长期贷款。
（土地建筑）	国有财产，由国家处理	作为政府对大学的投资，必要时大学可以无偿使用国有财产，重要财产的处理须报主管大臣批准，批准时会尽可能尊重法人自主性	在将处理土地后的收入用于维修设施方面，应参考现行的国立学校财务中心的作用；现行的长期贷款的余额应参考其他先行的独法化机关加以处理。
（会计原则）	以会计法规定的会计制度为基准	企业会计原则	应考虑教育与研究的特点，明确企业会计原则的适用范围
（税制）	不纳税	捐赠部分应纳税	不纳税
（会计制度）	国立学校特别会计	无详细规定	应尽量保留国立学校特别会计的优点

续表

	现行制度	《通则法》的基本方针	对《通则法》的修改与补充
名称	某某大学	由"个别法"规定	某某大学法人
情报公开	根据国立学校设置法，有公开教育、研究、组织与运营状况的义务	法律规定有公开中期目标与计划、评价结果、财务表、工资标准的义务；有努力公开组织及运营状况的义务。	
主管大臣权限	文部大臣有广泛的指挥监督权，并有关闭学校、改变设备与教学等的命令权。大学的专业设置需经过文部省的审查要求预算而实现。	要求报告、要求纠正违法行为、进行检查等。大学的专业设置可根据自主判断决定。	

目前，国立大学"独法化"的方向已经确定，文部省计划在2001年内尽快拿出具体方案，2002年交予国会讨论通过，经过10年的时间完成从国立大学向"独立行政法人"的过渡。

(五) 国立大学"独法化"的意义与局限

在梳理日本国立大学"独法化"的起因、经纬与相关争论的过程中，笔者所做的简要归纳与分析已经表明：第一，国立大学"独法化"的直接起因不是教育改革而是行政改革；第二，国立大学最后纳入"独法化"的对象，有其大的政治经济背景，但政治"凑数"是导火线；第三，行政改革派要向国立大学引进市场竞争机制，文化教育派要维持国立大学的公益性和自主性，两者有根本性冲突；第四，两者的争论仍在继续，但已达成重大妥协。

这次国立大学改革与八十年代中曾根康弘政权以来推行的新保守主义政策是一脉相承的。1997年前后，西方政治已开始发生变化，欧盟15个国家中已有13个国家由实行中间偏左路线的党派执政，美国也早在1992年实现了民主党执政，新保守主义政策开始得到不同程度的修正。那么，何以日本仍然用这种政策思维改革国立大学呢？其实，这正反映出日本独特的国情，即，官僚体制下的国家支配对教育和其它各个社会领域的过度介入弊害极大，但几经改革至今未能解决，进一步地实行新保守主义的政策仍将是今后相当一段时间的政治目标。反对派之所以能够妥协，也是因为他们不得不承认现行的国立大学受政府干涉过多，他们所要求的大学自治与学术自由在预算管理的方式下早被政府抹煞了不少。他们也无法回避国立大学的确存在着效率低下的缺点。从这个意义上说，国立大学"独法化"是大势所趋，不可逆转。

国立大学"独法化"的大政方针已定，但它的内在矛盾也相当难以克服。从行政改革派的角度来看，妥协方案已在很大程度上偏离了行政改革的目标。首先，政府仍将支付原国立大学的绝大部分经费，所谓削减经费也就无从谈起。其次，国立大学教师的身份不变，仍然为国家公务员，按《通则法》的规定，这种独立行政法人属于"特定独立行政法人"，虽然政治家因此而完成了"凑数"的政治任务（因为"特定独立行政法人"中的国家公务员可以不计算在政府公务员之内），但是，保留国立大学教师的国家公务员身份，等于宣布在人事方面不引进竞争机制。但人事制度如果不改，那么提高效率就是一纸空文。从文化教育派的角度看，他们所要求的大学自治与学术自由也很难付诸实现。正如前面所指出的那样，最基本的财权仍在政府手里，制定中期目标的主导权也在政府那里，中期计划结束后决定独立行政法人存亡的大权还在政府那里，在这些问题上，文部省并未提供一个明确的解决方案。另外，这一改革不仅没有解决日本政府对高等教育投入不足的问题，而且为政府不增加投入开了绿灯。

国立大学"独法化"本身虽然存在许多局限，但它为国立大学今后进一步的改革预留了巨大的空间，为增强国立大学整体改革的深化也打开了一个缺口。如何在改革政策中寻求一个合理的平衡点，这将是国立大学"独法化"不得不面对的问题，也是未来几年中值得关注的焦点。

参考文献：

[1]（文部省）表明国立大学法人化[N]. 朝日新闻，2000—05—27.

[2] 独立行政法人通则法(拔粹)[A]. 松崎稔,小泽弘明编. 激震! 国立大学——独立行政法人化之去向[C]. 未来社,1999:174.

[3] 中曾根弘文. 在国立大学校长·大学共同利用机关长等会议上的文部大臣说明[Z]. http://www.monbu.go.jp/news/00000456/2000—05—26.

[4] 行政改革会议. 最终报告[R]. 1997—12—03.

[5] 举行讨论,通向协议[N]. 朝日新闻,2000—06—06.

[6] 用竞争原理增强紧张感[N]. 朝日新闻,2000—05—27.

[7] 预算与人事自由度将增加[N]. 朝日新闻,2000—05—26.

[8] 藤田宙靖. 国立大学与独立行政法人制度[A]. 松崎稔,小泽弘明编. 激震! 国立大学——独立行政法人化之去向[C]. 未来社,1999:184—207.

[9] 池内了. 国立大学的独立行政法人化是砍掉文化[A]. 松崎稔,小泽弘明编. 激震! 国立大学——独立行政法人化之去向[C]. 未来社,1999:68—70.

[10] 对运营前途的灰暗抱有危机感[N]. 朝日新闻,2000—05—24.

[11] 阿部谨也. 大学改革与自由化[J]. 现代思想,青土社,Vol. 27—7:108—112.

[12] 日本科学者会议编. 国立大学真的将消失? [C]. 水曜社,1999:29—32.

[13] 国立大学协会第一常置委员会. 关于国立大学与独立行政法人化问题(中间报告)[R]. http://www.asahi-net.or.jp/~bh5t-ssk/net/netjouti1_1.htm. 1999—09—07.

[14] 有马朗人. 在国立大学校长·大学共同利用机关长等会议上的文部大臣说明[R]. 1999—09—20.

[15] 将国立大学变为独立法人[N]. 朝日新闻,2000—03—23.

[16] 自民党文教部会等. 建议:关于今后的国立大学状况[R]. http://ha4.sekyou.ne.jp/home/kinkyo/Akako2000no6—1.htm#06/15_7

[17] 根据文部省. 国立大学独立行政法人化的检讨方向[R]. http://www.monbu.go.jp/news/00000368,制表时稍加改动. 1999—09—20.

(本文发表于《比较教育研究》2000年第5期。作者高益民,时属单位为北京师范大学国际与比较教育研究所)

十二、日本国立大学内部治理的制度变迁

大学内部治理是指大学内部的主体在大学内部事务决策中的权力关系，即校长、理事会(日本为评议会)、教授会等内部主体之间的权力制衡关系及其有效的制度安排。

日本国立大学内部治理从 1877 年创立第一所近代大学以来，已经历了“二战”前、“二战”后及法人化后 3 个主要发展阶段。本文将日本国立大学内部治理置于历史的范畴，以各历史阶段的大学内部主体为分析主线，从大学法律和惯例两个视角分析国立大学内部治理中各主体的权力。

(一)“二战”前的日本国立大学内部治理

“二战”前的日本国立大学内部治理是通过大学初创时期的东京大学时期、帝国大学时期与帝国大学扩大时期等 3 个阶段形成。“二战”前日本不使用“国立大学”一词，因此，本文分析“二战”前日本国立大学内部治理时，主要以国家设立的综合大学为对象。

1. 东京大学时期的国立大学内部治理(1877～1885)

1877 年，日本模仿西方大学制度创立了东京大学，这是日本第一所具有西方大学制度特征的综合大学。这一时期东京大学内部治理的主要特点是在医学部和法理文学部各自设置了相当于西方大学校长职务的“综理”一职，两个“综理”各自管理所属学部。根据 1878 年 5 月 10 日文部省颁布的《东京大学法

学部、理学部、文学部职务编制及事务章程》以及《东京大学医学部职务编制及事务章程》的规定，综理统管大学本部、预备门及植物园的事务及其所属教职员。综理在教职员人事、学科课程、房屋建设和维修、工资等很多大学事务上，具有向文部大臣书面申请权及自主决定权。

1881 年，日本改革了东京大学管理制度，颁布了《东京大学职务编制》，设置了统一管理大学的职务——总理。总理在教职员人事上仍然拥有向文部卿书面申请及自我决定的权限。

东京大学初创时期，东京大学内部尚未设置校级和学部的审议机构。直到 1881 年 8 月 20 日颁布《东京大学事务章程的增补》后，东京大学才设置了咨询会。东京大学咨询会分为总会和部会，各自接受总长和学部长的咨询，审议大学及学部的学科课程方面的事情。多数学者认为，东京大学咨询会的总会和部会是日本国立大学评议会及学部教授会的雏形。

2. 帝国大学时期的大学内部治理(1886～1895)

这一时期对大学内部治理产生重要影响的是文部大臣森有礼和井上毅。1886 年森有礼担任文部大臣，在其国家主义教育理念下，颁布了第一部综合性大学法律——《帝国大学令》，将东京大学改称为帝国大学，把学部改称为分科大学。1893 年，井上毅担任文部大臣后修改了 1886 年的《帝国大学令》，至此“二战”前国立大学内部治理的法律基本形成。

(1) 校长权力。《帝国大学令》颁布后，总长在帝国大学内部的权力扩大。首先是总长在帝国大学内部的官职等级提高，帝国大学中只有总长一人是勅任官，分科大学长及教头、教授都是奏任官。其次，总长的权力范围扩大。《帝国大学令》规定：“帝国大学总长秉承文部大臣之命，总辖帝国大学”、“保持帝国大学的秩序”，意味着大学院和 5 个分科大学都由总长来管理。不过，《帝国大学令》颁布后，帝国大学总长失去了教职员人事上的权力。1893 年井上毅文部大臣时期，颁布了《帝国大学官制》，重新规定总长在教职员人事上的书面汇报权和自主决定权。

(2) 评议会权力。《帝国大学令》规定，帝国大学或者文部省可酌情设立评议会，承认了评议会的法律地位。评议会主要审议学科课程、大学院及分科大学等利益事项。总长担任评议会议长，评议官是文部大臣从各分科教授中特定 2 人。这一时期，评议会的性质是文部大臣及总长的咨询机构，文部大臣选拔和任命评议官，没有总会与部会之分，很难反映教授们的意见。

1893 年《帝国大学令》修改后，评议会的审议事项更加明确和具体化，包括：学科设置及废止、大学规则制定、学位授予、接受文部大臣及总长的咨询等。评议官由校长、分科大学及各分科大学教授组成。分科大学教授担任评议官时，采用各分科大学内部选举的方式，从而削弱了文部省在评议会中的权力，初步确立评议会合议制机构的性质。

(3) 分科大学教授会权力。颁布《帝国大学令》后，设置了校级审议机构——评议会，但并未提及学部层次的审议机构。不过，“在井上毅文教政策之前，分科大学已经存在名称为‘教授会’的管理机构，负责召开分科大学管理事项的会议”，“分科大学教授会拥有对评议会提出议案的权利，还可在评议会委任下对某种案件进行审议”。[1]分科大学教授会虽不具有最后的决策权限，但是各分科大学有关的事项都事先通过教授们的讨论再提交到评议会。

《帝国大学令》修改后，分科大学教授会获得了法律地位。教授会的审议事项包括：(1) 分科大学学科课程；(2) 学生考试；(3) 审查学位授予资格；(4) 其他文部大臣或帝国大学总长咨询的事项。分科大学教授会权力的确立，为以后的教授会发展奠定了基础。

3. 帝国大学扩大时期的大学内部治理

1897 年，日本设置了京都帝国大学，并将帝国大学改称为东京帝国大学。此后，日本政府陆续建立了帝国大学，“二战”结束之前共有 7 所帝国大学。这一时期帝国大学内部治理的法律规定基本没有变化，而“二战”前学部教授会自治的惯例是在帝国大学教授们的大学自治及学术自由运动中确立的。

1905 年，东京大学发生了“户水事件”，确立了总长在教授人事权上的书面申请权。1913 年，京都帝国大学发生“泽柳事件”，奥田义人文部大臣与法科大学教授会交换了备忘录，承认“在教官任免之际，总长和教授会协商是正当的，并不妨碍其职权的行使”。[2]泽柳总长辞职后，京都帝国大学在校规规定：教师人事要经过教授会审议；总长由校内选举产生；分科大学长由各分科大学投票选举等。此后，东京、东北、九州等帝国大学也制定了基本相同的校规。

至此，日本近代大学建立37年之后，终于建立了学部教授会的人事权，总长、分科大学长以及教师的任免及惩戒等需要经过教授会的审议。虽然，帝国大学教授会的教师人事权和校长选举权只是大学内部的惯例，没有法律制度上的保障，但是为“二战”后确立学部教授会的“由下而上”的统治发挥了重要作用。

（二）“二战”后的日本国立大学内部治理

“二战”后，美国、日本政府及国立大学在确立国立大学内部治理问题上展开了激烈的争论。结果，美国主张的“理事会构想”及日本政府提出的《大学法试案要纲》等改革案，都由于大学的强烈反对而失败，日本国立大学最终没有制定统一的法律。但通过《学校教育法》、《教育公务员特例法》、《关于国立大学评议会的暂定措施规则》等法律法规的规定，从法律上承认了学部教授会的权力，形成了以学部教授会为中心的由下至上的内部治理模式。

1. 校长权力

学校教育法第92条第三项规定：“校长掌管校务，统领所属职员。”此外，根据《教育公务员特例法》的规定，校长在下列事项上，经过管理机构审议后做出最后决定：(1) 部局长选考(评议会)；(2) 教师选考(教授会)；(3) 校长选举(协议会)；(4) 学长、职员及部局长停职或休养、校长及部局长的任期等(协议会)；(5) 教师退休年龄(评议会)等。而校长独立决定的事项只有部局长(学部长以外)的人事及其勤务成绩评定等。

可见，“二战”后国立大学内部治理中校长权力大大削弱，主要表现在：(1) 在大部分大学事务上，校长要经过评议会等校级管理机构的审议后，才能做出最后决定，缺少自主决定权；(2) 国立大学未设置校长辅助机构。虽然学部长具有辅助校长工作的职能，不过学部长是由教授会选举产生，是学部利益的代表，因此，很难从全校的利益出发辅助校长工作。

2. 评议会的权力

1953年，文部省发布了《关于国立大学评议会的暂定措施规则》，[1]规定了评议会的构成、评议员的选任方式、评议会的权限等具体事项。该规则规定，评议会成员包括校长、各学部负责人、各学部的教授(2 名)、各附设研究所的负责人。根据评议会的规定，各学部和教养学部的人数可增加到 5 人，但是限制各附设研究所的负责人的人数。评议员根据校长申请，由文部大臣任命。校长担任议长一职，负责召集评议会。此外，评议会权力范围从"二战"前的教学方面扩展到教学和管理等全校事务、审议和决定教师人事、学部组织的设置及废除、预算、学生等诸多事项的方针，一跃成为国立大学的最高决策机构。

同时，评议会依然保持着合议制机构的性质。评议会是各学部讨论大学事务的平台，是各学部交流和协调意见的地方。这表现于评议会与学部教授会之间并非上下级关系，而且评议会对某一事项进行审议及决议时，评议会的各学部代表必须将评议会的讨论结果告知学部教授会，并将学部教授会的意见反馈到评议会。

3. 学部教授会的权力

1949 年颁布的《教育公务员特例法》规定，教师与学部长的选举必须经过所属教授会的审议，学部教授会获得了教师人事和学部长选举上的法律地位。1947 年颁布的《学校教育法》第 59 条规定，"为了审议重要事项，大学必须成立教授会"，而并未具体规定哪些事项属于"重要事项"，为教授会权力的无限扩大提供了法律依据。

除了法律规定的权限以外，各国立大学继承了"二战"前学部教授会自治的惯例，通过校规等方式实行校长校内选举制度，由各学部的教授、助教授及讲师等选举校长。

综上所述，"二战"后日本国立大学继承了"二战"前学部教授会自治的惯例，进一步扩大学部教授会的权力。不过大学内部治理中学部教授会权力过大以及对评议会的控制，导致校长的执行权经常受到来自学部教授会及评议会的干预，出现了国立大学内部治理的责任体系不明确、管理效率低下、校长权限架空等问题。

(三) 法人化以后的日本国立大学内部治理

2003 年，文部科学省颁布了《国立大学法人化》，终于结束学部教授会的统治，完成了国立大学内部治理结构的转变。

1. 决策机构的权力——校长及理事会

国立大学法人化改革的重要目的之一，就是改变法人化之前学部教授会以及评议会左右校长执行权力的问题，大幅度扩大大学决策中的校长权力，确立校长作为大学最高责任人的地位。根据《国立大学法人法》的规定，校长除了特定事情外，可根据经营评议会和教育研究评议会的审议结果，进行最终决策。在人事上，校长可在文部科学省规定的人数内直接任命理事会的理事，并且直接任命经营评议会的委员，以及直接任命教育研究评议会的部分委员。

理事会是国立大学的最高决策机构，由校长和理事组成。为了理事会能够听取校外人士的意见，因此，理事由校内及校外人士组成。在中期目标、预算及决算、重要组织的设置及废除等特定事项上具有决策权力。

2. 审议机构的权力——经营协议会及教育研究评议会

国立大学法人化之前，管理事务与教育研究事务相互交叉是国立大学内部治理中的问题之一。国立大学法人化以后，日本根据大学组织的特点将国立大学的业务分为管理和教育研究两方面。经营协议会审议中期计划、中期目标以及预算等事项中有关大学管理的事项，教育研究评议会审议中期计划、中期目标、教师人事、学生等事项中有关大学教育研究方面的事项，实现了教学研究和管理事项分开的制度构想。

3. 监督机构的权力——监事

《国立大学法人法》规定，各国立大学法人必须设置两名监事，监事监督和检查国立大学法人的业务。监事由文部科学大臣任命，根据国立大学法人业务和管理状况提出监查报告，如有必要向校长或文部科学大臣提出改善意见。监事的监督和检查工作包括，定期与校长和主要组织的董事交换情报，或直接出席会议，监督和检查大学业务和管理状况。监督和检查结果作为财务报表和决算报告书的意见记载下来，并公开发表。此外，校长和其他具有代表权的董事利益相反时，监事代表国立大学法人。

4. 学部教授会的权力

除了上述国立大学主体的权力以外，《国立大学法人法》并没有对学部教授会的职权进行规定。随着国立大学法人化的实施,《教育公务员特例法》已经不适用于国立大学,其中所规定的学部教授会的教师人事权和学部长选举权等权限也随之消失。不过,学部教授会对国立大学决策的影响并没有完全消失。各国立大学仍然用校规及惯例的方式保留了大部分学部教授会的权力。比如:(1) 学部教授会具有教师人事及学部长选考的权限;(2) 校长选举上学部教授会成员占主导;(3) 在教育研究评议会的成员中,学部及研究科的负责人和教授占主体,并且由学部和研究科教授会选举本学部和研究科的评议员。

综上所述,法人化改革改变了"二战"前后的国立大学治理结构,校长及其领导下的行政机构的权力大幅度加强。但是,已有一个多世纪历史的学部教授会自治传统并非一朝一夕就能转变。即使确立了"从上至下"的大学治理结构,校长等大学行政机构进行决策时仍需要尊重学部教授会的意见,并协调好各部局之间的关系。

(四) 日本国立大学内部治理制度变迁的特点

1. 强制性制度变迁与诱致性制度变迁的有机结合

新制度经济学将制度变迁的方式分为强制性制度变迁和诱致性制度变迁。强制性制度变迁是政府以政策及法律为手段进行的自上而下的改革方式。诱致性制度变迁是非政府主体通过自下而上的改革方式改变现有制度。[4]

对日本国立大学内部治理的制度历程进行梳理后发现,政府的强制性制度变迁与大学主导的诱致性制度变迁有机结合推动了国立大学内部治理的发展。正如范富格特等学者所指"在一个'自上而下'的、由中央提供资金的国家高等教育系统内,政府是一个非常重要的行动者,但是没有一个政府具有绝对的权力,或者至少它不能绝对地行使这个权力",[5]同理,大学的学术权力也不可能在大学内部治理中成为永远的控制者。可见,不管是政府还是大学都不可能在大学制度发展过程当中一直扮演主角,而是根据当时的政治背景、社会背景以及教育背景的不同,发挥不同程度的影响。

2. 制度移植与制度创新——日本模式

伯顿·克拉克在《高等教育系统——学术组织的跨国研究》中提出了日本

模式的权力结构,认为“日本的权力结构有类似于欧洲和美国模式的要素”。[6]

日本国立大学从诞生到法人化改革,在不同历史阶段移植和模仿了不同国家的制度,其中深受德国和美国模式的影响。然而,经历了德国模式与美国模式的交替影响后,国立大学内部权力结构的分配模式很难简单划归到教授会控制的德国模式还是理事会及校长掌权的美国模式。

比如,2004年的法人化改革是模仿了美国模式,即建立了理事会制度并扩大校长的行政权力。不过在校长选举、教师人事等问题上,学部教授会仍然具有控制权,德国模式依旧发挥影响。可以说,日本国立大学内部治理经过德国与美国制度移植和本国制度创新的反复调整和磨合后,结合了德国与美国大学的特点,建立了具有日本特色的国立大学法人内部治理。

3. 日本国立大学内部治理中的路径依赖——学部教授会自治的影响

制度变迁的路径依赖理论认为:“一种制度一旦确立,就会具有强烈的路径依赖。”[7]日本国立大学内部治理的制度变迁经历了漫长的历史发展过程,这个过程自然也具有路径依赖特征。即,“二战”前确立的学部教授会自治的惯例在教授等利益团体的斗争下,“二战”后其权限和地位进一步得到加强。法人化改革以后,虽然校长和理事会等校级管理机构的权力扩大,不过,传统的学部教授会自治模式仍以学校规章制度以及惯例的方式保留下来。

从国立大学内部治理的简单梳理中发现,“二战”前形成的学部教授会自治制度对内部治理改革形成了路径依赖,通过正式制度或者非正式制度的形式对以后的制度发挥影响。

参考文献:

[1] 李守福. 试析日本的大学自治[J]. 比较教育研究,1988,(2):13—17,32.

[2] [日]寺崎昌男. 日本における大学自治制度の成立[M]. 东京:评论社,2000:160.

[3] [日]田畑茂二郎. 大学の自治と管理运营[M]. 东京:有信堂,1972:10—11.

[4] [日]张建新. 英国高等教育体制变迁研究[M]. 北京：教育科学出版社，2006：200.

[5] [荷]F·范富格特. 国际高等教育政策比较研究[M]. 杭州：浙江教育出版社，2001：413.

[6] [美]伯顿·克拉克. 高等教育系统：学术组织的跨国研究[M]. 杭州：杭州大学出版社，1994：89.

[7] 杨哲英，关宇. 比较制度经济学[M]. 北京：清华大学出版社，2004：154.

（本文发表于《比较教育研究》2010 年第 9 期。作者金红莲，时属单位为北京师范大学国际与比较教育研究院）

大学学术伦理

一、改进学术环境，扼制研究不端行为
——以美国为例

2009年对于中国大学是那么不平静，简直就是波涛汹涌。媒体不断暴露和揭发了高等学校论文抄袭和科研造假行为，特别是涉及了若干位大学校长的抄袭，引起了社会的震动。研究不端行为已经成为公众和媒体关注的焦点事件，演化为公共议题。本应成为社会道德守望者、社会高价值标准厘定者和民众精神家园的大学正在跌破道德底线，正在失去公众的信任，这是大学的危机，大学的悲哀。同时，也是一个信号，警示我们的社会已经处于诚信危机之中。

我们必须正视大学科研行为不端，研究其产生的根源，找出解决的办法，重建大学的伦理道德。在这方面，我们可以看看大学科研最为发达的美国是如何做的，从中获得一点启迪。

(一) 议题

大学科研行为不端在美国成为一个公共议题。美国长期以来依靠科学家个人的诚信以及对真理的献身来保证科研欺骗行为的不发生。对科研行为的监管主要是科研机构的责任，而科研机构则相应地依靠研究者的自律。同时，一直以来人们普遍认为科研欺骗仅仅是少数害群之马的个别行为。因此，可以说科研行为并不是公众日常关注的问题。但是20世纪70年代和80年代初期发生在美国几所著名大学的科研丑闻使得科研不端行为成为一个重要的公共议题。斯罗恩·凯特琳研究院的萨莫林(W. Summerlin)将白老鼠皮毛涂黑，声称用新技术做了白老鼠皮肤移植手术，在 1974 年被揭发，成为轰动一时的科研丑闻；坦珀尔大学医学院的阿萨帕提（A. Asabati）抄袭他人文章，发表了 80 篇论文，1978 年曝光；耶鲁大学的青年学者盗用其导师评审的他人文章，发表论文，当被抄袭者向耶鲁提出指控时，耶鲁竟置之不理，1980 年国家卫生研究院介入调查，证实了指控。1974 年到 1981 年，在美国共揭露出 12 起科研不端行为的丑闻，并且有报告指出，国家卫生研究院、大学和其他研究机构对这些指控未做出恰当的反应，这引起了公众极大的注意。终于在 1981 年，美国众议院科技委员会调查和监督分委员会在戈尔众议员（A. Gore）的主持下召开了美国历史上第一次有关科研不端行为的听证会，科研行为不端正式成为一项公共议题，引起了有关各方的注意。

1982 年美国医学院联合会发表了题为《在开展研究中保持高伦理标准》的报告；1983 年美国大学联合会发表了题为《关于科研诚信》的报告；少数受科研不端行为影响的研究型大学，如耶鲁大学和哈佛大学制定了有关科研不端行为的政策；1985 年美国国会通过了《卫生科研拓展法》，为原《公共卫生法》增加了有关科研不端行为的专门条款；1986 年美国卫生与人类服务部下的公共卫生服务署发布《关于科研不端行为的临时政策》，制定了科研不端行为的第一个政府定义；1987 年国家科学基金会发布《关于科学和工程研究中的不端行为的正式规章》；1989 年公共卫生服务署发布了有关科研不端行为的正式政策，建立了两个办公室（科学诚信办公室与科学诚信审查办公室）调查和裁处科研不端行为的案子；1992 年两个办公室合并成为科研诚信办公室；1993 年科研诚信办公室首发《科研诚信办公室通讯》季刊，刊登联邦政府有关科研不端行为的政策和法规，公布有关科研不端行为案件的调查和处理结果；克林顿总统签署《国家卫生研究院振兴法》，完成了将处理科研不端行为指控的责任从研究拨款机构（国家卫生研究院）分离出去的程序，将科研诚信办公室设置为卫生和人类服务部内的一个独立的实体。

20 世纪 90 年代主要研究型大学相继制定了有关科研不端行为的政策和处理程序。

（二）明确界定

开展有关科研不端行为的研究，调查科研不端行为的现状，明确科研不端行为的界定。自科研行为不端成为公共议题以来，社会各方对科研不端行为集中产生的根源、影响的深度与广度和如何界定科研不端行为有着尖锐的分歧意见，大众媒体也为此争论不休，但是却缺少定量的调查和深入的定性分析。为此，美国对研究行为不端进行了几次较大规模的调查和研究。

阿卡迪亚研究所在国家科学基金会的支持下，就科学和工程研究生教育中的专业价值和伦理问题进行了一次颇具影响的问卷调查，并于1993年在《美国科学家》杂志11月/12月期中刊登出调查结果和结果分析。[1]问卷调查了化学、土木工程学、微生物学和社会学的2 000名博士生和2 000名教师。调查发现，问题比许多研究圈内人所相信或者愿意相信的要广泛和严重得多。分别有6%和9%的学生和教师报告，他们直接掌握教师剽窃或篡改研究数据的问题，近三分之一的教师声称他们观察到过学生抄袭。更为严重的是有53%的学生和26%的教师相信，他们不可能因举报一名教师的学术不端行为而不受到报复；43%的正教授相信，他们报告同事的学术不端行为可能不会被报复，但是只有18%的助教授有这样的自信心。近乎所有的教师(99%)相信，教师应在某种程度上对研究生的行为负集体的责任，但是仅有27%的教师认为本系的教师实际上对学生的专业伦理行为真正负起了责任。94%的教师相信他们对同事的伦理行为有某种程度上的责任，但是只有13%的教师认为本系的教师对同事的行为有较大的责任心。这些调查数据挑战了教师可以对自己的伦理行为进行有效自我管理的传统观念。调查还发现，不同学科在学术不端行为方面有一定的差异。除了专门知识和技术区分不同的学科外，学科有不同的文化，即特别的信念、标准、价值和工作范式以及人际互动，这些都影响了学科中个人的行为。系是学科之所在，系的环境也影响其成员的活动和态度，成员把自己的利益放在第一位，竞争资源，冲突不断，就可能产生更多的不端行为。因此，关注一个系的环境和结构，应该成为阻止和减少不端行为战略的重要构成部分。

科研诚信办公室委托盖洛普组织对生物医学研究领域的研究不端行为进行调查。盖洛普组织于2006年12月31日完成报告，2008年4月修改并最后提交报告。[2]该组织对国家卫生研究院2003年至2005年所资助研究项目的项目负责人随机取样4 298名(他们分布在605所大学、研究院所、医院和其他组织中的4 298个部门)，并于2005年向他们寄出匿名问卷，其中2 226名科学家返回了问卷，回收率为51%。在这些返回问卷的科学家中，有192名报告他们观察到265

起研究不端行为。经专家评审，其中64起不符合联邦关于研究不端行为的界定，最后确认了164份(占返回问卷科学家总数的7.4%)报告中的201起。如果按这个比例估算，那么在国家卫生科学院3年内支持的155 000名科学家中就可能每年平均观察到4 650起，如果保守一点，以随机取样的4 298名为单位计算比例，也会有2 325起。调查还发现，年轻的科学家和从事现职较短的科学家更可能观察到不端行为，而科学家其他方面的特征，如学位、职称、从事研究的类型(基础或临床)等与是否观察到或报告不端行为不相关。科学家所在的机构特征，如是否是学位授予机构、所获最高学位授予权、是公立还是私立、是否是医学院、所在科系的规模等均与是否观察到不端行为无关。科学家们相信，发现和防止不端行为的最佳方法是对研究工作更密切的监管和研究项目负责人负起责任，具体的工具是评审数据、复制研究结果和其他审查、审核和质量控制措施。科学家们也支持通过公开交流来发现不端行为。此外，科学家们认为应保护举报者的匿名权利，同时还必须建立培训和举报制度。

研究不端行为的确认是一个十分复杂的问题，学界和公众舆论，甚至政府相关部门经常为某起被指控的案件争论不休。最典型的一起案例涉及一位诺贝尔奖获得者，该案件引起学界和公众极大的关注，甚至一位众议员也加入到批评行列中。最后，在案发10年后，卫生和人类服务部上诉委员会做出最终裁决，驳回指控。有鉴于此，美国对研究不端行为的界定做了多次研究，明确提出定义。1986年公共卫生服务署在多年调查研究的基础上制定了有关研究不端行为的临时政策，给出了第一个政府定义，在两方面做出了决定：其一是以“研究不端行为”(misconduct in research)一词取代学术“欺骗”(fraud)一词来准确描述学术研究中的诚信问题；其二是将研究不端行为分为三类：造假(fabrication)：伪造研究结果，并记录或报告它们；篡改(falsification)：操纵研究材料、设备或过程，或修改、隐匿数据或结果，使研究不能准确地呈现在研究记录中；剽窃(plagiarism)：侵占其他人的思想、程序、结果或文字，包括通过匿名评审其他人的研究申请和手稿所获得的思想、程序、结果或文字，而没有恰当说明归属。[3] 1989年公共卫生服务署的正式政策将研究不端行为定义为“造假、篡改、抄袭或与科学共同体在申请、开展和报告科研成果中所共同接受的行为严重偏离的其他行为。但是不包括在解释和判断数据中所犯的诚信错误或对诚信的不同理解”。[4]此后，又有一些改进定义的建议，但是这一定义的核心部分——篡改、造假和抄袭(FFP)虽经激烈争辩，并没有发生实质性的变化。2000年白宫办公厅的科技政策办公室牵头制定研究不端行为的新定义，对定义问题做了结论，公布在2000年12月号联邦文件集(Federal Register)上，其定义实际上肯定了公共卫生署的定义。

(三) 建立程序

建立针对研究不端行为的法定调查程序，严肃处理研究不端行为。美国在解决和处理研究不端行为时，具有很强的法律意识，注重正当的法律程序，注重程序的公开、公平和公正，注重保护研究不端行为的举报者和被指控者。科研诚信办公室制定了非常明确的研究不端行为调查程序，并且在其通讯中公开发布。根据这一程序，在有科学家被指控研究行为不端时，首先要由科学家所在研究机构初步评价被指控的行为是否符合联邦政府关于研究不端行为的界定；如果符合，研究机构要进行初步调查以确定是否有足够的证据开展全面的调查；如果获得科研诚信办公室的授权，研究机构开展全面的调查，调查后向科研诚信办公室写出报告，提出有罪或无罪和处理意见；卫生和人类服务部负责卫生事务的助理部长做出接受或拒绝研究机构调查意见的结论；科研诚信办公室负责实施惩罚，或者与当事人协商达成自愿排除(即放弃抗辩)协议。在调查的过程中和最后定案之后，都给被指控者上诉的机会。(具体程序见下页示意图)一旦对研究不端行为的指控被查证，被指控者就会受到严肃的处理。从1993年到1997年科研诚信办公室完成了150起研究不端行为调查，其中76起被确认，74起被否定。在76起被确认的案件中，54人(71%)被禁止在18个月到8年中获取联邦科研经费，69人(91%)被禁止在2年到10年中参加公共卫生署的咨询服务工作，10人被要求撤回或修改论文，6人自愿撤回论文。[5]

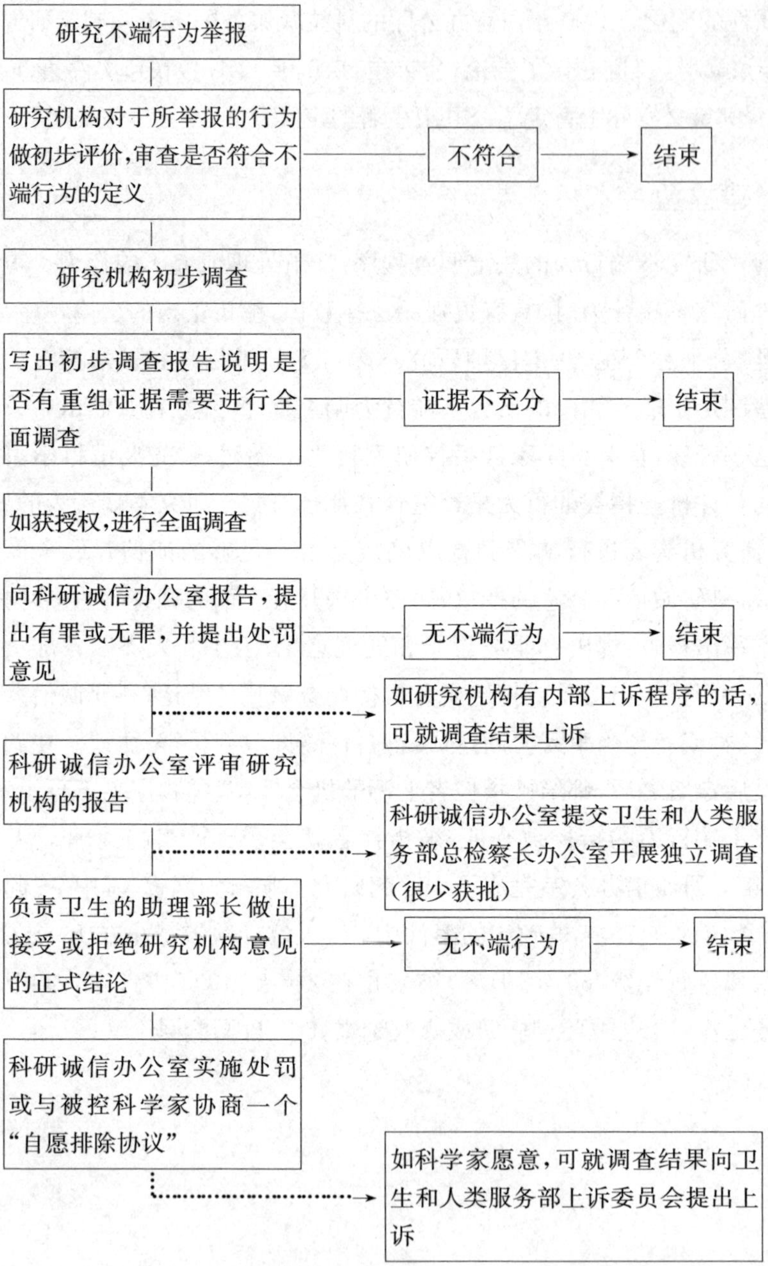

研究不端行为举报

研究机构对于所举报的行为做初步评价，审查是否符合不端行为的定义 —— 不符合 → 结束

研究机构初步调查

写出初步调查报告说明是否有重组证据需要进行全面调查 —— 证据不充分 → 结束

如获授权，进行全面调查

向科研诚信办公室报告，提出有罪或无罪，并提出处罚意见 —— 无不端行为 → 结束

…… → 如研究机构有内部上诉程序的话，可就调查结果上诉

科研诚信办公室评审研究机构的报告

…… → 科研诚信办公室提交卫生和人类服务部总检察长办公室开展独立调查（很少获批）

负责卫生的助理部长做出接受或拒绝研究机构意见的正式结论 → 无不端行为 → 结束

科研诚信办公室实施处罚或与被控科学家协商一个“自愿排除协议”

…… → 如科学家愿意，可就调查结果向卫生和人类服务部上诉委员会提出上诉

研究不端行为调查程序示意图

资料来源：Michele M. Mello, et al, Due Process in Investigation of Research Misconduct, The New England Journal of Medicine 349:13[EB/OL]. http://www.NEJM.org, September 25,2003.[2009—09—15].

(四) 诚信环境

改进研究环境,加强教育。在美国研究不端行为成为公共议题以后,最初公众、政府和研究机构所关注和争论的焦点是如何定义"研究不端行为",如何调查和处理研究不端行为,而"很少注意建立一种促进科研诚信的研究环境"。[6]进入新世纪以后,关注的焦点开始转移,更加关注在研究机构建立有利于科研诚信的环境,对于研究不端行为防患于未然。国家研究理事会组成了专门委员会研究了科研诚信的环境问题,于 2002 年发表了题为《科研中的诚信:创造促进负责任行为的环境》的报告。报告认为,研究环境包括变量和常量,最不可预测的变量是研究者个人,而常量则来自研究环境自身。因此,报告在研究者个人层面提出以下要求:

——在申请研究项目,开展研究和报告研究成果时要心有诚信;

——在研究项目申请和成果报告中对(有关人员)贡献的表述要准确;

——在同行评议中要公正;

——在科学互动中,包括交流和分享资源,要有学者共同体的精神;

——在利益冲突和潜在的利益冲突方面要透明;

——在研究中要保护被试人;

——在研究中对动物要有人道关怀;

——在研究者和团队间要谨守相互责任。

报告在研究机构层面提出的要求包括:

——在支持负责任的研究行为方面提供领导;

——鼓励和尊重从事研究事业的每一个人;

——促进受训者和导师之间的积极互动;

——倡导遵守有关研究行为的各种规章,特别是在研究涉及人和动物的时候;

——预计、揭示和管理个人以及机构的利益冲突;

——及时彻底调查有关研究不端行为的指控,给予适当的行政处分;

——提供有关科研诚信的教育机会;

——监控和评价机构支持研究行为诚信的环境,运用所了解的情况持续改进环境质量。[7]

美国科研问题研究院对1997年到2001年的5年间接受国家卫生研究院资助的项目负责人进行了问卷调查，从26 131名项目负责人中随机抽取了6 698人，联系上了4 957人，其中3 316人回答了调查，2003年向联邦卫生和人类服务部提出了报告。调查发现，仅有42.3%的研究数据储存在电子档案里，38.7%储存在永久性的纸质笔记本中；成果发表后数据平均保留12.9年；数据册中仅28%的项目有签名和日期，仅3.2%有证人签名。科学家们普遍认为，建立研究数据保存制度，不仅有助于防范研究不端行为，而且对于培养科学的态度和建立有利于诚信的研究环境也是至关重要的。

调查还发现，项目负责人平均每年召开30次实验室会议讨论研究问题，每次平均1.5小时；每个研究者平均每年6次（中数12次）向研究团队报告自己的工作；项目负责人通常监管5名研究人员，每周平均与每一名下属研究人员共同研究或讨论2小时，总计每周花10小时指导他们，每两周见每位下属一次；项目负责人每个月要审读实验室记录一次，平均每年两次检验所用资源与成果产出是否匹配；被称作"实验室主任"的研究者67%的时间亲自在实验室。调查的结论是，项目负责人对于保证科研诚信具有不可替代的作用，他们在研究中的所作所为在无形中树立了科研诚信的典范。项目负责人对研究团队的监管在研究行为不端上可以防患于未然，一个致力于研究的团队为研究诚信提供了最佳环境。

就科研诚信问题对研究者进行训练被广泛视为防范研究不端行为的最重要的措施之一。但是，调查发现，在项目负责人的团队中仅有75%的研究者接受过这方面的培训，平均接受培训的时间是11.5小时（中数为5小时）。报告认为，必须加强对研究者培训，提高培训的针对性和有效性，因此"有必要开发和发放新的、改进的、促进科研诚信的教育材料；有必要开发书面的指引，就署名、研究成果可复制性，预防分割成果以多出论文，预防一稿多投，促进数据、方法、试剂和其他材料的分享，以及被发现错误或欺骗时如何正确处理修正或撤回等给予指导；有必要开发评价工具，以评价科研诚信训练课程的有效性"。[8]

自研究不端行为在美国演化成为一个公共议题以来，已有30年了。在这30年中，美国积累了防控研究不端行为较为丰富的经验，对研究不端行为进行了较为深入的研究，对研究不端行为进行了明确的界定，对研究不端行为的广泛性与深度有了较为客观准确的把握。政府、社会、研究机构和科学家个人之间基本上达成了共识，分别承担了相应的责任，提出了明确的调查处理程序，加强了科研诚信环境的建设和教育。与美国相比，我国在研究不端行为方面的研究和查处还明显地处于初始阶段。

首先，在研究不端行为的研究与查处中，政府的指引与监管作用不清，似乎只有主管部门发文一种途径，并未见到政府组织或支持的对相关问题的调查研究，因此我们对问题的深度和广度不甚了了，对问题在不同研究机构和院校的表现以及造成的原因也缺乏客观准确的认识。政府相关部门在查处研究不端行为方面基本上没有作为。此外，学会组织完全缺位，在研究不端行为上完全听不到学会组织的声音，使我们既不了解在研究不端行为方面不同学科表现的形式和造成原因有何不同，也使学会组织失去学者自律的职能。

其次，我们还未将对研究不端行为的查处纳入到法制的轨道，没有明确无误的查处程序。查处完全交给了研究者所在的机构，由机构自行确定查处的程序，机构往往缺少必要的制度和程序保护举报者和被举报者权益。查处过程和处理结果也缺少透明度。

第三，有关科研诚信的教育和科研诚信环境建设尚未提到日程。在研究生，甚至一部分教师中还弥漫着一种对研究不端行为宽容和无奈的气氛。当然，我国研究不端行为的产生也有其独特的环境。首先，从大环境来看，在我国从计划经济向市场机制的转换过程中，传统的信仰和价值观受到挑战，而诚信环境和制度未同步建立起来，因此非诚信、造假和腐败等行为已经渗透到政府和各种行业之中。自然，大学和科研机构也不能幸免。其次，以竞争为主导理念的各种评价充斥了大学，影响了大学和研究者个人的行为。大学不择手段地竞争人才和科研经费，对于研究不端行为经常采取大事化小，小事化了的掩盖手段。对研究者考核和晋升的评价过于注重量化的评价指标，也是研究不端行为泛滥的直接导火索之一。第三，在我国大学中行政权力不断膨胀，大学及大学校长的行政级别制度无疑在加剧这种趋势，许多教师对行政岗位趋之若鹜。这样，研究资源过分集中于少数处长和院校负责人手中，他们手握重大研究项目，但又没有时间和精力集中进行研究，致使这部分人成为研究不端行为主体的重要构成部分。这种情况在美国则很少见到。美国的大学校长职位是全职的岗位，一旦走上这一岗位他就不可能再申请科研项目从事科研工作，也无暇从事科研工作。职能部门的负责人是有着专门管理知识的专业管理人员，他们的职责就是为教学和科研服务，他们的成就和回报也从自己的行政工作中来，他们不可能与教师争夺资源，申请科研项目。借鉴美国的制度，我们实有必要深刻检讨大学行政级别制度，以及在我国特定历史时期产生并起过一定积极作用的干部“双肩挑”制度。这些制度正在深刻地改变着我国大学的形态，使大学愈来愈向政府机关靠拢，大学的运作愈来愈像官僚机构，使大学成为研究不端行为产生的温床。这些制度已经严重阻碍了大学的发展。

借鉴美国的经验，从我国实际出发，抑制目前高发的研究不端行为，迫切需要采取的政策措施有：

第一，对研究不端行为开展全面深入的研究，确定研究行为不端的界定，探讨研究不端行为高发的原因，了解研究不端行为在不同院校、学科、岗位和职称中发生的实际状况。明确政府、研究机构、学会组织和研究者个人在防止和查处研究不端行为中的责任和义务。制定调查处理研究不端行为的法定程序；

第二，改革大学的评价制度和教师的考核和评价制度；

第三，取消大学的行政级别，改革干部“双肩挑”的制度；

第四，开展有关研究不端行为问题的教育，使其成为大学教师入门教育的重要构成部分，成为研究团队定期讨论和检查的重要议题。

大学是坚守人类生存所依的最基本的价值准则——诚信——的最后一道防线，大学是培养具有诚信、求真、严谨、创新精神的社会脊梁的地方，大学是传承人类文明和持续创新、促进社会发展的地方，这是大学历经千年而不衰的重要原因所在。但大学也是脆弱的，当今的大学正航行在非诚信的社会逆流中，稍有疏忽就会有灭顶之灾。正如美国国家科学基金会前主任梅西(Walter Massey)所说，“没有什么比造假对科学事业更具破坏性，它导致错误、自我欺骗、草率和匆忙，最糟的是导致不诚实”。[9]由于科研是人类的行为，我们不大可能设计一种制度防止所有的研究不端行为，因此政府、社会、学会组织和大学必须共同持续和严肃地关注大学的价值、伦理和行为。

参考文献：

［1］［9］Judith Swazey，Nelissa Auderson，Karen Louis. Ethical Problems in Academic Research［J］. American Scientist，November/December. 1993. http://www.americanscientist. org/issues/num2/ethical-problems-in-academic-research/1.［2009—05—12］

［2］［6］［7］Committee on Assessing Integrity in Research Environments，National Research Council，Free Executive Summary. Integrity in Scientific Research：Creating an Environment That Promortes Responsible Conduct［EB/OL］. http://www/ nap. edu/catalog/1043. html.［2009—12—01］

［3］Report of the Department of Health and Human Services Review Group on Research Misconduct and Research Integrity. http://purl. access. gpo. gov/Ips17396.［2009—05—12］

［4］Office of Research Integrity. US Department of Health and Human Services［J］. Definition of Research Misconduct，ORI Newsletter，Vol3，No. 1，December 1994.

［5］Office of Research Integrity，Office of Public Health and Science，Department of Health and Human Services. Scientific Misconduct Investigations（1993—1997）［R］. December 1998.

［8］David Rodbard，et al. American Institutes for Research. Survey of Research Integrity Measure Utilized in Biomedical Research Laboratories，Final Report［R］. October 31，2003.

（本文发表于《比较教育研究》2010 年第 1 期。作者王英杰，时属单位为北京师范大学国际与比较教育研究院）

二、学术伦理，学者内在的品质

随着学术失范和学术腐败现象的不断曝光，学术伦理问题已经成为社会关注的一个焦点。如果说学术失范和学术腐败是市场经济和商品社会伴生的必然现象，那么西方国家的市场经济时间长度和影响广度比我国大得多，反观西方的学术与教育机构，学术失范和学术腐败现象却罕有发生。因此，我们不得不追问西方国家学者的学术伦理是如何养成的？我们可以得到何种启示？而在此之前，有必要明确学术伦理的内涵。

（一）学术伦理的内涵

何谓学术伦理?

伦理，即道德。在西方语言中，伦理与道德本是同一词汇。“道德”(moral)源于拉丁语“mos/mors”，当其翻译成希腊文时，便是“êthos”，成为后来西文中的“伦理”(ethic)，均指品行、风尚，或更广泛的意义是指人类行为。但伦理与道德也有所不同，伦理偏向目的性，道德强调义务；伦理思考的是“何为善?”，道德审视自己“如何做?”；伦理提出建议，道德强迫执行。在汉语中，“伦”有类、辈份、顺序、秩序等含义，“理”则具有条理、道理、规律等意义。虽然中国文化语境中的伦理也如同道德，是调整人与人之间关系的道理和准则，但人伦处于伦理的核心。在孟子那里，“人伦”即“父子有亲，君臣有义，夫妇有别，长幼有序，朋友有信”。孟子的“人伦”理念后来被演绎为构成中国传统伦理与文化支柱的“三纲”(君为臣纲，父为子纲，夫为妻纲)，“五常”(仁、义、礼、智、信)。

道义或职业伦理的西文对应词是“deontologie”，源于希腊语“deontos”(义务)和“logos”(论述)两个词的组合,可以定义为“关于义务的理论”。法国《小拉鲁斯》辞典将“道义”(déontologie)解释为“某职业通行的全部规则和义务,引导从事该职业的人处理好他们之间和他们与公众之间的关系”[1]。实际上,职业伦理是某一特定职业群体由其自身的协会或联合会等机构建立的规则。

埃里克·普莱哈特(Erik Prairat)认为,职业伦理有三大功能:[2]职业决策的标志与导向;职业身份的确定;职业道德实践指导。

为了指导职业道德实践,职业伦理必然包含行为规范,但行为规范不是规范人的所有行为,“没有必要要求人们去呼吸(因为每时每刻人都在呼吸),也无不要禁止人们偷窃自己的翅膀(因为人不拥有翅膀)”[3]。规范限制的是人们有意而为的行为,或者说是摒除和纠正人的某些不道德行为。

“学术”一词,在我国虽古已有之,但其广泛应用则是在西学东渐之后。开始我们并未把“学术”笼而统之为一词,而是将“学”与“术”分别考察。梁启超在《学与术》的文章中写道:“学也者,观察事物而发明其真理者也;术也者,取所发明之真理而致诸用者也。”大体相当于今天的“科学”与“技术”。而今天的“学术”,通指“较为专门、有系统的学问”,并将科学与技术混为一谈,统称为“科技”。而在西方,科学(science)与技术(technology)虽然经常在一起使用,但其区分总是十分明显的。

西方国家语言中作为名词的“学术”一词,似乎并也不常见,可能德语的“wissenschaft”比较接近中文“学术”的含义。[4]其实,在限定伦理或职业伦理时,西语经常使用形容词,如“学术的”(academic)、“职业的”(professional)、“科学的”(scientifical 或 of science),且都与人或群体相关。“学术的”(academic)一词源于柏拉图的“学园”(academy),既指与学园相关的事物,也指学园中人的群体。现代语境中,英语“academic”多表示“学术的”或“学者的”含义,而法语更喜欢分别用“académiques”表示“学术的”,用“universitaires”表示“学者”,并特指“大学学者”。皮埃尔·布尔迪约(Pierre Bourdieu)的重要著作《学术人》(Homo academicus)极罕见地直接用拉丁语命名,其中“学术”便是源于学园的“academicus”。在布尔迪约看来,学术人不仅占有经济资本,而特别是占有文化资本、社会资本、学习资本(毕业于名校)、大学权力资本(担任各种考试的评委、担任院系领导)、学术权力资本(担任杂志的编委)、学术荣誉资本(参加各种学术研讨会)、知识名誉资本(电视访谈、发表文章)、政治经济权力资本(智囊团成员、载入名人录)。[5]

2004年9月2~5日,联合国教科文组织欧洲高等教育中心在罗马尼亚首都布加勒斯特召开了"欧洲高等教育和科学中的伦理和道德问题国际会议",并发表了《关于欧洲高等教育伦理价值和原则的布加勒斯特宣言》。[6]其英文版本中的"学术的"和"学者"均用"academic"表示,而法文版本中"学术的"用"académiques"表示,"学者"用"universitaires"表示。虽然此宣言通篇都在讲学术伦理与道德,但并未见"学术伦理"(academic ethics)的字样,而是采用"学术精神特质"(academic ethos)。

"精神特质"(ethos)是与伦理相近并易于混淆的词,源于希腊语"ηθο",有"气质"、"精神状态"、"心理特点"等含义。美国社会学家默顿(Robert K. Merton)在20世纪40年代将公有主义(communism)、普遍主义(universalism)、无私利性(disinterestedness)和有组织的怀疑主义(organized skepticism)四个学术规范看作是"科学的精神特质"(the ethos of science)。[7]默顿在这里使用的是带介词的"科学"组合词,应当理解为"科学界的",他所针对的应当是从事科学研究的全体人员。尽管默顿的学术规范具有一定的理想主义色彩,但已经触及到价值问题。学术的最高价值应当是对真理的不懈追求。按照马克斯·韦伯(Max Weber)的话说,就是"为世界去魅","唯有理智的正直诚实,才是最有价值的美德"。[8]因此,学术诚信是学者的基本品质,学者当以学术为业,学术则须讲究诚信。典型的职业伦理往往集中于专业性较强的职业,如医生、律师、法官、建筑师等,且常由执业者以誓言的方式加以表述,如古希腊医生著名的《希波克拉底誓言》。今天,我们可以很容易地检索到这些职业的伦理规范或行为准则,但很难找到成文的、有明显约束力关于大学学者的学术伦理规范。英国学者阿什比(Eric Ashby)可能是最早把"学术"与"职业"两个词并在一起使用的人,他在1969年呼吁设立一种"学术职业的希波克拉底誓言",以维护学术职业的神圣地位。[9]但至今,人们未见到类似的誓言面世。

综上所述,学术伦理并不是普遍应用的概念,它应当是科学界或学术界的职业道德规范,它应当是由学者,特别是大学学者通过其自身的协会或联合会等机构建立起的规则。然而,学术伦理并不总是体现为成文规范或行为准则,它更普遍地存在于学者的自觉行为之中，或者说，学术伦理是学者的内在品质。

（二）学术伦理的养成

学术伦理的养成几乎与学者身份的确立同步。除了个人在家庭教育和基础教育中获得的道德营养之外，学术生涯的起步通常要经过大学生和研究生的历练。特别是在研究生阶段，青年学者"通过研究，学会研究"，初步掌握了科学研究的方法和规范，也完成了学术伦理的第一次洗礼。之后，青年学者便有机会寻求大学的一些教学和科研的临时职位。德国大学教授经常聘用其博士生为助教，美国的博士后职位实际承担着临时性的教学与科研任务。在法国，大学设置若干"博士生—津贴助教"职位，承担这些职位的博士生在 3 年博士论文准备期间领取国家津贴，但每年须在大学讲授 64 小时的课程，并在"高等教育启蒙中心"接受 30 天的培训。此外，法国大学还有一些教学和科研的临时职位向博士生，特别是向博士论文即将结束的博士生开放，聘用期为 1 年，也有可能再延聘 1 年。但这些职位都是临时性的，无论是大学聘任，还是国家支付津贴，都既无严格的审查，也无激烈的竞争。而要成为大学的终身教授，在西方国家通常都要经过严格的审查程序和十分激烈的竞争。美国大学的终身教授(tenure)居于美国大学教师聘任制度的核心位置。能够成为终身教授的前提条件是取得"终身教授申请资格"(tenure track)，而获得这一资格须从应聘助理教授开始，经过 5 至 6 年的试用期后方可以申请终身教授资格。

一般来说，申请终身教授资格需要经历以下阶段：

(1) 个人申请。当某大学终身教授空缺公布之后，申请者须向该大学招聘终身教授的院系递交一份申请书以及反映本人最近 7 年在教学、科研及服务三方面所取得成绩的汇总报告。

(2) 校外专家评审。院系主任将申请人提供的简历和相应材料寄给国内外相关领域的知名专家、学者，请他们对申请人的学术水平作出评审。

(3) 评审委员会筛选。评审委员会要对申请人的学术成就、各方面成绩和存在问题提出意见，进行初步筛选。评审委员会对初选之后可能保留的 10 余名申请者进行面试，推选出 3～4 名申请人。申请人在学校试讲，然后评审委员会对申请人排序。

(4) 校长作出最后裁决。其实,美国各大学招聘终身教授的程序不尽相同,一些名牌研究型大学的教授聘任程序更为复杂。例如,斯坦福大学在启动招聘伊始便设立搜寻委员会,就像"猎头公司"一样,去寻求最合适、最优秀的学科精英。

在德国,获得大学教授职位亦是一个极其漫长而又艰辛的过程。首先在获得博士学位之后,申请者要有在大学从事科研和教学辅助工作的经历,并取得"教授备选资格"(Habilitation),方可进入编外讲师职位系列。当某大学教授有空缺职位时,具有"教授备选资格"者可向该大学提出应聘申请。该大学以教授为基本成员的遴选委员会将对候选人进行预选,通常在10人以内。申请者的资料须寄送校外专家评审。每个申请者须主持一次讲座课,并接受遴选委员会的面试。最终,被选中者的教授职位由州政府任命。从申请到被任命的程序不仅复杂,时间也长达1年以上。

在法国,法规规定了大学教授的录用标准,即只有具备博士文凭和"科研指导资格"(habilitation à diriger des recherches)才可能成为大学教授。但这仅仅是成为大学教授的基本前提,真正成为大学教授则需要通过以下关口:首先,须经"大学全国委员会"(Conseil national des universités)审查大学教授或研究员的申请资格。该委员会根据学科划分,设56个分部,分别负责不同学科申请者的资格审查。所有申请教授或讲师资格的人员,须准备3份申请资料。第一份资料为行政资料,报学区总长,以确定其申报资格。另外两份为学术资料,分别报送大学全国委员会相关分部的两个专家(报告人)。大学全国委员会根据申请人的学术水平、研究成果及出版物确定是否将之列入"全国资格名单"(liste de qualification nationale)。之后,被列入全国资格名单的申请人才可以向有空缺教授职位的大学递交申请资料。大学组成专家委员会对申请者进行预选,听取申请人大约30分钟的陈述,然后将申请者的排序名单提交学校行政委员会,并由行政委员会公布结果。最终,大学教授由共和国总统令任命,以凸显大学的独立性,不受制于中央行政部门。如果被列入全国资格名单的申请人,在4年内未被任何大学聘用,其资格自动丧失。

美国、德国和法国的教授聘任制度虽然只是个别国家的情况,但却体现大学学术职位系统的共同特点:不经历艰苦的努力和复杂的程序则无法进入终身教授的行列。也许韦伯说得有道理,“学术生涯是一场鲁莽的赌博”[10]。游戏者,谁都想赢,但输家是多数;学者,谁都想成为终身教授,但不一定成功。然而在学术生涯中,只要遵守游戏规则,也无所谓失败。在成为终身教授之前,须小心谨慎、坚持不懈;功名之后,亦会戒骄戒躁,珍惜名誉。有人担心,教授终身制会导致保守、平庸,其实学术伦理一旦养成,将会伴随人的一生,学术成果也会与时俱进。只有那些沽名钓誉者才置轻松得来之名誉如儿戏,继续其弄虚作假之伎俩,但一旦东窗事发,名誉也就随之扫地。犹如暴发户,财富来得容易,挥霍也轻松。可以相信,把好教授聘任制度的入口,基本上就可以保证学术生态的良性发展。

(三) 学术伦理的重建

默顿曾经断言,“科学史上根本不存在作弊”。[11]面对似乎日甚一日的学术腐败,官方和民间机构都在制定学术伦理规范,有人还主张严惩学术腐败行为。实际上,监督和惩治都无法根本解决学术腐败问题。如果以治理权力腐败为例,我们可以看到中外诸多严惩腐败的极端案例。在中国历史上,东厂、西厂、锦衣卫作为皇帝的耳目随时随地监督官员的举止行为,明朝甚至将贪官剥皮,并将其皮制成灯笼悬挂在衙门内,以警示威慑后任官员。历史上,意大利等欧洲国家也对贪渎法官活剥人皮,[12]但这些严刑重罚都未能有效阻止腐败的发生。只是自15世纪之后,欧洲国家把罗马法的形式合理性纳入统治秩序之中,通过与世俗世界隔离、严格的遴选制度、终身的身份保障,所谓“给正义女神蒙上眼睛”,让她只按照法律和良心裁决,才基本解决了司法公正的难题。

同理可证,通过严厉惩罚对学术腐败的治理可能难以收到满意的效果,学术伦理的问题只能通过学术伦理的重建来实现。学术伦理的重建,一方面是学术精神的复兴,一方面是学者制度的改造。关于学术精神,孔子有“古之学者为己,今之学者为人”(《论语·宪问》)一说,学术的目的曾经就是学术本身。严复也曾倡导孔子的“为己之学”,“盖学之事万途,而大异存于鹄。以得之为至娱,而无假外慕,是为己者也,相欣无穷者也?”。但是在中国科举制度框架下,“学而优则仕”始终是学人的基本追求。真正的学术精神诞生于古希腊,不计较利害,为知识而求知,是早期希腊学者的特性。他们爱知识,爱智慧,崇尚纯理性思考,并且在知识与道德上达到了完美统一。正如苏格拉底所言,“道德即知识”。真正认识到善的人是不会为恶的,而要想在道德上完美,就必须真正有知识。[13]

关于学者制度,首先是抬高终身教授的门槛。大学教授应当是专业素质极高的学术精英,绝不可沐猴而冠,其职位数量也须严格限定,不可随意增加。其次是扩大临时教师的比例。这可能对年轻学者不公平,但当前大学人事制度改革已悄然实施临时聘任制。其实如果从制度的层面看,大学人事制度本该如此,关键是建立优中选优的筛选机制。最后是严格教授的遴选与聘任程序。程序公正虽然不能保证结果的公正,但程序不公正一定会导致结果的不公正。程序公正的要素是事先确定规则,不能因人而异,不能随意更改。如今的教学和科研评估及检查日甚一日,如果官僚化的管理少一些,学者会有更多的精力专注于学术。另外,也不要以为大学教授总是才华横溢,“创新思想不仅鲜为人知且具风险。社会因此应当对大学有所宽容。它应当允许某些教师说些平庸的事,说些微不足道的事,这样才会有一些教师说出明智而重要的事。”[14]

参考文献:

[1] Larousse. Le Petit Larousse[M]. Paris: Larousse, 1998:317.

[2] Erik Prairat. De la déontologie enseignante[M]. Paris: PUF, 2005.

[3] Ruwen Ogien. Le Rasoir de Kant et autres essais de philosophie pratique[M]. Paris: Paris-Tel Aviv éditions de l'clat, 2003.

[4][8][10] 马克斯·韦伯.《学术与政治》[M]. 北京:生活·读书·新知三联书店. 2005: 50. 29, 49. 23.

[5] Pierre Bourdieu. Homo academicus[M]. Paris: Minuit, 1984: 60—61.

[6] 王晓辉.《关于欧洲高等教育伦理价值和原则的布加勒斯特宣言》的解读与思考[J]. 比较教育研究,2010(8):41—44.

[7] 徐梦秋、欧阳锋. 默顿科学规范论的价值要素与行为规范[J]. 厦门大学学报(哲学社会科学版),2008(1):47—55.

[9][14] Eric Ashby. A Hippocratic oath for the academic profession[J]. Minerva. Autumn-Winter，1968—69(7)：64—66.

[11] Robert K. Merton. Priorities in Scientific Discovery，in The Sociology of Science[M]. Norm an V. Storer ed. Chicago：University of Chicago Press，1973:316. 刘尧. 大学教师学术不端行为的诊断与防治[J]. 大学教育科学，2010(1):60—67.

[12] 季卫东. 怎样保障司法公正[N]. 文汇报,2010—7—28.

[13] 张世英. 科学与伦理[J]. 江海学刊，2005(1):14—21.

（本文发表于《比较教育研究》2012年第9期。作者王晓辉，时属单位为北京师范大学国际与比较教育研究院）

三、科学规范的理论辨析
——从学院科学到后学院科学时代

在科学技术高速发展的今天，科学作为一种社会体制，其触角已经深入到社会生活的各个领域，与国家发展和人们的日常生活息息相关。科学发展不仅依赖于科学家之间的相互信任，也依赖于社会公众对科学家的信任。换句话说，科学事业的诚实和科学家的诚信是科学发展的基石。然而，近几十年来，科研不端行为的不断披露，特别是大学科研人员的不端行为，引起了社会各界的关注和担忧。因此，我们需要更清晰、深刻地理解科学的本质及其规范体系，杜绝科研不端行为的发生，维持科学活动的良性发展。

（一）科学的本质

随着科学的发展壮大，科学活动已经真正成为一种职业活动，并受到社会政治、经济和文化的深刻影响与制约。科学作为一个复杂的体系和具有特定目标的社会建制，具有其自身的合理性和本质特征，因此我们必须从科学的本质及其相互作用的不同部分来理解科学为何物。

科学的知识生产性。科学的独特之处在于知识是它的主要产物和目标。这一本质不仅塑造了它的内部结构和社会地位，而且强烈影响着它所生产的知识类型。科学知识有两个重要的特征。第一个是客观性。科学知识是对自然世界认识的基础上经过提炼、总结的产物，它是对客观事物真实、准确的反映，它的存在不以人的主观意志为转移。第二个是独创性。科学发现是具有创新性和新颖性的，是在继承前人经验的基础上发展的。每个历史时期的科学知识都需要接受科学实践的检验。正是在这种检验与被检验的过程中,科学知识才得到不断发展、永不停滞。

科学的社会建制性。默顿(Robert K. Merton)认为,"近代科学除了是一种独特的进化中的知识体系,同时也是一种带有独特规范框架的'社会体制'"。[1]首先,科学是由从事研究的科学家群体组成的共同体。在这一复杂的互动网络中,成员必须服从或背离某种规范和价值观,他们的成果被其它人评价、传播、应用、否认,对社会和文化产生重要的影响。其次,科学不是脱离社会背景之外的超然之物,它也受到社会发展变迁的影响,是处于某种社会环境中的一项社会事业。科学的这种社会性改变了科学家的社会地位,不仅对科学家的知识生产提出了特定的社会要求,也对科学家的行为提出了相应的社会规范。

科学作为研究活动。科学是永不间断的探究过程,研究就是这一探究过程的本质体现。研究不是偶然的发现,而是经过审慎思考之后的一个清晰明确的计划,通过使用科学的方法达成目的,并获得科学知识。科学,之所以与其它人类活动相区别,在于研究活动采取方法的独特性。此外,研究不仅仅源于个人的好奇心,它还需要持之以恒的决心和奉献精神。一个研究计划也许需要花费几年、几十年甚至更长的时间来完成。正是这种近乎苛刻的要求,才使科学具有了崇高的地位。

(二)科学规范的转变:从学院科学到后学院科学时代

1. 学院科学时代的默顿规范

学院科学(Academic Science)是科学的一种,由大学来开展,从事纯粹科学研究的科学家是教授,他们生产知识,并不断传承知识。从社会学家的视角来看,学院科学作为一个整体就是机构,专业化、文化性、自治性和基础研究是学院科学的主要特征。它没有明文规定的章程、合法身份、主要的工作人员或整体的计划。这一机构的社会秩序主要依靠个体之间的关系和组织的信任,其成员紧密结合,作为一个整体为共同目标而努力。

正是由于学院科学的以上这些特性,美国社会学家默顿提出了对科学家的行为具有调节作用的"科学的精神特质"的概念。"科学的精神气质是指约束科学家的有感情色彩的价值观和规范的综合体。这些规范以规定、偏好、许可和禁止的方式表达。它们借助于制度性价值观而被合法化。”[2]虽然科学的精神特质并没有被明文规定，但可以从科学家的道德共识中找到，它们是学术上的规定，也是道德上的规定。[3]默顿的科学规范包括普遍主义、公有主义、无私利性和有组织的怀疑态度。

（1）普遍主义。普遍主义规范要求科学的贡献者不应该因为种族、国籍、宗教信仰、社会地位或其它不相关的因素被排挤。[4]这一规范坚持客观性标准，科学评价基于科学家对于知识的贡献，而非个人或社会属性。正如巴斯德所言：“科学家有祖国，科学无国界。”[5]同时，普遍主义要求在各种职业上对有才能的人开放，[6]不应以任何其它理由限制人们从事科学研究。不管科学家的个人身份如何，在科学面前人人平等。然而，许多科研不端事例揭露了研究指导者盗用他人学术的想法，编辑拒绝刊登对他们喜好的理论持批评意见的文章，以保护有权势的教授，封闭学术思想和惩罚外部批评等问题。这些行为背离了科学的传统。我们不可能期望科学家在所有的行动中遵守普遍主义。然而，如果他们想要保持作为科学家的公信力，就必须遵守这一规范。

（2）公有主义。科学上的重大发现都是社会协作的产物，因此它们属于社会公有。科学家享有研究发现的优先权而非产权。公有主义规范是学院科学的核心，它要求学院科学研究的成果应该被视为“公共知识”。[7]公有主义的原则要求将研究结果与其它科学家、学会和社会进行交流和共享。而科学论文是交流和共享的主要载体之一，也是个体（或群体）对公有知识贡献的表现形式。公有主义的核心是，它反对保密。所有研究发现的证据需要通过语言文字、数据、图片、图表、影像、数学公式等形式与外界进行公开交流和分析，读者可以通过这些足够详实的信息来重复实验，并验证或取得相同的研究结果。更为重要的是，公有主义要求这些研究发现应该在能力范围内尽快和全面地公开。

（3）无私利性。无私利性要求科学家拥有客观性的气质、求知的热情、好奇心、谦逊和对人类利益的无私关怀。英国社会学家洛斯曼（Rosman）教授说：“无私利性价值禁止科学家把职业承认作为明确目的来做研究，它也禁止科学家从外行人团体中带来声望和物质利益的研究中主动获利。这一价值规范的结果是把科学家的兴趣限定于研究和发现上，并把它本身作为目的”。[8]为了遵守这一规范，科学家在他们的论文中通过引用注释来感激其它科学家的工作。这一惯例已经融入科学文化之中，科学研究包括其成果的可证实性，实际上都要受到同行专家的严格审核。换句话说，科学家的活动会受到严格的控制，其所达到的程度或许是任何其它活动领域不能相比的，对无私利性的要求在科学的公众性和可检验性中有坚实的基础，可以说，这种环境有助于科学家的正直。[9]

(4) 有组织的怀疑主义。如果说原创性是科学发展的发动机，怀疑主义就是它的制动器。原创研究十分困难，想要得到别人的信服很难，通过人们对于新发现持有怀疑主义是很正常和正当的，对研究进行审核的系统程序是科学的必要特性。在学术实践中，这一规范表现为有见地的批评、公开辩论和同行评议。同行评议是学院科学质量保证的主要社会机制，它保证科研文献的诚实和真实可信。它偏好精确、全面和有说服力的争论，为技术水准设立高基准点，但它并不能消除错误，也不保证必然性或真理。

2. 后学院科学时代的齐曼主义

随着科学的知识生产工作高度专业化，科学成为一个既高度分化、又高度综合的复杂体系，使得该领域之外的外行者很难进入这一职业范畴。因而，作为一种职业的科学不再是科学家闲暇的志趣，而成为科学家的谋生手段。英国社会学家约翰・齐曼(John Ziman)将这种悄无声息的变化归结为后学院科学(post-academic science)的出现。后学院科学不仅仅是知识生产的一种新模式，"而且它是一种全新的生活方式"。[10]"学院科学长期以来一直作为一种近乎于自治的社会建制的理想而存在。这种自治性宣布与外部影响断绝了关系，但是并不可能完全排除外部影响。"[11]而后学院科学正是将之前这种割裂的关系进行了有机的衔接。可以说，"学术界和产业界之间更加密切关系的建立，是学院科学向后学院科学转变的主要特征之一。"[12]在齐曼看来，后学院科学具有集体化、增长的极限化、科学的效用化、政策化、产业化和官僚化六个方面的特征。

(1) 集体化。科学研究的规模日益庞大，科研设备开销日益增长，科研团队合作日益增多，这些变化都加剧了科学研究的集体化发展趋势。当研究由大问题导向时，不管是在应用范畴还是基础范畴，科学研究活动已经不再是个体的孤立作战，而是一个复杂的合作体系，必然要依靠来自各种学科专家的集体活动。这一趋势也表现为，越来越多的作者共同合作撰写科学论文。研究成员的多元化必然带来不同价值观、文化的冲突，给研究管理提出了新的挑战。与学院科学阶段的高度个人主义文化不同的是，后学院科学的多学科团队合作对个人主义提出了挑战，影响着个人自治、职业前景、业绩标准、领导角色和知识产权等。[13]

(2) 增长的极限化。在后学院科学时代，科学已然成为一个增长的产业。[14]但这种增长并非永远继续下去，它也将碰到其自身增长的极限。随着科学从业人员成为一个专业化的职业群体，传统的科学研究生产与管理方式发生了巨大的变化。科学事业正变得越来越庞大，越来越昂贵，而政府、工业界和其他社会机构的研究投资经费增长的比率是有限的，以至于难以进一步增长研究经费。政府对研究经费预算的削减迫使研究者面临更大的经费压力，导致了绩效制的产生，出现了"效率"、"绩效考核"这些新鲜词汇。这种转变既对传统学术精神气质带来了压力，也对适应新环境的科学文化变化提出了要求。

(3) 科学的效用化。科学的很多专业领域已经进入"定向"阶段，也就是说在这个阶段中，存在着战略性的引导研究向所拟定目标进行的总体认识的可靠背景。[15]事实上，后学院科学正处于学术资本化的压力之下，研究经费的投资者追求研究的实际效用，研究的评价标准不是科学价值，而是商业价值。科学研究需要满足经济发展需求，研究发明需要尽快地转化为商业价值。这种评价标准使得学术资本化凌驾于科学价值之上，大学学术人员也更多地对外部人员负责。这种评价标准限制了学术人员的研究自由。

(4) 政策化。政府对科学事业的赞助，不可避免地将科学与政治两者相互渗透。研究者为特定的项目提交研究申请，并将其递交给资助机构，由同行评议进行评价，并根据科学价值的标准来给予资助。通过这一资助体系，政府为研究者提供研究所必需的资源，赋予研究者自主研究和发表研究结果的自由；科学家为政府提供独立的咨询和专业技术服务。当研究者越来越依赖于项目经费，马太效应就会加剧。获得经费的竞争将优先于科学信誉的竞争成为科学的动力。换句话说，当研究活动越来越依赖政府的投资时，政府科技政策的导向性将迫使研究者为了获得研究经费而从事政府感兴趣的研究问题，而非对研究本身的兴趣。

(5) 产业化。工业科学与学院科学是相对立的,然而很少有人注意到两者之间的关系。在学院科学时代,许多公共研究机构致力于基础研究。在后学院科学时代,这一传统逐渐被削弱,由于越来越多的经费来自契约研究,学院科学家也成为"工业科学家"。学术界与工业界的联系日益紧密,企业希望学术机构能够从事更具有直接商业价值的应用研究,研究成果能直接转化为产品或用于孵化公司。这种紧密的利益关系正改变着学术人员传统的身份和信奉的价值观,加剧了学术价值和商业价值之间的冲突以及个人利益和道德责任之间的冲突。产业科学是归属性的、局部性的、权威性的和专家性的。归属性的知识并非必须公开化,关注局部性问题而非一般性的理解;工业研究者服从管理者的权威,而不是作为个体行事;他们的研究是为了达到特定目的,而非单纯追求知识;他们被聘为问题解决专家,也并不是因为他们个人的创造力。

(6) 官僚化。从个体研究到集体研究的转变、政府研究经费申请和外部研究资助的日益程序化,使得大学需要特定的机构来进行研究活动的管理和协调。这种行政机构的成立不可避免地存在官僚化倾向,影响着学术人员的学术自由。这些悄无声息的变化不仅改变了科学的模式,而且也正在瓦解传统的职业道德伦理规范。科学不再是过去神圣的象牙塔,它正在被各种各样的规章所束缚。学术人员忙于提交各种研究申请、投资回报和中期考核报告,谨慎地防范骗子和不端行为,被包装或重新包装成业绩出众,被管理者重组和缩小规模,并常被视为似乎只是另一个追逐私利的职业小组。后学院科学绝然不能回避科学政策的重心问题:谁出资,就听谁的?[16]

不可否认,默顿规范在后学院科学时代已经受到挑战。政府科技政策的导向性、商业利益取向的研究氛围、以研究成果和研究经费数量为标准的评价制度、学术霸权等外在因素都影响着科学共同体成员的职业道德意识。公有主义将知识看作社会的公共产品,任何科学思想和知识成果都属于大家所有;而在后学院时代,研究发展活动中知识的专有性、保密性,阻碍了科学知识的交流与分享。普遍主义要求科学共同体成员受到公平、公正的评价和对待,而在后学院时代,激烈的科学竞争和利益冲突导致了科学界成员之间存在不平等的待遇。无私利性要求研究者坚持客观性原则,不受个体利益和外部诱惑的影响;

而在后学院时代，科研成果的商业化价值取向和应用性，使得研究者、评议者容易受到功利性利益驱动的影响。有组织的怀疑主义要求对任何科学知识采取批判性的态度，客观评价知识的有效性；而在后学院时代，人们对于学术权威俯首称臣，抑制了科学批判。

（三）结语

科学，最初源于对大自然的好奇与探索。随着科学的逐渐发展和壮大，它的含义已经超越了简单的"发现"，它是在不断的证实和否定的过程中追求真理这一终极目标，并逐渐成为一种社会建制。科学的建制性，必然要求它具有既定的价值观和规范体系。默顿认为，科学的规范体系表现为公有主义、普遍主义、无私利性和有组织的怀疑主义的科学精神。这一观点被视为对科学生活中行为和理想进行道德化的良好说辞，成为科学家所具备的科研意识中的一种精神特质。默顿规范为科学群体成员提供了一个稳定的社会氛围，只要每个人都遵守规则，成员的行为是可以合理预计的，并有助于形成一个结构良好的组织机构。

然而，科学并非一成不变，它是一个动态发展的过程。当科学成为一个既高度分化、又高度综合的复杂体系，科学的社会表现形式，甚至科学的规范都发生了变化，齐曼将这种变化称之为"后学院科学时代"。后学院科学时代科学的集体化、科学增长的极限化、科学的效用化、科学的政策化、产业化和官僚化，向默顿的传统科学规范提出了挑战。虽然，后学院科学并没有否认科学道德规范和科学精神的价值，但却从自然主义的角度刻画了科学的新形象。事实上，默顿科学规范仅仅阐释了一种理想而非现实，它忽视了科学赖以生存与发展的外部环境。在科学与社会联系日益紧密的今天，科学本身及其价值规范都在发生着深刻的变化。科学家作为真理的探索者，不仅需要对科学技术的发展负责，而且更为重要的是履行科研道德伦理责任，确保科研诚信。然而，在社会政治、经济和文化外部环境、研究机构内部环境、科研评价和奖励制度、劳动力市场等内外部环境的影响之下，科学家正面临两难的抉择。因此，不仅需要科学规范的内部约束力、正式的监管机制来进行管理，还需要为研究者提供在激烈的学术科学研究领域中生存的指导原则，逐步营造鼓励公平和公正性竞争的研究环境，只有这样才能确保科研诚信。

参考文献：

[1] 罗伯特·金·默顿. 十七世纪英格兰的科学、技术与社会[M]. 范岱年等译. 北京：商务印书馆，2000：6.

[2][3][5][6][9] R·K·默顿. 科学社会学[M]. 鲁旭东等译. 北京：商务印书馆，2003：363，365，367，368，374.

[4][7][13][14] John Ziman. Real Science：what it is，and what it means[M]. Cambridge university press，2000：36，33，44，45.

[8] Wunderlick Richard. The scientific Ethos：A Clarification[J]. BriJSociol，1974(25)：373.

[10][11][12][15][16] 齐曼. 真科学[M]. 曾国屏等译. 上海：上海科技教育出版社，2002：82，207，210，88，97.

（本文发表于《比较教育研究》2012 年第 9 期。作者刘军仪，时属单位为清华大学公共管理学院）

四、美国大学伦理审查委员会的运作及其制度基础

美国各大学内的伦理审查委员会(Institutional Review Board,IRB)是各大学对隶属于本校的研究人员在从事以有生命的个体为受试者进行生物医学、社会学和行为研究时进行审查、监督的机构,其目的是保护那些作为研究对象的受试者的权利和福祉。本文拟对美国大学伦理审查委员会的运作及其制度基础做一粗浅的梳理。

(一) 伦理审查委员会的运作

根据美国《联邦法规汇编》标题45《公众福利》第46部分《受试者保护条例》(45CFR46),[1]各大学在进行以有生命的个体为受试者进行研究时,须经美国卫生部(Department of Health and Human Services—DHHS)下属的"受试者保护办公室"(Office for Human Research Protections-OHRP)认证。获得联邦范围认证(Federal Wide Assurance)的学术机构可以从事相关的研究实验。在此基础上各大学成立相应的伦理审查委员会,经注册认证的伦理审查委员会负责审批、监督本校涉及受试者(human subject)的研究项目,以确保受试者的权利和福祉。

1. 伦理审查委员会的审查类别

伦理审查委员会对研究项目的审查分为伦理审查委员会成员集会审议、加速审议和免审三类。[2]根据相关联邦法律,每个委员会至少由5名成员构成,其中至少1名为科学家,1名为非机构成员。集会审议要求半数以上成员参加。

如果审查委员会没有相关专家对相关协议进行实质性的审查,委员会也会邀请顾问参加审议并发表意见,但顾问通常不具有投票权。对需要集会审议的研究项目而言,通常符合下列条件的研究协议可获得伦理审查委员会的批准:根据研究目的和环境,受试者的选择合理;研究获得受试者合法的知情同意文本;研究计划中包含了为确保受试者安全的数据监控;研究保证受试者的隐私不被外泄;研究保证对儿童、孕妇、犯人、智障人员等弱势群体的额外保护;研究所产生的、对受试者的风险是最小的,即在研究中预期出现的对人体的伤害或人体不舒适的可能性及程度不会超过受试者常规的身体检查或心理检查时遭遇的伤害或不舒适。如果研究人员提交的资料完整且协议无需修改,伦理审查委员会通常可在2周内对协议进行审议,并在5～7个工作日内将审议结果书面告知研究人员。若协议需要修改,研究人员需根据伦理审查委员会的书面意见,将修改并注明改动之处的协议再次提交给伦理审查委员会供其重新审议。

加速审批指的是研究项目由伦理审查委员会主席或伦理审查委员会指定的成员审批同意即可,而不需要伦理审查委员会集会审议。仅给受试者带来最低风险的研究,或对之前已获伦理审查委员会审批的、伦理审查委员会允许其作些微改动的研究都可以申请加速审批。

那些不受联邦的保护受试者法律制约的研究项目,不需要伦理审查委员会审查批准。根据《联邦法规汇编》标题45第46部分101(b),若为满足学位要求而开展一项涉及人类主体的研究,须先经伦理审查委员会审批。但若实验的目的不是为了推进知识,而只是研究方法的教学和实践,则无需伦理审查委员会同意(但是教师需负责保护实验中的受试者)。如果实验是对现有数据、文件、记录、诊断样本等的收集和研究,或数据可通过公共途径获得,或实验中获得的原有记录无法与数据主体联系起来,这一类实验活动通常也可免审。

联邦法规要求受联邦资助的、涉及受试者的研究均须先经伦理审查委员会审批。伦理审查委员会会要求那些事先未经伦理审查委员会同意的项目立即停止研究,并向伦理审查委员会提交审查申请、解释为何先斩后奏。之后,由伦理审查委员会进行调查,确定违规程度以及研究项目的进行是否合乎道德,并将不遵守规定的事例报告给学校“科研管理和制度遵守”机构这往往会导致研究的搁置或终止,因此研究人员通常会事先报告伦理审查委员会而不会主观判断自己所要从事的研究是属于哪一种审议类别。而且通常情况下，各校未经伦理审查委员会审批同意的相关项目不可能获得分管科研的副校长或分管医疗科学的副校长的同意。

2. 伦理审查委员会审查的重点内容

根据美国《联邦法规汇编》标题45第46部分，[3]需要伦理审查委员会审查的研究指：系统的（包括进展、测试和评价等程序）以发展和推进知识的研究，期间研究人员（包括专家和学生）通过对有生命的个体进行干预和交互获得属于受试者个人的信息。当涉及食品与药物管理局（FDA）管制的药物、器械和生物制品时，FDA所定义的"临床实验"等同于"研究"。

伦理审查委员会对研究的审查主要是为了保证研究的进行合乎伦理道德，因此与受试者权利和福祉相关的内容都属于伦理审查委员会审查的重点内容。其主要为：

(1) 对知情同意的审查。知情同意是一个动态过程，其实质包括研究信息的获取、对研究信息的理解和受试者是否愿意参加研究的自由意志。知情同意文本只有经证人、受试者签字才具有法律效力，知情同意也才能被伦理审查委员会认可。

(2) 对研究人员资格的审查。从事生物医学和行为研究的主要研究人员须具备相当的学术研究能力。如哥伦比亚大学就规定，[4]正教授无需审核便具有从事这类研究的资格，副教授和博士后研究人员经分管科研或医疗与生物医学科学的副校长同意后可以获得从事这类研究的资格。对主要研究人员的资格审查保证了研究过程中如出现对受试者造成比研究协议中描述的最低风险更严重的心理或身体伤害、或经济损失或社会危害等意外事件时，研究人员有能力立即根据专业判断进行分析，并合理修改研究程序。根据学校科研管理规定，研究人员还须在事后将意外事件及处理方式报告给伦理审查委员会，这一事后报告方式也是对实验人员在实验过程中的伦理道德所实施的一种监督。同时，在实验开始前，除了不接触受试者和机密数据的行政人员外，所有相关的研究人员和受试者须接受并完成学校提供的培训，其主要为：联邦范围认证（FWA）条款、《贝尔蒙特报告》、《联邦法规汇编》标题45第46部分、学校现有的伦理审查委员会政策和工作程序、《健康保险通行与问责法案》（HIPAA）中的隐私保护制度等。不隶属于大学的研究成员若不参加培训,则须提供相关的培训证明。

3. 伦理审查委员会审查的研究类别[5]

对各大学而言,凡隶属于本大学的学术人员进行涉及受试者的生物医学和行为的研究,都须经伦理审查委员会审批。分属两校的研究人员欲进行合作研究时,须同时向两所大学的伦理审查委员会提交审批申请。若一方大学的伦理审查委员会要求研究人员更改申报材料,研究人员需及时向另一所大学的伦理审查委员会呈报。若隶属于某大学的研究人员在国外进行这类研究,项目的运作仍受本校科研管理条款、联邦法律和联邦下属工作机构指导方针的约束。伦理审查委员会要求对非美国籍受试者的保护等同于对本国受试者的保护。

(二) 伦理审查委员会运作的制度基础

伦理审查委员会运作的制度基础主要由正式的内在规则和外在制度构成。正式的内在规则分为两个层次——属于从业人员须遵守的道德原则和大学内对有关研究的管理制度;外在制度包括联邦的相关法规和州的相关法律。

1. 伦理审查委员会运作的道德依据

伦理审查委员会运作的道德依据主要有1946年公布于世的《纽伦堡法典》(The Nuremberg Code),1964年世界医学会联合国大会通过的《赫尔辛基宣言》(Declaration of Helsinki)以及1979年美国卫生、教育和福利部公布的《贝尔蒙特报告》(The Belmont Report)。

《纽伦堡法典》是"二战"后国际上关于人体实验的第一个法典。该法典强调,启动人体实验须慎重,实验开始前须告知受试者实验的性质、期限和目的并尊重受试者参与或退出实验的意愿,研究人员须尽力保证实验带给受试者的伤害属于"最低风险",研究过程中若出现致受试者受伤或有可能致死时,须立即终止实验。[6]

《赫尔辛基宣言》不仅承袭了《纽伦堡法典》制定的涉及人体对象的医学研究所需遵守的道德原则,确定了以人作为受试对象的生物医学和行为研究的伦理原则,还特意指出,在人体实验中,对受试者的完好状况考虑应优先于科学和社会的利益,强调保护受试者的隐私。宣言还提出了进行生物医学研究的限制条件:实验必须由在专业上有资格的人员来实施,他们须对所进行的人体实验负责;人体实验须经伦理审查委员会审批,委员会必须与实验者、资助者或其他相关的机构相互独立、互不影响,参加科研的实验者须与科研结果没有利益关系。这个宣言更重要的意义在于,它规定任何国家在有关人体实验的伦理、法律和行政管理方面的要求须达到宣言对受试者保护的要求。这实际上是世界医学协会赋予了医务人员须遵守的关于人体实验的国际文件以宪政的地位。[7]

《贝尔蒙特报告》承袭了《纽伦堡法典》和《赫尔辛基宣言》坚持的伦理原则,在区分了行医和医学研究的边界后,提出了更具普适性的三大基本原则。三大原则不仅使《贝尔蒙特报告》适用于规范生物医学研究,也使之适用于规范社会学和行为研究,它帮助科学研究人员和受试者了解相关研究所固有的伦理原则,成为伦理审查委员会审查相关研究的依据,也成为相关机构制定、评价和诠释特定的法规、规则的基础。三大基本原则为:[8]

(1) 对人的尊重。这包含两个信念:将个体看成是自主主体,尊重个体的意见和选择;因疾病、智障、被剥夺自由、未成年和丧失劳动力的弱势个体有受额外保护的权利。这一原则主要体现在知情同意的过程中。

(2) 合乎善行。即研究人员须合乎道德地对待个体。这一原则主要体现在对研究的风险—利益评估中。风险—利益评估是判断潜在的伤害发生的可能性及其对受试者造成伤害的程度和通过研究获得利益的可能性及获利程度。相关的风险—利益评估须清楚地体现在研究文件和知情同意的过程中。对研究人员而言,这是检查是否合理安排研究的途径;对审查委员会而言,这是明确受试者将要面临的风险是否合理的参考依据;对受试者而言,风险—利益评估则有助于帮助他决定是否参加研究。

(3) 体现公平。即:谁该从研究中获利?谁来承担研究所产生的危害和风险?这体现在两个层面—对个体的公平和对群体的公平。对个体的公平主要体现在,研究人员不能只向对他们有利的病人提供有益的研究,或只选择另一部分受试者参与危险的研究。群体公平指研究人员需根据受试群体承担风险的能力以及是否合适让他们承担风险,来区分应参与实验的群体和不应参与实验的群体。坚持公平体现在对受试者的选择过程中和对后续成果的获益中。

2. 伦理审查委员会运作的法律依据

伦理审查委员会运作的法律依据主要来自两个层面——联邦法规和州的法令。

伦理审查委员会运作所依据的联邦法规主要为《联邦法规汇编》标题45，由美国卫生部制定的《公共福利》第46部分《受试者保护条例》和160、164部分《安全与隐私条例》(Security and Privacy)，《联邦法规汇编》标题34，由美国教育部制定的《家庭教育权利和隐私法案》(Family Education Rights and Privacy Act)第99部分。

《公共福利》A部分对伦理审查委员会成员的多样性、人数、任职资格等作了规定，并明确了伦理审查委员会的职能和运作、审查内容和审批标准、知情同意的程序、内容等基本政策。B、C、D部分则对包括孕妇、胎儿、初生婴儿、犯人、儿童等弱势群体的额外保护作了细致规定。[9]这一法规根据《贝尔蒙特报告》体现的道德原则而制定，也是各校伦理审查委员会制定本部门规则的重要依据。该法规适用于规范所有涉及受试者的、由联邦政府机构进行的或资助的研究项目。但各大学通常会要求：凡是涉及受试者的医学生物、社会学和行为研究均须经伦理审查委员会审查而不论其经费出处。《公共福利》160、164A、E则对保护个体健康信息的隐私作了全面规定。[10]

由于涉及受试者的研究不再仅限于生物医学研究，联邦教育部制定的《家庭教育权利和隐私法案》也成为规范涉及受试者研究的法规之一，以保护作为受试者的学生的利益。根据这一法律，学校只有获得家长或成年学生的书面同意才可以公布其受教育的记录，但是学校向下列机构提供有关学生记录既无需书面同意书，也不算违法：向学生要转入就读的学校、对学校进行监督和评估的官员、向学生提供资助的一方、院校研究组织、鉴定机构、根据裁决令或合法传票获取信息的一方、处理突发安全事件的官员，以及根据州法律和青少年司法体制向州或地方权利部门提供这些信息。[11]

在就生物医学和行为研究的管理方面，各州也制定有保护受试者的隐私和保障作为研究对象的学生的权利的法律。根据联邦卫生部及其下属机构"受试者保护办公室"提供的"保密证领取指南"，为确保受试者隐私不致被泄露给无关人员，研究人员可以向全美卫生院(National Institution of Health)或除了

“受试者保护办公室”之外的隶属于联邦卫生部的其他机构申领保密证。但保密证无法防止研究人员有意无意地泄密，因此各州通常都还有特定的机制以切实保护受试者的隐私。[12]以新泽西州为例，该州《隐私法案》(Privacy Act)规定，除非是在受试者同意的情况下，或依据法律或法庭要求需将数据作为呈堂证供，或经授权才能对加密的数据进行解密并利用，未经授权随意泄露与受试者相关的诊断治疗和健康情况的都将受到法律的处罚。[13]新泽西州法令第36章节标题18A《学校调查/家长同意》(School Survey/Parental Consent)则是保障作为研究对象的学生的权利。根据这一法令，学校若就政治立场、使学生及其家庭尴尬的心理问题或智力问题、性行为和态度、对与自己有亲密家庭关系成员的人进行评价、就社会保障编号、或非法的、反社会的、自证其罪和有辱人格的行为向学生进行调查、评估、分析和评价时，须事先获得家长或法定监护人的书面知情同意文件复印本以备查。违背这条法令的学校会被苛以罚金。[14]

3. 各校的相关管理制度

根据联邦科学技术政策署的《学术行为不端管理政策》和联邦卫生部公共卫生署的《学术行为不端》政策，各校都制定有《学校学术行为不端管理条例》(Institutional Policy on Misconduct in Research)，并设有学术行为管理常务委员会，负责对研究中涉及的虚构、伪造、剽窃等不端行为做界定，并监管对行为不端的举报的调查。

各校通常还会在本校“研究管理”网站上公布各类与科研相关的信息。以哥伦比亚大学为例，哥伦比亚大学在“科研管理”网站上挂有《受赞助的研究项目管理手册》。这本手册提供给本校员工实用指南，并不断更新，以使员工了解联邦行政管理和预算局和其他政府法规、特定的赞助文件和最新的、包括伦理审查委员会运作的大学科研及管理信息。[15]此外，各校还根据联邦、州的法令和全国卫生院的相关规定，制定本校伦理审查委员会对涉及受试者的研究项目的管理制度。虽然各校对学术行为不端的管理，以及对员工科研工作的指导似乎与伦理审查委员会的运作没有直接的关系，但事实上，科研人员诚实的学术品行、高效率的科研工作无疑为伦理审查委员会在审批相关项目、监督研究进展的过程中减轻了压力。而各校伦理审查委员会具体的工作制度更是其在管理有关受试者的研究、分析解决其中的伦理问题时所依据的基础之一。

（三）结语

科学研究带来了巨大的社会福利，但也产生了道德问题。美国大学伦理审查委员会基于从业人员须遵守的基本道德原则，遵循联邦法规和州的法令，结合本校科研管理的制度，确保研究人员在探究知识的同时最大程度地保障受试者的权利和福祉。伦理审查委员会的运作只是各校科研管理的冰山一角，但是通过对伦理审查委员会的运作及其制度基础的解读，我们似乎可以管窥美国大学的科研管理：大学从事科学研究的内在逻辑是学术自由，但学术自由并非没有边界。美国大学科研管理的制度基础主要分为三个层次：微观的影响研究人员日常行为选择的具体操作规则，用于改变操作规则的法律和法规，用于设计法律和法规的宪政规则。

参考文献：

[1][2][3][5][9] Department of Health and Human Services. Code of Federal Regulations. Title 45，Part 46. Protection of Human Subjects [EB/OL]. http://www. hhs. gov/ohrp/humansubjects/guidance/45cfr46. htm，[2009—07—14].

[4] Columbia University. Policy on the Eligibility of Officers of Research to Serve as Principal Investigators on SponsoredResearch Projects[EB/OL]. http://www. columbia. edu/cu/irb/policies/index. html # Selected [2008—03—14].

[6] Nuremberg Code. "Trials of War Criminals before the Nuremberg Military Tribunals under Control Council Law No. 10"，Vol. 2，pp. 181～182. Washington，D. C. : U. S. Government Printing Office，1949 [EB/OL]. http://www. hhs. gov/ohrp/references/nurcode. htm，[2005—11—07].

[7] Declaration of Helsinki [EB/OL]. http://www. wma. net/en/30publications/10policies/b3/index. html，[2008—10—22].

[8] Belmont Report [EB/OL]. http://www. hhs. gov/ohrp/

humansubjects/ guidance/belmont. htm,[1979—04—18].

[10] Standards for Privacy of Individually Identifiavle health Information. Department of Health and Human Services. [45 CFR Parts 160 and 164] [EB/OL]. http://search. hhs. gov/search? q = 45 + CFR + 164&btnG = Search&entqr = 0&ud = 1&sort = date% 3AD% 3AL% 3Ad1&output=xml_no_dtd&site=HHS&ie=UTF-8&oe=UTF-8&lr=lang_en&client=HHS&proxystylesheet=HHS,[2003—04—03].

[11] U. S. Department of Education. Family Educational Rights and Privacy Act (FERPA) [EB/OL]. http://www2. ed. gov/policy/gen/guid/fpco/ferpa/index. html,[2008—08—12].

[12] Office for Human Research Protections (OHRP) & Department of Health and Human Services (HHS). Guidance on Certificates of Confidentiality [EB/OL]. http://www. hhs. gov/ohrp/humansubjects/guidance/certconf. htm,[2003—02—25].

[13] New Jersey Statutes and Regulations. Chapter 112 Privacy Act. [EB/OL]. http://www. njleg. state. nj. us/2000/Bills/PL01/112_. HTM, [2001—07—21].

[14] New Jersey Statutes and Regulations. Chapter 364. School Surveys/ Parental Consent[EB/OL]. http://www. njleg. state. nj. us/2000/Bills/PL01/364_. HTM,[2002—01—07].

[15] Columbia University. Sponsored Projects Handbook[EB/OL]. http:sponsoredprojectshandbook. columbia. edu/,[2009—07—16].

（本文发表于《比较教育研究》2011年第3期。作者蒋惠玲，时属单位为南京师范大学教育科学学院、浙江越秀外语学院）

英文目录
(Contents)

Universities, Government and Society

Academic Ethics

后记

《比较教育研究》(Comparative Education Review)(原名《外国教育动态》)创刊于1965年,是受中央宣传部委托创办的新中国第一本教育学术专业刊物。半个世纪以来,《比较教育研究》虽历经坎坷,但不断成长。1966年,《外国教育动态》在创刊仅一年之后就被迫停刊。在党和国家领导人的关怀下,1972年,《外国教育动态》作为内部资料重新得到编辑,1980年正式复刊,并公开发行。1992年,《外国教育动态》更名为《比较教育研究》,2001年由双月刊改为月刊。《比较教育研究》现兼作中国教育学会比较教育分会会刊,多年来一直是CSSCI来源期刊、全国中文核心期刊、中国人文社会科学核心期刊、教育类核心期刊。2013年,《比较教育研究》成为国家社科基金首批资助期刊。

50年来,《比较教育研究》共发表了近5 000篇文章,它"立足中国,放眼世界",引介国外重要的教育理论与思想,追踪世界各国的教育政策与实践,持续关注我国比较教育学科的发展,促进比较教育学领域学者的成长,助力我国教育改革。2015年,《比较教育研究》创刊50年,我们根据刊物多年关注的重点,以及当前我国教育改革的热点,选编了这套"中国比较教育研究50年"丛书。

本套丛书选编历时一年,是教育部人文社会科学重点研究基地北京师范大学国际与比较教育研究院各位同仁集体合作的成果。2014年9月至12月,《比较教育研究》编辑部成员对50年来所刊文章进行了阅读与分类,提出了丛书选题建议,又经过顾明远教授、王英杰教授、曲恒昌教授等专家反复讨论,并征求出版社意见后,编委会最终确认了现有的12本分册主题。2014年年底,确认各分册主编。2015年年初到6月,各分册主编完成选稿工作。

《比较教育研究》创刊50年，不同时期的稿件编辑规范不同，这给本套丛书的选编带来巨大困难。除参与选编的老师外，北京师范大学国际与比较教育研究院的众多学生也加入到这一工作中，牺牲了宝贵的寒暑假和休息时间，为此付出了艰辛的劳动。在此，特别感谢以下同学（以姓氏笔画为序）：

丁瑞常　卫晋津　马　骜　马　瑶　王玉清　王向旭　王苏雅
王希彤　王　珍　王　贺　王雪双　王琳琳　尤　铮　石　玥
冯　祥　宁海芹　吕培培　刘民建　刘晓璇　刘　琦　刘　楠
孙春梅　苏　洋　李婵娟　吴　冬　位秀娟　张晓露　张爱玲
张梦琦　张　曼　陈　柳　郑灵臆　赵博涵　荆晓丽　徐　娜
曹　蕾　蒋芝兰　韩　丰　程　媛　谢银迪　蔡　娟

在丛书即将出版之际，我们衷心感谢山东教育出版社对本套丛书的出版给予的最热忱的支持。

特别感谢国家社科基金对《比较教育研究》的资助！

本套丛书的选编难免存在一些瑕疵，敬请专家和读者批评指正！

“中国比较教育研究50年”丛书编委会

2015年10月